D1827663

1 MONTH OF
FREE
READING

at

www.ForgottenBooks.com

By purchasing this book you are eligible for one month membership to ForgottenBooks.com, giving you unlimited access to our entire collection of over 1,000,000 titles via our web site and mobile apps.

To claim your free month visit: www.forgottenbooks.com/free1338810

* Offer is valid for 45 days from date of purchase. Terms and conditions apply.

ISBN 978-0-365-07738-1
PIBN 11338810

This book is a reproduction of an important historical work. Forgotten Books uses
state-of-the-art technology to digitally reconstruct the work, preserving the original format
whilst repairing imperfections present in the aged copy. In rare cases, an imperfection in
the original, such as a blemish or missing page, may be replicated in our edition. We do,
however, repair the vast majority of imperfections successfully; any imperfections that
remain are intentionally left to preserve the state of such historical works.

Forgotten Books is a registered trademark of FB &c Ltd.
Copyright © 2018 FB &c Ltd.
FB &c Ltd, Dalton House, 60 Windsor Avenue, London, SW19 2RR.
Company number 08720141. Registered in England and Wales.

For support please visit www.forgottenbooks.com

Von Max Halbe erschienen:

1889.

Ein Emporkömmling.

Trauerspiel.

1890.

Freie Liebe.

Modernes Drama.

1892.

✳ Eisgang. ✳

Modernes Schauspiel.

1893.

✳ Jugend. ✳

Ein Liebesdrama.

1894

Der Amerikafahrer.

Ein Scherzspiel in Knittelreimen.

Max Halbe

Jugend

Ein Liebesdrama in drei Aufzügen

Vierte Auflage.

Dresden
Verlag von Georg Bondi
1895.

50554.5,2

Hollis fund.

Alle Rechte vorbehalten.

———

Den Bühnen gegenüber Manuscript.

Meiner Jugend.

Sag' mir das Wort, das so oft ich gehört.
Sing' mir das Lied, das bereinst mich bethört.
Lang, lang ist's her . . . .

Die erste Aufführung dieses Dramas fand.
am 23. April 1893, Mittags, im „Residenz-
theater" zu Berlin statt.

Erste Besetzung:

Pfarrer Hoppe . . . . Hermann Werner.

Ännchen, seine Nichte . . . . . . Vilma v. Mayburg.

Amandus, ihr jüngerer Stiefbruder . Paul Biensfeld.

Kaplan Gregor von Schigorski . . Joseph Jarno.

Hans Hartwig, ein junger Student Rudolf Rittner.

Maruschka, Dienstmädchen . . . . Wally Wille.

Regie: Hans Meery.

Digitized by Google

Menſchen.

Pfarrer Hoppe, Fünfziger. Unterſetzte, ſtämmige Statur. Rundes, gerötetes Geſicht. Ein leiſer Anflug von geiſtlicher Würde liegt über ſeinem Weſen, ohne jedoch ins Paſtorale auszuarten. Der Haupteindruck geht auf einſt ſtrotzende, mit den Jahren gedämpfte Kraft und tief verinnerlichte Lebenserfahrung. Seine Kleidung iſt die übliche des katholiſchen Landgeiſtlichen, aber bequem, läſſig, mit einem Stich ins Weltliche. Auch ſeine Bartſtoppeln entſprechen nicht ſtreng den Vorſchriften.

Annchen, ſeine Nichte. Sie iſt 18 Jahre alt. Ihre braunen Augen ſind leicht verſchleiert. Das aſchblonde Haar fällt kraus und wirr in die Stirn. Es iſt ſlaviſcher Schlag, das Geſicht rundlich, eine warme Fülle des Wuchſes, naive Sinnlichkeit, etwas Empfangendes, weich Weibliches, Hingegebenes. Auch in der Art, wie ſie ſich trägt, giebt ſich etwas Schmiegſames, Wiegſames. Sie liebt bunte Farben. Um den Hals hat ſie an einer Schnur ein kleines, goldenes Kreuz.

Amandus, ihr Stiefbruder, ſiebzehnjährig, lang aufgeſchoſſen, kretinhaft, kindiſch. Er vegetiert in einer Art von animaliſchem Triebleben. Seine tieriſchen Inſtinkte ſind ſtark geſchärft. Seine Bewegungen ſind lümmelhaft und ungelenk, als wiſſe er mit ſeinen Gliedmaßen nichts anzufangen. Er ſieht aus wie ein blödſinniger Bauernbengel. In ſeinen ſchwarzen Augen lauert die Tücke eines Tiers. Man muß ſich hüten, ihn zu reizen.

Kaplan Gregor von Schigorski. Er steht zu Ende zwanzig, sieht aber älter aus. Er ist von mittelgroßer, hagerer Gestalt. Die Askese hat sein Gesicht frühzeitig gefurcht und vergeistigt. Er ist brünett in Haarfarbe und Ton der Haut. Sein Gesicht ist glatt rasiert. Ein bläulicher Schimmer liegt über den bartlosen Wangen. Es ist der polnische Geistliche in Haltung und Redeweise. Er spricht etwas hastig und vermeidet, wie alle katholischen Geistlichen, geflissentlich den evangelischen Pastoralton, obwohl seine Ausdrucksweise eine getragene ist. All seine Leidenschaft hat sich in dem kirchlichen Gedanken concentriert. Er ist kein Intrigant, sondern ein Fanatiker.

Hans Hartwig, ein junger Student, achtzehn Jahre alt. Sein Aussehen ist noch ziemlich grün. Er ist blond, mittelgroß, schlank, sehr lebhaft und beweglich mit Ansätzen von Nervosität und Keimen eines Schnurrbarts. In seinem schnellen und abgebrochenen Sprechen offenbart sich ein heftiger und jäh umschlagender Charakter. Alles in allem der Embryo eines modernen Stimmungsmenschen in der Verpuppung des ersten Fuchssemesters.

Maruschka, Dienstmädchen. Sie ist von dem Schlage der polnischen Landmädchen, Madonnenkopf auf einer Figur, die zur Üppigkeit neigt.

Die Handlung spielt im polnischen Westpreußen.

Erster Aufzug.

Pfarrhof in Ruszno (Rosenau). Mittelgroßes Wohnzimmer, durch dunkle, einfache Portieren von dem dahinter liegenden Salon getrennt. Aeltliche Mahagonimöbel in der Mode unserer Väter. Links vorn ein dunkel überzogenes Sofa mit vierkantigem, gedecktem Tisch und Rohrstühlen davor. Die Mitte der linken Wand füllt ein breites, nicht allzuhohes Fenster, durch welches man in den Garten sieht. Links hinten ein Schreibsekretär mit einem Aufsatz für Bücher. Dem Gartenfenster gegenüber in der rechten Wand eine Thür, welche zur Küche und weiter hinaus auf den Hof führt. Vorn links von der Thür ein mäßig hohes Bücherregal mit theologischen und historischen Schriften, gekrönt durch ein vergoldetes Kruzifix. Rechts hinten ein Wäschespind. Den Fußboden bedeckt ein dunkler Teppich. Ueber dem Sofa tickt ein Regulator. Ein Madonnenbild schaut vom Schreibsekretär herunter.

Es ist ein Tag zu Mitte April, zwischen sieben und acht Uhr Morgens. Pfarrer Vincenz Hoppe sitzt im bequemen Hausrock am Sekretär und schreibt. Ein freundliches Morgenlicht ruht im Zimmer. Plötzlich sieht er auf und hält inne. Vom Salon her treten der Kaplan Gregor von Schigorski, Ännchen und Amandus ein. Der Kaplan ist im Meßornat, Ännchen mit buntem, leicht kolettem Kopftuch und enganliegendem Mantel, trägt ein Gebetbuch in der Hand. Amandus hat eine polnische Mütze auf dem Kopf.

———

Ännchen (läuft auf den Onkel zu): Guten Morgen, Onkelchen! (Küßt ihm die Hand.)

Kaplan (gleichzeitig, indem er seine Priestermütze abnimmt): Gelobt sei Jesus Christus!

Hoppe (murmelt halblaut): In Ewigkeit, Amen. (Laut.) Morgen, mein Fräulein! (Sieht nach seiner Uhr.) Spät, Leutchen! Spät! Halb acht spätestens soll die heilige Messe zu Ende sein .... Sieh mal da, Amandus, zeig uns doch mal Deine Spatzen, die Du mitgebracht hast!

Amandus (steht da, Mütze auf dem Kopf, grinst).

Ännchen (geht auf ihn zu, nimmt ihm die Mütze ab): Proszja, Kochanne! Wenn man in die Stube kommt, nimmt man die Mütze ab. Wie oft muß Dir das noch predigen, Amandus! So, jetzt dem Onkel guten Morgen gesagt! Fix! (Schiebt ihn zum Onkel hin.)

Amandus (grinsend): Morgen, Onkelchen! (Küßt ihm die Hand, grinst wieder.)

Hoppe (spaßig): Morgen, Freundchen!

Kaplan (der solange schweigend am Sofatisch gestanden und zugesehen hat, lächelnd zu Ännchen): Was alles in so einen armen, armen Schädel hinein muß, Panna Annuschka! O die gestrenge Herrin!

Amandus (guckt durch's Fenster): Scheint schön heute .... Schöne Sonne! (Mit Pantomime.) Warm! (Stürzt plötzlich zur Thür hinaus, streckt den Kopf noch einmal zurück, schreit grinsend): Frühjahr! Ja? .... (Macht eine fragende Pantomime, verschwindet.)

Ännchen (ihm nachrufend): Ja, Frühjahr, mein Brüderchen, Frühjahr! (Vergnügt.) Weg ist der Bengel, Hast ihn nicht gesehen! ... Gnad mir Gott! Ich steh' hier, fünf Minuten vor acht und der Onkel hat noch keinen Kaffee! Geben sie mir ordentlich mein

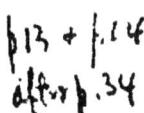

Fett, Onkelchen! Aber der Herr Kaplan hat Schuld.
Warum macht er so lange mit der heiligen Messe?
(Legt Tuch und Mantel ab, während Hoppe am Schreibtisch
weiter arbeitet.)

Kaplan (hat sich zum Gehen gewandt, dreht sich noch
einmal um): Handeln mit unserem Herrgott, Panna
Annuschka? Das heilige Meßopfer über das Knie
brechen, Pannie? Wer für seinen Herrgott keine Zeit
wird haben, wenn unser Herrgott auch für ihn (mit
Geberde) einst . . . . . wird keine Zeit haben? . . . .
Einst, Pannie!? (Wendet sich wieder zur Thüre rechts, geht
langsam hinaus.)

Annchen (hinter ihm): Nicht wieder so lange lesen
oben, Herr Kaplan, den schönen Kaffee nicht wieder
kalt werden lassen! (Wendet sich zur Stube zurück.) Gleich
kribbelig wird das Kaplanchen, wenn man etwas sagt,
gleich kribbelig! (Ruft.) Maruschka! . . . Maruschka!
Ist der Kaffee fertig? . . . . Maruschka! (Geht dabei
wieder zur Thür.)

Maruschkas Stimme (aus der Küche): Tak, Pannie!
Tak! Tak!

Annchen (ab).

Hoppe (schreibt noch einen Augenblick fort, hört dann
auf, erhebt sich, geht einmal auf und ab, mit Zeichen von Un-
geduld, vergleicht seine Taschenuhr mit dem Regulator).

Annchen (kommt mit Kaffeegeschirr): So, Onkelchen!
Jetzt können wir aber gleich trinken! Gleich! Gleich!
Gleich! (Bringt den Kaffeetisch in Ordnung.)

Hoppe (auf- und abgehend): Der gute Gregor! Es
giebt doch Leute, die nie fertig werden. Aus der
kleinsten Messe macht er ein Pontifikalamt! Und um

garnichts. Für unsere Leute paßt doch das nicht. Da ist ein Vaterunser mehr, als die längste Predigt. Das Seminar steckt ihm doch noch sehr in den Knochen, dem guten Gregor! (Setzt sich an den Kaffeetisch.)

Annchen (am Tisch stehend): Ach, Onkelchen, er meint's ja von Herzen gut, aber er versteht's bloß noch nicht so. Mein Gott auch! Vorm Jahr seine Primiz gehabt! So wie Sie! Bald 25 Jahre Priester! Wenn ich seh', wie schnell Ihnen das geht! Eins, zwei, drei! Die Leute mögen ja auch alle lieber, wenn Sie celebrieren, Onkelchen! (Schlägt sich vor den Kopf.) Ach, ich! . . . . Kein Schmand! Auch keine Butter! (Eilig ab, nach einem Augenblick zurück mit Sahne und Butter.) Hier! So! . . . Soll ich streichen, Onkelchen? (Schneidet Brot.)

Hoppe (Kaffee trinkend): Lernen wird das der gute Gregor aber doch müssen! (Nachsinnend, halb für sich.) Morgen die Totenmesse für die Ostrowska . . .

Annchen (geht zum Fenster, öffnet es, ruft hinaus): Amandus! Kaffee! (Kommt wieder zurück, setzt sich aufs Sofa, fängt an, Kaffee zu trinken, versinkt dazwischen in Nachdenken, plötzlich): Wenn ich so denk, die Ostrowska! Die Arme! Wie schwer die gestorben sein muß! Die Würmchen so allein zu lassen auf der Welt! Ohne jemand! . . . . Ich denk immer, Onkelchen, die muß wiederkommen! Die muß keine Ruh haben im Grabe!

Hoppe: Das hat Deine gute Mutter auch gedacht. Wieviel Jahre ist das her! Ich höre das doch wie heute! Wie heute im Ohr! Das gute Kindchen! . . . Da oben, Anna . . . Da oben werden wir unsalle wiedersehn.

Ännchen (naiv). Und man kann wirklich nicht wiederkommen? Auch nicht als Geist? . . . . . Ach, Onkelchen?

Hoppe (wieder trinkend, leichter): Mir ist noch keiner begegnet, Anna. Ich bin 52 Jahre alt. Wir müssen uns schon mit uns abfinden wie wir sind. Ich sag' ja, wenn Deine Mutter gekonnt hätte, die hätt's gewiß gethan. Schwer genug ging sie von Euch, das kannst Du mir glauben. Aber es muß wohl festhalten . . . . wohl festhalten.

Ännchen (nach einem Augenblick gedämpft): Onkelchen, wie hat doch eigentlich Mutterchen ausgesehen? So wie ich?

Hoppe: So wie Du! Bloß dunkleres Haar . . . . Und wohl etwas größer . . . (Versunken.) Größer etwas . . . Aber nicht viel! . . . Unser Jettchen! . . . Ja! . . . Hübsches Kindchen! . . .

Ännchen: Ich kann mich immer ärgern, wenn Amandus sagt, er schlägt nach Mutterchen.

Hoppe: Amandus schlägt nach seinem Vater. Du hast ja Deinen Stiefvater noch gekannt, Anna?

Ännchen: Ganz dunkel, Onkelchen! Ganz dunkel.

Hoppe: Ein stattlicher Mann, der brave Klein! Und ein offener Kopf. (Lächelnd.) Das hat unser armer Amandus leider nicht mitbekommen von seinem Vater.

Schweigen.

Ännchen (leise): Und mein Vater, Onkelchen?

Hoppe (ernst): Warum fragst Du danach, Anna?

Ännchen (schweigt einen Augenblick, fällt plötzlich dem

Onkel um den Hals): Onkelchen, ich muß soviel daran denken, weil heut Mutterchens Geburtstag ist.

Hoppe (erstaunt): Jettchens Gebur .... Siehst Du, Kind, wie man doch vergeßlich wird. Du hättest mich totschlagen können ... (Faltet wie unwillkürlich die Hände.) Sei ihr die Erde leicht!

Schweigen.

Annchen (zögernd): Onkelchen, seien Sie mir nicht böse, wenn ich Sie was fragen will.

Hoppe: Was willst Du wissen, Kind?

Annchen (zögernd): Hat Mutterchen sehr schwer gehabt, wegen .... wegen ihrer ... ihrer ... Sünde?

Hoppe: Laß sie in Frieden schlafen, Anna! Deine gute Mutter hat ihre Sünde gebüßt. Gott hat ihr verziehen.

Annchen: Sie auch, Onkelchen?

Hoppe (einfach): Wir tragen alle an unserer Bürde! Möge Gott uns verzeihen, wie er ihr verziehen hat! .... Warum meinst Du?

Annchen (drängt die Thränen zurück, leise): Weil Mutterchen ... so früh gestorben ist.

Hoppe: Dein Stiefvater war ein braver Mann. Er hat für Dich gesorgt, wie für sein Eigenes. Du hast ihm genug zu danken ..... Sogar Deinen Namen. Aber ich will Dir sagen, Deine Mutter hat sich selbst nicht verziehen. Darum ist sie nicht alt geworden ....

Schweigen. Mechanisches Kaffeetrinken.

Ännchen (plötzlich): Was wär' aus uns geworden, Onkelchen, ohne Sie!

Hoppe (ablenkend): Ach so, und wegen Euch soll ich wohl noch lange leben bleiben?

Ännchen (plötzlich): Wissen Sie was, Onkelchen, wenn Sie mich mal nicht mehr haben wollen, was ich dann thu'?

Hoppe (lächelnd): Na, mein Fräulein? Heiraten?

Ännchen: Ich werde Schwester, ich geh' ins Kloster!

Hoppe: Wenn sie Dich nehmen, Anna! Das wirst Du Dir noch sehr überlegen, mein Kind! . . . . Sehr . . . sehr überlegen! . . . Damit spielt man nicht so! Aber wer wieder dahinter steckt, kann ich mir schon denken!

Ännchen (kopfschüttelnd): Ach wo, Onkelchen!

Hoppe (unbeirrt): Das ist sicher wieder unser guter Gregor!

Amandus (stürzt von der Küche herein, streckt Ännchen etwas entgegen, schreit mit blödsinnigem Lachen): Da! . . . . Da! . . .

Hoppe (halb ärgerlich): Junge bist Du ganz . . .!!

Ännchen (besieht es verwundert): Ein Radieschen! .. Onkelchen, er hat ein Radieschen gefunden! Das erste Radieschen!

Amandus (zeigt auf den Kaffee, dann auf sich, mit fragendem Grinsen): Kaffee??

Ännchen (drückt ihn auf den Stuhl links von sich nieder): So! Hingesetzt, mein Jungchen! Trink! (Gießt ihm die Tasse voll.)

Hoppe (hat das Radieschen besehen, legt es hin): Wo hast Du denn das wieder ausgekratzt, Amandus?

Amandus (grinsend): Mistbeet!

Ännchen: Jetzt wird es aber auch wirklich Frühling! . . . Onkelchen, ich möchte tanzen!

Kaplan (ist währenddeß von rechts her eingetreten, hat die letzten Worte gehört): Tanzen, Pannie? Heute tanzen? (Kommt an den Tisch, droht ihr mit dem Finger. Er hat das Ornat abgelegt und trägt einen schwarzen Rock.)

Ännchen (etwas kokett): Ach, der Herr Kaplan muß auch alles hören!

Kaplan (hat sich gesetzt, ernst): Am heutigen Tage, Panna Annuschka? Am heutigen Tage?

Ännchen (senkt den Kopf, schweigt).

Hoppe (etwas scharf): Kinderchen, was habt Ihr mit dem heutigen Tage?

Ännchen (hastig): Onkelchen, Sie wissen ja . . . . Mutterchens . . . . .

Hoppe (steht schweigend auf, geht auf und ab.)

Pause.

Kaplan (Kaffee trinkend): Ich habe gedacht, Herr Pfarrer, wenn wir eine heilige Messe lesen für die Seele der Verstorbenen . . . Nächster Zeit vielleicht. Panna Annuschka hat zu spät darüber gesagt. Dann hätten wir ja diesen Morgen haben können.

Hoppe (auf- und abgehend): Ich denke Du weißt, Anna, wir haben die Seelenmesse für Deine liebe Mutter bis jetzt immer im August gehabt. Am Todestage.

Ännchen: Onkelchen, können wir nicht zweimal haben?

Hoppe (vor ihr stehen bleibend): Wenn Du für Deine Mutter etwas Besonderes thun willst . . .

Annchen: Ja denken Sie nicht, Onkelchen? Der Herr Kaplan meint auch.

Kaplan: Nach der Lehre und den Vorschriften unserer heiligen Kirche, Panna Annuschka.

Hoppe (auf- und abgehend): Gewiß, Kindchen, können wir die Seelenmesse für Deine liebe Mutter haben.

Amandus (der das Radieschen auf dem Tisch schon lange fixiert hat, langt plötzlich danach und verschlingt es mit Behagen).

Annchen (in komischem Aerger): Pfui, Amandus, nicht mal abgewaschen! Mit Erde und Allem! Schäm' Dich doch! Pfui!

Amandus (behaglich grinsend, klopft sich auf den Bauch): Gut! . . . Gut!

Hoppe (ist nachdenklich hin- und hergegangen): Unsere jüngeren Herren! . . . Ja, ja! Die liebe Jugend! Das stürmt so alles! Das möchte am liebsten Rom an einem Tage aufbauen. Später . . . Wenn man in die Jahre kommt . . .

Kaplan: Wird sich alt, wird sich kalt, sagt uns ein Sprichwort der Deutschen.

Hoppe (stehen bleibend): Ihr jungen Leutchen auf dem Priesterseminar jetzt . . . Ihr habt mir zu viel im Kopf! Aber wenn Ihr's gebrauchen sollt . . . Ihr versteht mir das Leben zu wenig! Und das verlange ich von einem Geistlichen zu allererst.

Kaplan: Aber woraus schöpfen die Erkenntnis des Lebens, Herr Pfarrer? Wie den Versuchungen des

2*

Lebens Stand halten, den Anfechtungen, den Zwei=
feln! . . . Den Angriffen der Gegner, wenn das
theologische Wissen nicht unserm Glauben zu Hilfe
kommt. Ein Priester ohne die Kenntniß unserer ehr=
würdigen theologischen Litteratur, wie ein Soldat ohne
Waffe, welchen die Feinde überfallen und binden.

Hoppe (hat sich wieder an den Kaffeetisch gesetzt): Wenn
ich an meine Jugendzeit denke und Euch dabei sehe,
dann muß ich mich wirklich oft wundern. Wir waren
doch auch ganz gut beschlagen in der Wissenschaft. Im
Disputieren will ich's noch mit jedem aufnehmen. In
der Dogmatik und sonst worin. Aber wir faßten die
Sache doch am andern Ende an.

Annchen: Ach, Onkelchen, Sie können ja alles.

Hoppe (nachdenklich): Ja, was man als junger
Kaplan auf seinem Kopf gehabt hat! Gearbeitet hab'
ich wirklich wie ein Pferd! Aber nicht hinter den
Büchern! Dazu war gar keine Zeit. Da hätte mich
mein Pfarrer schön angesehen. Die praktische Arbeit in
der Parochie! Dafür kannte ich auch jeden von meinen
Parochianen bei seinem Vornamen. Die Leute wären
für mich durch's Feuer gegangen. Da bekommt man
einen Einblick ins Leben. Und manche vergnügte Stunde
hat's doch auch gegeben! . . . Ach, Kinder, ja, wenn
man noch so'n Spring=ins=Feld ist. . . . !

Annchen: Onkelchen, Sie sind ja noch so jung!

Hoppe: Ja das Herz ist jung, wenn die Knochen
auch alt sind.

Ännchen (neckisch): Und unser Herr Kaplan, der ist immer so ernst, so finster ....

Kaplan (zurückhaltend): Die Temperamente sind verschieden, Panna Annuschka. Wir müssen zufrieden sein, wie das Loos uns gefallen ist.

Maruschka (steckt den Kopf durch die Thürspalte, schreit): Pannie! Prosza Pannie! Poczta!

Ännchen (steht auf, geht ihr entgegen): Ihre Zeitung, Onkelchen! (Nimmt Maruschka die Postsachen ab.) Ach und so viel heute!

Maruschka (hat noch einen Augenblick zugesehen, dann ab.)

Amandus (guckt angelegentlich durchs Fenster, schreit plötzlich): Alle Hühner! .... Alle Hühner! (Springt auf und zur Thür hinaus.)

Ännchen (hat Hoppe die Postsachen gegeben, eilt ans Fenster): Was hat er denn schon wieder?! (Sieht hinaus.) Herr Du mein Gott, die Hühner im Garten! Aber auch alle Hühner! Und wie sie picken! Unsere schöne Grassaat! (Reißt das Fenster auf): Na schnell, Amandus! Schnell!

Hoppe (die Postsachen in der Hand): Bekommt er sie raus?

Ännchen (eifrig zusehend): Und Bello immer mit hinterher! Ach ist das ein Hund! Jetzt jagt er sie wieder auseinander! (Hinausrufend): Bello, willst Du wohl! .... Durch die Pforte, Amandus, durch die Pforte! ..

Hoppe (die Postsachen durchsehend, zerstreut): Geht's nicht?

Ännchen (ruhiger): So! Jetzt! Endlich! (Schließt

das Fenster.) Die hätten die ganze frische Saat aus-
gepickt.

Hoppe: Hier ist für Sie ein Brief, Herr Kaplan.
Poststempel Breslau. (Giebt ihm den Brief.)

Kaplan (erbricht den Brief lebhaft): Ah, wirklich!
Früher als ich gehofft habe! (Liest.)

Hoppe (nimmt eine Postkarte): Was ist denn das
für eine Handschrift? Kenn' ich doch nicht!

Annchen (kommt wieder an den Tisch): Ist nicht was
für mich da, Onkelchen?

Hoppe (lesend): Für Dich nicht. Von wem willst
Du was bekommen? (Aufsehend): Du, Anna, weißt
Du, daß Besuch kommt?

Annchen (ungläubig): Ach Sie spaßen, Onkelchen.
Besuch?! Zu uns? Ach wo! Wer denn?

Hoppe (schalkhaft): Na rat mal, mein Fräulein!

Annchen (noch ungläubig): Besuch?! Wer wird
denn kommen! Ach, Onkelchen, der Herr Pfarrer
Panetzki wird kommen . . . . . Oder der Herr Pfarrer
Bartel wird sich anmelden . . . . . Oder der Herr
Dekan . . . Ja, Onkelchen? Sagen Sie doch! (Sucht
ihm die Karte abzuschmeicheln.)

Hoppe (festhaltend): Nein, kein Pfarrer! Ein Anderer!

Annchen (neugierig): Kein Pfarrer? Dann ein
Kaplan! Ach, Onkelchen, zeigen Sie doch! (Nachsinnend):
Aber wer denn? Wer bloß?

Hoppe (amüsiert): Auch kein Kaplan! Ueberhaupt
kein Geistlicher! . . . Ein ganz Anderer! Auf den Du
garnicht kommst! . . . Ein junger Student!

Annchen (mit offnem Munde): Aaaach?? (Wieder

enttäuscht): J wo! Jst ja nicht wahr! Jch weiß,
Sie wollen 'n Menschen bloß neugierig machen und
nachher ist nichts! Jch glaub' Jhnen überhaupt nicht!
(Nachsinnend.) Ein junger Student?

Hoppe: Ein ganz frischgebackener! ... Hans
Hartwig! (Giebt ihr die Karte.) Da lies!

Annchen (in höchster Ueberraschung): Hans Hartwig
aus Lichtenau?! ... Cousin Hans?! .... Wann
denn? Wann?

Hoppe: Cousin Hans. Ja. Den Du mal als
Kind kennen gelernt hast. Jhr seid ja wohl beide
ziemlich im selben Alter.

Annchen (begeistert): Der kleine Hans! Der kleine
Hans! (Lesend.) Meinje! Jst das eine Schrift! Aber
das sind die klügsten Menschen! (Auffehend.) Cousin
Hans soll ja so 'n kluger Mensch sein, haben Sie
immer gesagt? (Liest wieder.)

Hoppe: Ja, nach dem, was ich von ihm gehört
habe .... Du mußt bedenken, Anna, ich hab' ihn
zuletzt gesehen, wie Du auch da warst in Lichtenau.
Wie ihr beide solche kleinen Puttger war't, eins immer
kleiner wie das andere.

Annchen (wieder außer sich): Nein, aber dieser Hans!
Jetzt zu kommen! Als Student! Jch besinne mich
noch ganz genau, wie er aussah. So klein und hitzig!
Aber gegen mich war er sehr gut! Ein gutes Herz hat
er! (Liest wieder.)

Hoppe (nachdenklich): Nach seiner Mutter! Deine
Tante ist eine sehr kluge Frau, Anna. Ein sehr kluges
Frauchen!

Ännchen (auffehend): Und wie flott er fchreibt, Onkelchen! Ganz wie der richtige Student! Eins, zwei, drei! Lieber Onkel, Examen gemacht, dispenfiert worden! Denken fich bloß, Onkelchen, dispenfiert vom Examen! Wenn ich da unfern Amandus feh'!

Kaplan (hat feinen Brief wieder und wieder gelefen, ift mehrmals in tiefes Nachdenken verfunken, hat dann den Brief eingefteckt und aufmerkfam zugehört, vorwurfsvoll): Selig find die Armen im Geifte, Pannie, denn ihrer ift das Himmelreich.

Ännchen: Denken fich doch bloß, Onkelchen! Mit achtzehn Jahren fchon fo weit! Grad' fo alt ift er wie ich! Und geht zur Univerfität! (Umhertanzend.) Nein diefer Hans! Wann er denn eigentlich kommt? Was fchreibt er denn? (Wieder zum Tifch, um die Karte zu lefen.)

Kaplan (ernfthaft): Unfere Panna! Unfere Panna, Herr Pfarrer! Ganz außer fich gebracht ift fie!

Ännchen: Da foll fich 'n Menfch nicht freuen, wenn mal fo ein feltener Befuch kommt! Mit dem man noch gefpielt hat, als Kind .... Onkelchen, Sie find ja auf einmal fo ernft? Weil Hans kommt? (Geht zu ihm, legt den Arm um ihn.)

Hoppe (verfunken): Siehft Du, Anna, fo wie Du mit Hans, fo bin ich mal mit der Mutter von Hans zufammen gewefen. Aber Jahre lang! Nicht fo wie Ihr bloß ein paar Tage!

Ännchen (bei ihm): Später doch auch, Onkelchen?

Hoppe: O ja, Kindchen. Lang genug! Auch noch als fo junge Leutchen, wie Ihr jetzt. Wir waren ja

zusammen in der Schule. Das heißt natürlich, in derselben Stadt. Bis ich dann zur Universität kam.

Annchen (erstaunt): Was, Onkelchen? Sie waren
auch auf der Universität? Als was denn? Ich dachte,
Sie waren gleich auf dem Seminar?

Hoppe: Siehst Du, was Du noch alles zu hören
bekommst von Deinem alten Onkel! Ja, ich wollte
Mediziner werden, Anna. O ich sag' Dir, ich bin
auch ein ganz flotter Student gewesen, meiner Zeit in
Breslau.

Annchen: Das glaub ich, Onkelchen! Da kann
ich Sie mir so recht vorstellen! Sie mit der Studentenmütze! Darum können Sie auch alle die vielen Stu-
dentenlieder ..... Was meinen Sie, Onkelchen, ob
Cousin Hans auch eine Studentenmütze aufhaben wird?

Hoppe: Das weiß ich doch nicht, Anna. Da mußt
Du schon warten, bis er da ist.

Annchen (ungeduldig): Ja, aber wann kommt er
denn eigentlich? Daß er das auch nicht schreibt!
Man muß sich doch einrichten!

Hoppe: Unterwegs muß er schon sein nach der
Karte. Du kannst ihn jeden Tag erwarten, Anna.

Kaplan: Er wird sich schon einfinden, der junge
Herr, rechtzeitig. Wenn er wüßte, wie sehnsüchtig ihn
die Panna erwartet, vielleicht beeilt er sich.

Annchen (überhörend): Und Onkelchen, Kuchen
muß ich backen! Kuchen backen muß ich! Und nach
der Stadt müssen wir schicken, nach Fleisch! Daß wir
doch etwas haben! Schrecklich, daß man auf dem
Dorf nichts bekommt. Laß man Sczychowski gleich

nachher reiten! Soll ich Räderkuchen backen, Onkelchen, oder Napfkuchen?

Hoppe (zerstreut): Siehst Du, Kindchen, so wäre aus Deinem Onkel bei einem Haar ein Arzt geworden, und kein Geistlicher. Und wir Alle würden nicht hier sitzen . . . .

Annchen (bei ihm): Dann wollen wir froh sein, Onkelchen, daß es so gekommen ist! Ja? Ach, seien Sie vergnügt, Onkelchen! Und wenn Hans kommt, wollen wir singen und tanzen und springen. Der Herr Kaplan muß auch mittanzen. Und Sie singen uns ein Lied vor! Aus Ihrer Jugendzeit! Ein Studentenlied! Ein lustiger Musikante . . . . .

Hoppe (einfallend): Spazierte einst am Nil . . .

Annchen (vergnügt): Sehen Sie, Onkelchen, wie gut das geht! Und Hans singt auch was . . . . . Sind Sie nicht auch neugierig, Onkelchen, wie Hans aussehen wird?

Hoppe: Nach seiner Mutter, Anna! Hans ähnt nach seiner lieben Mutter. So wie sie als Mädchen aussah . . . (Erhebt sich.)

Annchen: Wo wollen Sie hin, Onkelchen?

Hoppe: In Ruhe mein Brevier beten. Du weißt ja, Kind, es ist meine Zeit . . . (Nimmt ein Buch vom Schreibtisch, geht langsam hinaus.)

Annchen (vergnügt auf und ab): Ach ich bin heut ganz . . . Ich weiß garnicht, wo mir der Kopf steht! Und so ein schönes Frühjahr heute! So ein schönes Frühjahr! (Oeffnet das Fenster zum Garten und schaut hinaus, tief aufatmend): Wie warm die Sonne scheint, so früh am Tage!

Kaplan (sehr ernst): Und der Geburtstag von Ihrer armen Mutter heute, Panna Annuschka, für die wir nicht einmal eine Seelenmesse übrig gehabt haben zum heutigen Tage.

Annchen (am Fenster, versunken): Daran hab' ich eigentlich nie gedacht, daß Mutterchen ein Frühjahrs= kind gewesen ist. Nie gedacht.

Kaplan: Ihre Mutter wird auch kein Leben so gehabt haben, Pannie, wie ein Frühlingskind. (Erhebt sich und geht auf und ab.)

Annchen (mit tiefem Seufzer): Daß Einem das immer wiederkommt! So lang, wie das schon her ist! Onkel sagt auch, Mutterchen hat die Sünde ab= gebeichtet und abgebüßt. Der liebe Gott hat sie zu sich genommen. Warum muß man Einer denn immer daran denken. Mutterchen ist ja lang begraben. (Setzt sich auf einen Stuhl am Fenster.)

Kaplan (stehen bleibend, mit asketischem Ausdruck): Aber die Sünde der Verstorbenen ist nicht mitbegraben! Die Frucht der Sünde lebt und hängt an weltlichen Gedanken, Panna Annuschka. Selbst am heutigen ernsten Tage soll das pochende Gewissen da innen über= täubt und die Stimme der Vergangenheit beschwichtigt werden. Aber welche Möglichkeit, die Sünde zu ver= gessen, solange das Kind der Sünde in eitler Welt= lust dahinlebt. (Er steht hinter ihr und hat mit erhobenem Ton gesprochen.)

Annchen (gesenkten Kopfes, halb weinend): Aber was

hab' ich denn gethan, liebſter, beſter Herr Kaplan?
Weil ich mich gefreut habe, daß Couſin Hans kommt?

Kaplan (wieder auf und ab): O Pannie, das Schid=
ſal Ihrer armen, ſündigen Mutter ſteht auf Ihrem
Wege als ein warnendes Exempel, wie eine erhobene
Hand, die zu der Stätte der Buße und des Friedens
weiſt. O Panna Annuſchka, zu ihrem eigenen, ewigen
Heile und zur Erlöſung der armen Seele der Ver=
ſtorbenen aus den Qualen des Fegefeuers . . . .
Bringen Sie ſich ſelbſt als ein Opfer dar! (Verzückt vor
ihr ſtehen bleibend.) Arme verirrte Seele, finde den Mut
der Ueberwindung! Laß die Erleuchtung des heiligen
Geiſtes über Dich kommen!

Annchen (verzweifelt): Aber ich kann doch nicht ins
Kloſter ohne Onkel! Und Onkel will doch nicht. Ich
bin ja noch ſo jung! (Halb weinend): Warum ſind Sie
bloß ſo furchtbar ſtreng gegen mich, Herr Kaplan! So
ſtreng hab' ich noch keinen Beichtvater gehabt.

Kaplan (hat ſich neben ſie geſetzt): Streng', mein
Kind? Weil ich die Verantwortung trage für das Heil
Deiner Seele . . . . einſt am jüngſten Tage! Weil
ich, wenn der allerhöchſte Richter mich einſt fragen
wird, nicht daſtehen will mit leeren Händen. Darum
habe ich ſelbſt für Dich geworben bei den Vincen=
tinerinnen in Breslau. Jeden Tag kannſt Du Dich
einkleiden laſſen, wenn Du mit Dir einig ſein wirſt.
Hier iſt der Brief, mein Kind. Welche Fügung des
Himmels, daß wir gerade am heutigen Tage von
der Schweſter Oberin die Zuſage erhalten müſſen. (Hat
in der Bruſttaſche nach ſeinem Briefe geſucht, giebt ihn Anna.)

Ännchen (zerknirscht): O Du mein gnädiger Gott! Aber ich kann doch jetzt nicht! (Schluchzt vor sich hin und hält den Brief in der Hand, ohne ihn zu lesen.)

Kaplan (gütig, indem er die Hand auf ihren Kopf legt): Wir wollen Dich nicht drängen, mein Kind, wenn Dein eigener Wille nicht treiben wird. Aus freiem Entschluß muß das Opfer dargebracht werden, damit wir seiner Früchte teilhaftig werden können. Aber geh' in Dich, mein Kind, suche den Vorsatz in Dir zu erwecken, rufe die heilige Mutter Gottes zu Deinem Beistand an . . . Glaube mir, die Kraft wird kommen. Wenn Du dann als reine Braut vor Deinem Heiland stehst, dann wird die Sünde von Dir genommen sein und Deine arme Mutter wird eingehen zum ewigen Frieden.

Ännchen (erschüttert die Hände faltend): Mutterchen, Mutterchen!

Kaplan: Und Du selbst mein Kind! Wenn Du ermessen könntest, welches Glück in diesem Briefe für Dich liegt! Keine Versuchung mehr! Keine häßlichen Gedanken! Der Friede auf Erden schon, den wir Andern noch so bitter erkämpfen müssen! Willst Du den Brief von der Schwester Oberin nicht lesen, mein liebes Kind?

Ännchen (springt auf, macht sich am Kaffeetisch zu thun): Nein wirklich, jetzt nicht, Herr Kaplan! Jetzt kann ich aber wirklich nicht! Ich hab ja auch noch so viel . . . . (Der Regulator schlägt.) Herr Du mein Gott, schon neun Uhr! Und wenn Hans heute kommt! Ich hab' nichts da! Nicht mal 'n paar Kuchen!

Garnichts! Aber jetzt auch gleich ran! (Räumt den Kaffeetisch ab.)

Kaplan (schlägt sich verzweifelt vor den Kopf): O Panna Annuschka! O Panna Annuschka!

Maruschka (streckt ihren Kopf zur Küchenthür herein, winkt geheimnisvoll wichtig): Pannie . . . . Pannie! . . .

Annchen (geht zur Thür, läßt sich von Maruschka etwas ins Ohr flüstern, halblaut): Ein junger Herr? Zu un . . . ? Mit 'm Wa . . . . ?? (Plötzlich außer sich): Das ist Hans! Das ist Hans! Und ich mit 'm Morgenrock! Schnell, schnell, Maruschka! Hol' ihn 'rein! . . . Laß ihn doch nicht so lang draußen stehen, dummes Mädchen! . . . . Wart' doch nur! . . . Ich hol' ihn ja! Bin ich denn auch . . . (Läuft vor den Spiegel.) Ach, ist ja gut! Er wird nicht sehen! (Einen Augenblick vor dem Kaplan.) Bin ich so gut, Herr Kaplanchen? . . . . Ach, und mein Haar! (Ordnet geschwind ihr Haar.)

Kaplan (finster): Gehen Sie, Pannie! Gehen Sie!

Annchen (begeistert): Hans! . . . (Ab mit Maruschka, die währenddeß schnell das Kaffeegeschirr aufgenommen hat.)

Kaplan (erhebt sich, geht auf und ab, die Hände auf dem Rücken. Nach einem Augenblick)

Amandus (in der Thür, kommt näher mit allerlei wichtig fragenden Geberden, deutet neugierig nach draußen): Schöne Pferd draußen! Fremde?

Kaplan (geht, ohne zu antworten auf und nieder).

Amandus (steht horchend in der Mitte des Zimmers).
Kurze Pause. Draußen Stimmen.

Hans (in der Thür mit Annchen): Ja, das mit dem Wagen, das war schließlich noch großartig getroffen!

Ännchen (verlegen rot): Hier, bitte schön .... in unsere Wohnstube! Sie wissen schon, wie es ist .... alles ganz einfach ... Der Onkel ... (Stockt und sieht Hans verlegen an.)

Hans (hat den Kaplan erblickt und sich etwas verlegen verbeugt).

Kaplan (am Fenster, mit förmlicher Verbeugung): Guten Morgen.

Ännchen (ist näher gekommen, noch etwas verlegen): Das ist hier ... He .... Cousin Hans ... und das ist unser Herr Kaplan von Schigorski .... (Schalkhaft.) Unser Herr Kaplanchen nenn' ich ihn immer.
(Beide haben sich nochmals verbeugt.)

Hans (am Tisch stehend und sich umsehend): Also hier!! Hier! .... So hab' ich mir's auch vorgestellt. So gemütlich und .... (Schaut Ännchen an.) Ja, wirk= lich! Ganz so!

Ännchen (noch immer verlegen, indem sie das „Sie" zu verschlucken sucht): Ach, der Onkel ist ja so .... Das soll alles so bleiben. So beim Alten .... Aber wir wollen uns doch hinsetzen. Das .... Sie ... müssen doch recht müde .... (Schaut Hans voll an.)

Hans (hat seine Unbefangenheit wiedergefunden): Ach, das bischen Marschieren! Und dann mit der Aussicht hierher! Aber wenn nochmal Sie gesagt wird, Cou= sine Ännchen, setz' ich mich überhaupt nicht, zieh' gleich wieder los. Sie! Unsinn ist das ja!

Ännchen (ist rot geworden, dreht sich zur Seite, erblickt Amandus, der sich beim Eintreten der Beiden hinter dem Wäsche= schrank verborgen hat): Der ungezogene Bengel! Hinter dem Schrank zu stehen, statt guten Tag zu sagen! (Einen Schritt vor.) Na, willst Du wohl vorkommen, mein Brüderchen!

Hans (erstaunt): Also das ist Amandus?! Sieh mal an!

Amandus (Grimassen schneidend): Nein! . . . Nein!

Annchen (leicht geärgert): Muß ich Dich wirklich vorholen? Pfui, Amandus! . . . Wart', ich sag's dem Onkel! (Rufend): Onkelchen!

Kaplan (noch am Fenster): Lassen wir ihn in seiner Ecke, Panna Annuschka! Wenn er sich wird gewöhnt haben, wird er sich dem Herrn Studiosus schon zeigen.

Annchen (zwischen Aerger und Humor): Dann steh' Du da, bist Du schwarz wirst! (Dreht sich zu Hans.) Ach, wir wollen uns garnicht kümmern um den dummen Jungen!

Hans (auf Amandus zugehend): Aber guten Tag muß ich ihm doch sagen. So schüchtern braucht er doch vor mir nicht zu sein. (Reicht ihm die Hand. Guten Tag, Amandus!

Amandus (Grimassen schneidend): Tag!

Hans (vor ihm, lächelnd): Na, wie geht's? Gut?

Amandus (starrt ihn an, drängt sich plötzlich zwischen Hans und dem Schrank durch, stürzt zur Thür hinaus.)

Hans (kommt achselzuckend zurück): Nichts zu machen! Na wir werden schon sehen! Ist er immer so? (Steht vor Annchen.)

Annchen (ärgerlich): Ach gewiß! Ach . . . . Na wart', mein Jungchen!

Kaplan (einfallend): O bitte, Pannie! Nicht

immer, wollen wir sagen. Nur wenn er seine ganz besondern Antipathien ausdrücken will.

Ännchen (hat Hans unverwandt betrachtet, ohne auf den Kaplan zu hören, plötzlich begeistert): Aber der Onkel!.... Der Onkel!.... Das wird eine Ueberraschung sein! (Schnell ab.)

Hans (zum Kaplan): So? Das ist ja recht feierlich! Dann müßte man also eigentlich gleich rechtsum kehrt und zurück, von wo man gekommen ist, wenn's nach Amandus ginge!

Kaplan (achselzuckend): Wer will die Geheimnisse einer so armen Menschenseele ergründen?

Hans (auf und ab, mit seinen Gedanken beschäftigt): Also, das ist Rosenau!.... Rosenau!.... Hab' ich's doch noch gefunden!

Kaplan: Haben Sie Schwierigkeiten gehabt mit dem Wege hierher?

Hans (stehen bleibend): Ach, das war ja eine ganz verzwickte Geschichte. Rein wie der Weg ins verzauberte Land!

Hoppe (erscheint in der Thür mit Ännchen, erkennt bei seiner Kurzsichtigkeit Hans nicht sofort): Also nicht Hans?

Ännchen (ernsthaft): Nein, wirklich nicht, Onkelchen! Ein ganz fremder Herr! Ich kenn' ihn auch nicht.

Hans (einen Schritt vor, ohne etwas zu sagen).

Hoppe (hat sich ebenfalls genähert, mit kurzer Verbeugung): Mein Name ist Hoppe! Womit kann ich dienen? (Aufdämmernd): Han....?

Hans (ihm entgegen, freudig): Onkel Hoppe!

3

Hoppe. (ihn nach polnischer Art umarmend): Also doch Hans Hartwig!. (Betrachtet ihn.) Ja, ja, das ist das Gesicht . . . .

Ännchen (klatscht in die Hände): Angeführt, Onkelchen! Angeführt!

Hoppe: Da soll man wohl nicht, wenn Du mit solchem ernsten Gesicht kommst! Alte Leute betrügen! . . . Hans, nimm Dich vor dem Fräulein in Acht.

Ännchen: Onkelchen, Sie haben Hans wohl für einen Weinreisenden gehalten?

Hoppe (lachend): Ihr Weibsbilder seid Spitzbuben, Ihr barbiert uns ja alle über den Löffel!

Hans (humoristisch): Na, bei mir soll ihnen das schwer fallen!

Ännchen (eifrig): Aber Onkelchen, hat Herr Hans nicht einen ganz netten Schnurrbart? (Betrachtet Hans voll Stolz.)

Hans (etwas verlegen): Jetzt aber die Generalmusterung. Da muß man ja ordentlich rot werden!

Ännchen: Nein wirklich! (Wieder in Betrachtung versunken.) Ueberhaupt so jung und so . . . . !

Hoppe (aus einem Nachdenken erwachend): Kinderchen, ich glaube gar, Ihr siezt Euch noch! Habt ihr Euch denn schon 'n Kuß gegeben?!

Hans: Ich hab' ja noch keinen bekommen. (Mit leiser Erregung.) Na, giebst mir einen, Ännchen?

Ännchen (überläßt sich ihm mit einem vollen, wortlosen Blick).

Hans (küßt sie und drückt sie leise an sich).

Hoppe (geht zum Tisch): So, Kinder! Ihr seid doch Cousin und Cousine. Wenn auch im zweiten Grade.

Deine liebe Mutter, Hans, ist meine richtige Cousine. Natürlich auch von Annas seliger Mutter, von unserm Jettchen.

Kaplan (ist langsam vom Fenster zur Thür gegangen): Ich bitte die Herrschaften um Entschuldigung . . . . .

Annchen (ihm nach): Wollen Sie nicht zum Frühstück bleiben, Herr Kaplan? Ich mach' gleich was.

Kaplan: Ich werde sehr bedauern, Pannie. Meine Zeit wird nicht erlauben.

Annchen (hat sich wieder zurückgewendet): Ach, nu geht der Herr Kaplan! Der Unterricht kann doch auch mal ausfallen. Grade heute!

Kaplan (schon in der Thür): Die Zeit ist kurz bemessen. Die Annahme der Kinderchen für die heilige Kommunion steht so nahe bevor. (Mit erhobener Stimme.) Die Pflicht ruft, Pannie! (Ab.)

Annchen (kurz angebunden): Wer nicht will, der hat schon! (Verändert.) Aber Hanschen wird essen. Hanschen kann mir nichts abschlagen. Dazu hat er ein viel zu gutes Herzchen. Onkelchen, wie groß Hanschen geworden ist! Und wenn ich denk', so klein war er damals.

Hans (sitzt am Tisch, in die Betrachtung von Anna, die vor ihm steht, versunken): Ja, ja, Annchen!

Annchen: Ordentlich aufsehen muß man zu dem Herrn Studiosus!

Hans (erwachend): Das weißt Du ja nicht, Anna.

Annchen: Das hab' ich doch vorher gesehen!

Hans (aufstehend): Na, wollen mal probieren! (Beide stehen sich dicht gegenüber und halten sich bei den Händen. Ihre Augen ruhen in einander. Momentanes beklommenes Schweigen.)

3*

Annchen (verhalten erregt): Siehst Du, wieviel größer Du bist!

Hans (mit verhaltener Kraft): Das gehört sich auch so!

Hoppe (der so lange nachdenklich am Tisch gesessen hat, steht auf): So, Hans, jetzt setz' Dich mal zu uns und erzähl' uns von Deinen Thaten! Also zuerst meine Gratulation zum Examen, Herr Studiosus! Oder eigentlich Mulus müßte man Dich nennen. Daß Du so fortfährst und Deinen lieben Eltern viel Freude machst! Deiner guten Mutter! (Reicht ihm die Hand.)

Hans (Hoppes Hand schüttelnd): Danke schön, Onkel Hoppe! ... Dir auch, Anna! (Drückt Annchens Hand.)

Annchen (versunken): So also sieht ein junger Student aus!

Hoppe (aufgeräumt): Und Du, Anna, statt dem Hans soviel in die Augen zu sehen .... Bring uns lieber was Ordentliches zu trinken. Und zu essen auch! Sonst verhungert uns Hans noch. Und dann wollen wir Deinen lieben Cousin so bald nicht fortlassen, was meinst Du dazu, Anna?

Annchen (freudig): Ach ja, Onkelchen! Ach ... ja! Vier Wochen wenigstens!

Hans (etwas gedrückt): Vier .... Wochen! Wer weiß, wie lang ich da schon in Heidelberg sitz'! ... Nein, aber was ich sagen wollte ... Also viele Grüße von Hause!

Hoppe: Mein Gott! Wie viele Jahre ist das her, daß ich Deine lieben Eltern zum letzten Mal sah! Deine Mutter, das gute Kindchen! .... So bringt Einen das Leben auseinander.

Ännchen (aufspringend): Ach Onkelchen, da fällt mir ein, draußen wartet ja der Wagen auf Sie! (Steht am Tisch.)

Hoppe (erstaunt): Auf mich? Was für'n Wagen?

Ännchen (eifrig): Ja, denken sich bloß, Onkelchen, was Hans alles für Abenteuer unterwegs gehabt! Er ist ja zu Fuß gegangen, die halbe Nacht durch . . . .

Hoppe: Und Kinderchen, was ist das mit dem Wagen für eine Geschichte?

Ännchen (naiv): Ach, Onkelchen, sie sollen ja zum Kranken kommen!

Hoppe (aufspringend): Zum Kranken?? Ein Wagen?! Kinderchen, das sagt Ihr mir jetzt erst?

Hans: Ja, ich traf den Wagen eine halbe Stunde vor dem Dorf. Er fuhr zu Dir, Onkel Hoppe. Er will Dich zum Kranken holen. Da fuhr ich gleich mit.

Hoppe (hat den Rock abgeworfen und das Ornat aus dem Schrank genommen): Und das sagt Ihr mir jetzt erst! Der arme Mensch kann ja unterdeß gestorben sein.

Ännchen (hilft ihm beim Anziehen): Ach, Onkelchen, er wird schon nicht!

Hoppe (eifrig beschäftigt): Zum Kranken! Na, Ihr seid mir die Richtigen! Euch möcht ich mein Seelen= heil auch nicht anvertrauen! Gut, daß Du nicht Theologe werden willst, Hans.

Hans: Ja, weiß Gott, Onkel Hoppe! . . . Aber das hatt' ich wirklich total verschwitzt.

Hoppe (auf dem Sprunge): Also, nun vor allem, Anna, bring' Deinem Cousin was zum Anbeißen! Und 'n ordentlichen Schluck Wein! Das hält Leib und

Seele zusammen. Und besonders nach solch einem Nachtmarsch! Laß Deinem Cousin an nichts fehlen, Anna, sonst bringt er uns am Ende noch rum, daß wir ihm nichts geben wollen. (Sucht etwas auf dem Schreibtisch.)

Hans (hat sich erhoben): Aber Onkel Hoppe!

Annchen (mit zärtlichem Blick zu Hans): Ach Onkelchen, Hanschen weiß ja, daß ich mich bloß so fürchterlich freu', daß er da ist, deswegen mag ich garnicht raus und was machen!

Hans (vor ihr, mit leisem Händedruck, gedämpft): Weiß der Himmel, ich hab' auch gar keinen rechten Appetit!

Hoppe (fertig zum Gehen, zerstreut): Ja, 'n gutes Kindchen, die Anna! . . . Lernen muß sie freilich noch manches! (Reicht Hans die Hand): Also, wenn Du Dich langweilst, Hans, da stehen Bücher. Und zu Mittag bin ich wieder zurück. Adieu, Anna! (Will ab.)

Annchen: Adieu, Onkelchen! . . . . Ach Onkelchen?

Hoppe (schon in der Thür): Was denn noch?

Annchen (bei ihm): Onkelchen, heut' Nachmittag haben wir doch keine Stunde? . . . Ueberhaupt nicht, so lang Hans hier ist, nein?

Hoppe (eilig): Nein, nein! Damit Du Deinen Hans ganz hast . . . . .! Und nimm Ungarwein zum Frühstück! Das paßt am besten. (Ab.)

Annchen (von der Thür zurück): So, aber jetzt schnell! Daß Du Armer wenigstens was Warmes in den Magen bekommst! Schnell etwas braten!

Hans (vor ihr, wie mit zugeschnürter Kehle): Ach, laß doch, Annchen! (Faßt unwillkürlich Annchens Hand, die sie

ihm willenlos überläßt. Schweigender Händedruck. Beide Auge
in Auge, in mühsam gedämpfter Erregung.)

Ännchen (verhalten): Sei mir nicht bös', Hanschen!

Hans (gepreßt): Aber, Ännchen, warum?

Ännchen: Weil ich Dich hier so lang' ohne was
sitzen laß. Aber ich möchte am liebsten immerfort stehen
und Dich ansehen.

Hans (mit krampfhaftem Händedruck): Und ich Dich!

Ännchen (leise): Ach, mich! (Steht noch einen Augenblick, sucht sich dann loszumachen.)

Hans (festhaltend): Ach, bleib doch, Ännchen!

Ännchen: Nein, laß man, Hanschen! Ich komm'
ja gleich! Bloß sehen, was Maruschka macht! (Macht
sich los und ab.)

Kurze Pause.

Hans, (steht noch einen Augenblick wie betäubt, reckt sich
krampfhaft, geht sinnend auf und ab, leise summend, so daß man
hier und da die jauchzende Erregung merkt, bleibt manchmal
stehen, öffnet schließlich das Fenster, streckt seinen Kopf hinaus,
wie um ihn zu kühlen.)

Pause.

Ännchen (kommt mit Weinflaschen und Gläsern, setzt sie
auf den Tisch): So, jetzt wollen wir sitzen und ein Gläschen Wein trinken und uns was Schönes erzählen,
Hanschen, wieviel armen Mädchen Du schon den Kopf
verdreht hast. Ja, Hanschen? Ach ja! Das mußt
Du mir erzählen. Ich hol' bloß noch das Essen.
Denk Dir bloß, Maruschka hat schon selbst besorgt.
Die ist sonst garnicht so! Die hast Du schon ganz
verliebt gemacht. Ach, wir Armen! (Vor ihm.) Also
schnell, Hanschen, wieviel Mädchen hast Du schon geküßt?

Hans (ernst): Keine, Anna! Außer meiner Schwester! Du bist die erste!

Ännchen: Ach mein Gottchen! Draußen wird ja alles kalt. (Eilig ab, nach einem Augenblick mit Tellern und Schüsseln zurück, die sie auf den Tisch setzt.) Jetzt wollen wir essen und trinken und fröhlich sein. Wer weiß, wie lang's dauert! Setz Dich hierher, Hanschen! (Deutet auf's Sofa.)

Hans (geht zum Sofa): Und Du, Ännchen?

Ännchen (unbefangen): Ich setz' mich neben Dich, Hanschen. (Beide setzen sich neben einander auf's Sofa, Ännchen rechts, Hans links.)

Hans: Ja, wer weiß, wie lang's dauert! Uebermorgen um diese Zeit sitz' ich schon wieder unterwegs. Dann fahr ich schon! .... Hinaus! In die Welt!

Ännchen (hat Wein eingeschenkt, erschrocken): Uebermorgen schon? Aber das hat doch garnicht gelohnt!

Hans: Ja was hilft's! Ich muß doch zur Universität! (Begeistert.) Ach, Ännchen, ich freu' mich schon so!

Ännchen (traurig): Und ich hab' gedacht, Du bleibst wenigstens vier Wochen! Nu hat man sich so gefreut! Nu kommst Du nach so vielen Jahren mal und willst auch gleich wieder weg. Dann hättest Du schon garnicht zu kommen brauchen!

Hans: Ach Ännchen, mach Einem das Herz nicht schwer! Wir wollen garnicht dran denken! Wir wollen trinken! Prosit! (Beide stoßen an.) Die Zukunft und das Leben! (Beide trinken.)

Ännchen: Aber iß doch, Hanschen! Soll ich Dir was auflegen?

Hans: Ännchen, ich kann nicht! Ich kann wirklich nicht! Iß Du doch!

Ännchen: Nein, ich mag auch nicht! ... Nu bleibt das schöne Essen so stehen!

Hans: Ach, laß doch! Wir werden schon essen nachher! Aber trinken wollen wir! Auf die vergangene Zeit! Auf unsere Kinderzeit! Gut, daß sie vorbei ist! (Trinkt.)

Ännchen (ebenfalls trinkend): Ich hab' immer gedacht, Du wirst mal kommen. Du hast mir doch versprochen, Hanschen, damals bei Euch in Lichtenau. Aber wer nicht kam, all die vielen Jahre, das war mein Hans!

Hans: Ja siehst Du, ich wollte erst Student sein! Nicht so 'n dummer Junge!

Ännchen: Schließlich hab' ich gedacht, Hanschen ist zu stolz, Hanschen will von uns nichts wissen.

Hans: Ja, ich wollte immer und wollte immer .... Schließlich wußt ich ja nicht ....

Ännchen (eifrig): Und siehst Du, deswegen hab' ich Dich heut gleich vom ersten Augenblick an so gern gehabt, weil ich gesehen hab', daß Du doch garnicht stolz bist.

Hans: Stolz, Ännchen? Aber weswegen stolz? Wie kannst Du so was sagen?

Ännchen: Ja, weil Deine Eltern so reich sind und wir sind bloß solche arme Verwandte, d. h. der Onkel ja nicht, aber ich! Und dann ....

Hans (sich aufrichtend): Aber Anna, das ist mir doch ganz egal! Um so was kümmere ich mich doch nicht! .... Nein, da kennst Du mich schlecht! .. Weißt Du, das sind alles dumme Vorurteile! Ueberhaupt ... (Erhebt sein Glas.) Prosit, Annchen! Die Freiheit soll leben! (Trinkt und springt auf): Die Freiheit! Die Freiheit! Ach, das wird großartig! (Setzt sich wieder und rückt dicht zu Annchen.)

Annchen: Und Du denkst deswegen nicht schlechter von mir?

Hans (vorwurfsvoll): Aber Anna! Weswegen denn bloß?

Annchen (verlegen): Ach, Du weißt ja das mit Mutterchen und mir.

Hans (erstaunt): Ne! Was denn? Mit Deiner tter und Dir?

Annchen (stockend): Daß ich doch keinen Vater habe .....

Hans: Ach so, das?! .... Aber was kannst Du denn dafür, Anna?

Annchen (kleinlaut): Ja, nicht wahr, Hanschen? Das hab' ich mir auch schon gedacht.

Hans (verwundert): Was kannst Du bloß dafür? Macht Dir denn überhaupt jemand 'n Vorwurf deswegen?! Das ist doch ganz ...

Annchen: Ach, Du weißt ja nicht, Hans! Das bekommt man immer wieder aufs Brot geschmiert! Aber ich freu' mich bloß, daß Du nicht so bist!

Hans (aufgebracht): Das ist doch der reine Blödfinn! Der reine Blödsinn! Von wem denn? Doch nicht vom Onkel?! Na überhaupt in der Beziehung .... Das ist doch alles so natürlich! So natürlich! Das ist ja die Geschichte mit dem Steinaufheben! Siehst Du, Annchen, deswegen sehn' ich mich ja so raus! Da muß das alles ganz anders sein! Alles viel freier! Ich kann das ja garnicht mehr anhören! Diese Borniertheit hier überall bei den Menschen! Bloß raus! Deswegen will ich ja auch nach Süddeutschland! Da denk' ich mir das doch anders! Und dann überhaupt als Student! (Hat sich in Eifer geredet, stürzt sein Glas herunter.)

Annchen (entzückt): Ich möcht' bloß immer so sitzen und Dich ansehen, Hänschen, wenn Du so sprichst und Dir die Augen dabei blitzen!

Hans (begeistert): Ach ich sag' Dir, Annchen! Ich bin in einer Stimmung! Endlich mal frei! Wonach man sich schon jahrelang gesehnt hat! Schon wie ich hierher kam . .

Annchen: Ja, und jetzt willst Du so schnell wieder weg! Jetzt sollst Du erst recht hier bleiben!

Hans: Aber ich kann doch jetzt nicht, Annchen!

Annchen (energisch): Du sollst aber! Sonst hab' Dich garnicht mehr gern! . . . Ueberhaupt, ich sitz' hier und kuck' Dich an, wie 'ne dumme verliebte Gans. (Will vom Sofa weg.)

Hans (heiß): Ach, Anna! (Will sie festhalten.)

Annchen (spöttisch): Das kleine Hänschen will mich festhalten. (Sucht sich loszureißen.)

Hans (in steigender Erregung): Klein?! Na, wollen mal sehen. Los kommst Du nicht! (Umklammert ihren Arm.)

Annchend (glühend): Der kleine Hans! (Sucht sich loszuzerren.)

Hans: Größer als Du! ... Los ... nicht! (Hält ihre beiden ausgestreckten Arme mit seinen beiden Händen fest. Beide stehen sich einen Augenblick Mund an Mund gegenüber. Plötzlich beugt Hans mit einem schnellen Ruck Annchens straff gestreckte Arme zusammen, daß sie kraftlos aufs Sofa sinkt.)

Annchen (schwach): Ach Hänschen!

Hans (über sie gebeugt): Jetzt bist Du besiegt!

Annchen: Ach, Du hast ja solche Kraft, Hänschen! Ich hab' ja garnicht gedacht!

Hans (betrachtet sie einen Augenblick. Plötzlich wirft er sich über sie und küßt sie wie wahnsinnig).

Annchen (umschlingt ihn und erwiedert seine Küsse).

Kurze Pause.

Hans (richtet sich auf, ebenso Annchen. Beide hängen aneinander in wortloser Seligkeit).

Hans (leise): Bist Du mir wirklich gut, Annchen?

Annchen (ebenso): Hänschen, so gut! So gut! (Beide halten sich umfaßt und pressen sich aneinander. Die Thür öffnet sich langsam.)

Amandus (steckt seinen Kopf durch die Spalte).

Annchen (macht sich sanft von Hans los, erhebt sich, geht auf Amandus zu, unbefangen): Was willst Du, Amandus?

Amandus (mit entsprechender Grimasse): Hunger ich! Essen!

Annchen: Geh' zu Maruschka, Amandus! Die wird Dir was geben, ja?

Amandus (zögert noch einen Augenblick, dann ab).

Hans (hat sich ebenfalls erhoben): Amandus wird wohl gesehen haben, Annchen?

Annchen: Ach, Hanschen, was weiß Amandus! (Mit zärtlichem Blick zu Haus, der vor ihr steht): Wie stattlich Du aussiehst, Hanschen!

Hans (mit ausbrechendem Jubel): Ach, ich sag' Dir, Annchen, ich bin so glücklich! So glücklich! (Auf und ab mit stürmischen Geberden.) Ich hab' das ja gewußt! Ich konnt ja garnicht erwarten, bis ich hier war! Darum bin ich ja die Nacht durch gegangen! Ich hab' mich ja so gesehnt! Ich hab' ja noch nie ....! Du weißt ja garnicht! (Umschlingt sie von neuem.)

Annchen (mit plötzlichem Blick zum halboffenen Fenster, entsetzt): Ach, mein Gott! Unser Herr Kaplan! Wenn er gesehen hat! Er sah grad rein! Und wie seh' ich aus! (Hat sich Hans entwunden, ordnet geschwind ihr Haar.)

Hans (aufgeregt): Ach laß sehen, wer will! Wollen ihm schon zeigen!

Annchen (vor dem Spiegel, geängstigt): Aber grad der Herr Kaplan! Wenn er bloß nichts merkt! Wie unordentlich ich bloß ausseh'!

Kaplan (tritt langsam von rechts ein, überschaut prüfend das Zimmer, die beiden jungen Leute und die ganze zerfahrene Situation): Ich bitte um Entschuldigung, daß ich stören muß ....

Ännchen (geht ihm entgegen, sucht ihre Verwirrung zu verbergen): Ach, der Herr Kaplanchen! Ist schon mit dem Unterricht zu Ende. Das ist schön, daß er heut' mal früher . . . .

Kaplan (ist zum Schreibtisch gegangen, sucht herum): Der Unterricht ist mitten im Gange, Panna Annuschka. Ich bin nur gegangen. Ein Buch fehlt noch. Ich muß vergessen haben.

Ännchen: Aber bischen essen werden Sie schnell, Herr Kaplan, ja? Wir haben schon . . . (Stockt, da sie die unberührten Speisen sieht.)

Hans (am Tisch stehend, sucht zu verbessern): Na, damit war's nicht weit her.

Kaplan (langsam vom Schreibtisch zurück): Die Kinder= chen warten, Pannie! Ich werde mich beeilen. Der Herr Pfarrer ist fortgefahren, Pannie? . . . Ich habe gesehen.

Hans: Ja, Onkel fuhr zum Kranken.

Kaplan (beiläufig, mit Seitenblick zu den Speisen): Die jungen Herrschaften haben auch nicht viel Ehre angethan.

Hans (frech): Ja, mein Gott, wenn man sich mit so 'ner netten, lieben Cousine zu erzählen hat, die man jahrelang nicht gesehen hat, da vergißt man schließlich seinen Appetit. Das wird Ihnen auch so gehen, Herr Kaplan!

Kaplan (droht Ännchen sehr ernst mit dem Finger): Pannie! . . . Pannie! (Langsam ab.)

Ännchen (steht beschämt da).

Hans (bei ihr): Ännchen!

Ännchen (schweigt).

Hans (zärtlich): Bist Du mir garnicht mehr gut, Än..chen?

Ännchen (plötzlich): Ach, laß Alle wissen! (Umschlingt Hans und drückt ihn an sich): Hast Du wirklich noch kein Mädchen geküßt, Hänschen?

Hans (jubelnd): Keine! . . . Keine!

. . . . Ännchen (liebkost ihn): Mein liebes Hänschen!

Vorhang.

Zweiter Aufzug.

Folgender Tag Nachmittags. Wohnzimmer mit dahinter liegendem Salon wie vorher.

Ännchen und Amandus am Sofatisch. Verträumte Nachmittagsstimmung. Ein trübschwerer Frühlingstag schaut durchs Fenster.

Ännchen (auf dem Stuhl gegenüber dem Sofa): Und ich sag' Dir, wenn Du nochmal so schlecht gegen Hänschen bist, so niederträchtig . . . Was der arme Hans Dir bloß gethan hat!

Amandus (auf dem Stuhl rechts von ihr, schüttelt sich und spuckt aus).

Ännchen: Hans ist schon Student und was bist Du? Du großer Junge! So dumm wie'n Russenrad! Und kaum zwei Jahre jünger wie Hänschen . .

Amandus (deutet durch eine Pantomime an, wie wenig ihm Hansens Geist imponiert, dann wohlgefällig auf sich deutend): Stärker ich!

Ännchen (erbittert): Du stärker? Ja, wenn Du ihm 'n Bein stellst von hinten, wie heut' Vormittag, daß er hinfallen muß . . . . Mach das bloß nochmal. Dann weißt Du, was Du bekommst!

Amandus (mit vergnügter Grimasse): Langgelegt! Alle Neun! Annuschka . . . (Deutet durch eine Pantomime Ännchens Bestürzung und Verliebtheit an, händeringend): Mein Hänschen! Mein Hänschen!

Ännchen: Ja, gewiß, mein Hänschen! Was weißt Du davon? Du möchtest wohl auch so heißen? Du bist wohl neidisch, mein Jungchen?

Amandus (in plötzlicher Wut aufspringend, dicht vor ihr, mit verzerrtem Gesicht und Blick zum Sofa): Weiß ich! . . . Sag ich Onkel! Holt Kantschu! (Pantomime des Prügelns): Dreschen! Dreschen! Braun und blau!

Ännchen: Ja, aber wer zuerst rankommt, das bist Du, Amanduschen. Meinst Du, der Onkel weiß nicht, daß ich Hänschen 'n Kuß gegeben habe? Laß Dich doch nicht auslachen! Das kann der Onkel ruhig wissen. Aber weißt Du, was ich dem Onkel sagen werd'!?

Amandus (hat sich wieder auf seinen Stuhl gesetzt, verschmitzt): Weiß nicht!

Ännchen: Weißt nicht? Wir wollen mal denken helfen, Amanduschen! Ich werd' dem Onkel sagen, daß Du immer so hinter Maruschka her bist! Daß Du Maruschka garnicht zufrieden läßt! Das arme Mädchen weiß schon gar nicht wohin, vor Dir dummen Jungen! Weißt Du jetzt, Amanduschen, was ich dem Onkel sagen werd', wenn Du nicht ganz artig zu Hänschen bist? Also hübsch cycho! Mäuschenruhig! (Mit Geberde): Sonst . . .!!

Amandus (tückisch): Flötz! Dumme!

Kaplan (von rechts eintretend, im schwarzen Rock, noch ernster als gewöhnlich, kommt langsam zum Tisch).

Ännchen (klatscht lustig in die Hände): Unser Herr

4

Kaplan! Unser Herr Kaplan! Und ein so böses Gesicht macht er wieder, der Herr Kaplanchen!

Kaplan (setzt sich an den Tisch, Annchen gegenüber): Und unsere Panna vergnügt wie ein Wiesel. Bei Regen und bei Sonnenschein. Ich glaube, zum jüngsten Tage wird sie noch lachen, die Panna!

Annchen (unbefangen): Ach, aber einer muß doch lachen, Herr Kaplanchen! Was hilft, wenn Einer immer trauriger ist wie der Andere! Der Onkel mag garnicht, wenn ich so rum sitz' wie eine Heilige. Ich soll bloß immer lachen und singen. Hanschen ist ja auch zu Besuch!

Kaplan: Und da ist die Panna schon ganz von Rand und Band. Garnicht mehr zu regieren ist sie.

Amandus (schlägt plötzlich mit beiden Fäusten auf den Tisch, daß es kracht): Laps!!

Annchen (entsetzt): Jesus, Maria und Joseph! Mein Schreck! ... Dir gehören die Ohren lang gezogen, Amanduschen! Sich so zu betragen! Ordentlich, als wenn er's im Kopf hat, seit Hanschen hier ist!

Amandus (grinst zähnefletschend).

Kaplan: So hat der junge Herr bis jetzt nur Unsegen über dieses Haus gebracht! Wie wir Alles verändert sehen in diesen beiden Tagen!

Annchen (eifrig): Aber doch zum Guten, Herr Kaplan! Was Amandus! Aber der Onkel! Sehen Sie doch bloß den Onkel an! Der freut sich ja so sehr! Und ich! Ach, wir sind ja Alle so glücklich! Sie müssen auch nicht mehr ein so finstres Gesicht machen, Herr Kaplanchen? Nein? Sie müssen sich mitfreuen. Die Welt ist ja so schön!

Kaplan (ablenkend): Hat der Herr Studiosus der Panna auch schon von seinem Glauben erzählt? Ich fürchte ... Ich fürchte ...

Ännchen (begeistert): Ach von Allem, Herr Kaplan! Von Allem!

Kaplan: Ich werde nicht selig werden wollen, wenn der junge Mann nicht einer von den lauen Katholiken ist, wie sie jetzt so viele auf den höhern Schulen umherlaufen.

Ännchen (etwas kleinlaut): Schlecht ist Hänschen nicht! Bloß ... Und das kommt ja auch noch Alles! Er ist ja auch noch jung genug. Wenn er erst so gesetzt ist, wie Sie, Herr Kaplan ...

Kaplan (stützt den Kopf auf): I d t Tugend, sagt das Sprichwort. Ich weiß. Und Alles zu seiner Zeit. Aber wohl dem, Panna Annuschka, der überwunden hat! Sich vergnügen ist schön. Aber sich bescheiden ist besser! (Mit wehmütigem Lächeln): O vanitas vanitatum vanitas! Zu Deutsch, Pannie, o Eitelkeit! O nichtige, irdische Eitelkeit!

Ännchen: Ach, wenn auch Alles vorbei geht, heut wollen wir noch lustig sein! (Springt auf.) Heut wollen wir noch vergnügt sein und tanzen! Morgen trauern wir ja doch in Sack und Asche. (Trällernd auf und ab.)

Kaplan (versunken): Warum morgen, Pannie? Warum nicht schon heute? Warum nicht in dieser Stunde?

Ännchen (in ihren Gedanken): Weil morgen Hänschen fährt! Fort in die Welt! Dann ist wieder

4*

Alles so wie immer! Dann können Sie mich wieder
tüchtig ausschelten, Herr Kaplan! Aber heut nicht, nein
Herr Kaplanchen? (Plötzlich): Und morgen lassen wir
ihn auch noch nicht fort! Und übermorgen auch nicht!
Noch lange nicht!

Kaplan (hat seinen Brief aus der Tasche gezogen und
streckt ihn Annchen entgegen): O wie sehr weit, Pannie,
sind Sie noch von der Stätte, die ich für Sie aus-
gesucht habe!

Annchen (melancholisch): Ach, wer weiß, Herr Kaplan!
Wer kann wissen, was bald sein wird? (Geht zur Thüre.)

Kaplan (aufsehend): Wohin, Pannie?

Annchen: Hanschen suchen, daß er zu uns kommt
und uns was erzählt. Wir werden ihn ja nicht lang
mehr haben.

Kaplan (erhebt sich schnell und geht zu ihr. Beide stehen
an der Thür. Er beherrscht sich mühsam): Panna Annuschka?!

Annchen (mit gesenktem Kopf): Ja, Hochwürden!

Kaplan (faßt ihre Hand): Können Sie sich mir vertrauen, Pannie?

Annchen (zögernd): Sie sind ja doch . . . mein
Beichtvater, Hochwürden.

Kaplan (verhalten): Nicht als Beichtvater meine
ich! Auch nicht Hochwürden! Warum sagen Sie so
zu mir! . . . Haben Sie mich ein bischen gern gewonnen als Freund?

Annchen (stockt).

Kaplan (zitternd): Nicht?

Annchen (leise): Ach, was Sie auch fragen, Herr
Kaplan! Gewiß doch!

Kaplan (ausbrechend, hochaufgerichtet vor ihr): Dann
warne ich vor dem jungen Herrn, Panna Annuschka!
Hören Sie, so lange Zeit sein wird! Ein Leichtsinn
liegt in Ihrer Familie! Gedenken Sie an Ihre
Mutter, Pannie!

Annchen (macht sich von ihm los): Ach, ich brauch
mich wegen Mutterchen nicht zu schämen.

Amandus (hat zum Fenster hinausgesehen, ist plötzlich
aufgestanden. Wie mit angelegtem Gewehr, während seine Augen
funkeln): Puff! Paff! . . . Tot!

Annchen (dreht sich erschreckt um): Was ist denn?
(Näher zum Fenster.)

Kaplan (ist wieder gegen den Tisch gegangen): Der
junge Herr steht draußen im Garten mit dem Teschin
vom Herrn Pfarrer. Amandus wird ihm nachmachen.

Annchen (am Fenster): Ach, Amandus und schießen!
Amandus darf ja garnicht schießen! Der Onkel erlaubt ihm ja nicht! (Schnell ab.)

Amandus (hat sich wieder zur Stube gewandt, mit
wildem Ausdruck): Gut schießen! Treffen! . . . . Tot!

Kaplan (geht auf und ab, ohne auf Amandus zu achten).

Amandus (packt ihn plötzlich am Arm, in wilder Ver-
bissenheit): Tot! Mausetot!

Kaplan (schreckt zusammen, bleibt stehen): Was ist in
Dich gefahren, mein Freund? Wer ist tot? Was
willst Du sagen?

Amandus (in fletschender Wut, sehr schnell und geläufig):
Hund, Fremde! Hat gesessen! Immer gemacht so!
(Wiederholte Geberde des Schmatzens): Bin ich gekommen!
Hab' ich geseh'n Annuschka dichtbei! Hab' ich gewollt

essen! (Mit Pantomime): Hungern so! Hat gestanden
Braten! So schöne Braten! Ach! Hab' ich gesagt
Annuschka! Hat mich nichts gegeben. Hat mich ge-
schickt zu Maruschka! Immer gesessen: Mein Hanschen! Mein Hanschen! Schöne Braten und Wein
und Alles bloß Fremde! Amandus hungern! (Mit
Händen und Füßen wütend): Wird sich beißen, kratzen,
hauen, würgen! (Pantomime, sinkt erschöpft auf einen Stuhl.)

Kaplan (entsetzt): Gnädiger Gott, erbarme Dich.
daß er wieder zu Sinnen kommt! . . . O dieser Besuch!
O dieser Besuch. (Geht heftig auf und ab, allmählich ruhiger,
faltet die Hände krampfhaft.) Herr mein Gott! Dein Wille
geschehe!

Kurze Pause. Die Thür öffnet sich.

Annchen (voraus, sucht Hans nachzuziehen): Aber komm'
doch, Hanschen, ja?

Hans (in der linken Hand ein Teschin, sucht seine rechte
Hand von Annchen loszumachen): Aber laß mich doch, wo
ich bin, Anna!

Annchen (ihn ganz hineinziehend): Ach, Du mußt
doch auch Kaffee trinken, Hanschen. Wir haben ja
gleich Kaffee.

Hans (unmutig): Ich hab' wirklich gar keinen Appetit,
Anna! Ist mir schon vollständig vergangen. (Legt das
Teschin auf den Schreibtisch, steht unschlüssig in der Stube.)

Annchen (vor ihm, mit zärtlichem Blick): Der wird
schon wiederkommen, Hanschen, wenn Du von meinen
schönen Kuchen schmeckst, die ich für Dich gebacken habe.

Hans: Warum bist Du nun nicht mitgekommen
spazieren! Ich hab' Dich doch so gebeten! Aber nein!

Annchen: Dann hätt' ich doch die Kuchen nicht machen können. Das sollte doch eine Ueberraschung sein! Paß mal auf, wie schön die sind! (Schnell ab.)

Hans (kommt zum Tisch): Wo ist eigentlich Onkel Hoppe? (Setzt sich.)

Kaplan (am Fenster): Der Herr Pfarrer wird schlafen. Er trinkt nie des Nachmittags Kaffee.

Amandus (am Schreibtisch, macht sich mit dem Teschin zu thun).

Hans: Na, Amandus, willst Du auch mal probieren draußen? Aber nimm Dich in Acht und schieß Keinen tot! Es sind Rehposten drinnen.

Amandus (mit dem Teschin ab).

Kaplan: Hat der Herr Studiosus geschossen?

Hans: Ja, ein bischen nach der Scheibe . . . Ach, das ist heute so wunderbar, draußen! So eine merkwürdig schwere Luft. Ganz frühlingsmäßig! Ueberhaupt diese ganze Gegend! So ganz anders als bei uns! Schon so etwas Polnisches im Charakter!

Kaplan: Mit Recht, Herr Studiosus! Die Geschichte wird Ihnen sagen, daß wir hier auf polnischer Erde sind!

Annchen (kommt mit einem großen Teller voll Waffeln): Da! Das ist für den eigensinnigen jungen Herrn!

Hans: Ja, die sehen ja wirklich großartig aus! Darf ich, Annchen? (Nimmt eine Waffel.)

Annchen (hat den Teller auf den Tisch gestellt): Die sind ja für Dich gebacken, Hänschen. Siehst Du, daß ich nicht so schlecht bin, wie Du immer denkst? (Steht am Tisch).

Hans: Ach, das denk' ich doch nicht, Annchen! Aber das wär doch so schön gewesen, wenn wir zusammen spazieren gegangen wären.

Kaplan (ebenfalls am Tisch): O die arme Panna! Das müht sich und thut sich! Aber es hilft Alles nicht. Es wird nicht anerkannt von dem jungen Herrn.

Hans: Siehst Du, jetzt fahr' ich morgen schon ab, und wir sind garnicht mehr 'n bischen spazieren gegangen.

Annchen (weich): Ach, Du fährst ja morgen noch nicht, Hanschen. Du bleibst noch lange hier. Dann können wir noch oft zusammen gehen.

Hans (gedrückt): Du wirst ja sehen, Annchen, daß ich morgen fahre . . . (aufspringend, leidenschaftlich): Ach, ich muß ja! Ich muß ja! (Auf und ab).

Annchen (zerstreut): Warum müssen, Hanschen! Warum kannst Du nicht hier bleiben?

Kaplan: O aber Pannie! Und die Studien des jungen Herrn! Die Vorlesungen werden begonnen haben! Die Zeit drängt. Ich kann mir denken.

Annchen (leicht): Ach, Hanschen, wir werden schon sehen. (Ab zur Küche.)

Kaplan: Ja, das steht dem Herrn Studiosus noch bevor. So manche Erfahrung. Das Leben liegt noch vor ihm.

Hans (auf und ab, lebhaft): Ja, das liegt noch vor mir! Das kommt jetzt! Die schönste Zeit! Die Studentenzeit! Ach Heidelberg! Heidelberg! Wie das wohl aussehen wird!

Kaplan: Es wird sein, Herr Studiosus, wie alles

Andre auf dieser Welt. Wenn Sie es kennen werden, wird es ein Nichts sein. Nur die Hoffnung macht etwas daraus.

Hans (setzt sich wieder): Ja, ich weiß nicht, dann ist schließlich Alles ... Warum lebt man dann überhaupt!

Annchen (kommt zurück mit Kaffeegeschirr): Hänschen, hast Du Amandus das Teschin gegeben? (Ordnet den Kaffeetisch an.)

Hans: Ja, Annchen, warum?

Annchen: Weil Amandus das Teschin nicht haben soll. Der Onkel will nicht!

Hans: Ach, was wird's schaden, Annchen! Laß Amandus doch auch mal 'n Vergnügen haben!

Kaplan: Die Panna hat eigentlich Recht! Wir hätten ihm nicht geben sollen.

Hans: Ich kann's ja wieder holen, Annchen, wenn Du willst.

Annchen: Nein laß man, Hänschen! Jetzt nicht! Sonst wird er erst recht ... Der Junge wird immer unbändiger ... So, jetzt wollen wir trinken und Kuchen essen. (Hat sich auf's Sofa gesetzt. Während des Folgenden wird getrunken.)

Hans (Waffeln essend): Prachtvoll schmecken die, Annchen!

Annchen: Iß, Hänschen, und laß Dir schmecken. Draußen sind mehr.

Kaplan (Kaffee trinkend): Ja, diese verwöhnten jungen Leute! Sehen das Leben nur von der heitersten

Seite! Wissen garnicht, was es eigentlich bedeutet
... das Leben!

Hans: Ach, ich bin garnicht so verwöhnt! Ich
glaub' auch schon mein Teil erlebt zu haben.

Kaplan: Was die jungen Leute so erleben nennen,
auf den Schulbänken, besonders wenn die Eltern für
Alles Sorge tragen und der junge Herr weiter nichts
zu thun hat, als seine Exercitien zu machen.

Hans (scharf): Ja, wie der Mensch ist! Je nachdem! Ich denk', es kommt darauf an, was man
innerlich erlebt, Herr Kaplan! Na, und das richtet
sich doch nicht nach der Schulbank.

Kaplan: O gewiß! Es giebt solche Naturen
... begnadete können wir sagen ... Die schon in
ihrer Jugend eine Sicherheit gewonnen haben. Ich
leugne nicht. Aber wo sind sie! Durch eine harte
Schule müssen sie gehen. Und dann erkennen wir sie
auf den ersten Blick.

Hans: Ja, Sie müssen ja wissen, Herr Kaplan!
Ich kann das nicht beurteilen.

Annchen: Aber Du hast doch auch schon Manches
durchgemacht, Hänschen, was Du mir so erzählt hast.

Kaplan: O, vor den jungen Damen wird man
nicht zurückhalten. Da schmelzen die weichen Herzen
wie die Butter in der Sonne. Aber das Meiste freilich beruht nur in der Phantasie der jungen Herrn.

Hans (aufgeregt): Sehen Sie, Herr Kaplan, das
muß ich nun wieder besser wissen, was ich erlebt hab',
oder nicht! Natürlich hab' ich bis jetzt nur die Schulbank gedrückt. Leider! Ich wünschte, ich wär schon

lang rausgekommen! Ich hätt' was von der Welt gesehen! Das ist ja eben! Man sitzt und sitzt und hat
den Drang, man möchte .... Und wenn man das
Einem erzählt, wird man noch ausgelacht! Man hat
keinen, mit dem man sich .... Weil man eben
anders ist! Man geht so allein für sich und trägt
das rum! Und von außen der Zwang und innen
da .... (Ballt die Fäuste.) Aber das macht Einen!
Das macht Einen! Entweder man geht zu Grunde!
Man verbummelt. Oder man wird was! Und wenn
ich jetzt in die Welt rausgeh', dann weiß ich, ich bin
kein dummer Junge mehr, wenn ich auch vielleicht
so aussseh'! Ich kann's mit Jedem aufnehmen! Ich
laß mir von Keinem mehr was gefallen! Lang
genug ist man geknufft worden! Aber jetzt bin ich frei!
Jetzt kümmer' ich mich um die Welt nicht mehr!

Kaplan: Ich bedaure die armen katholischen
Eltern, die eine solche Frucht von ihrer Erziehung
ernten und wissen vielleicht nicht einmal.

Hans: Ach, reden Sie doch nicht, Herr Kaplan!
Ich denk' jeder Mensch muß so sein, der etwas ....
Das wird Ihnen doch auch so gegangen sein.

Kaplan (bitter): Mir, Herr Studiosus? Mir ist
ganz anders ergangen. Und ich danke meinem Schöpfer.
Ich habe keine Zeit gehabt zu vermessenen Gedanken.
Mir sind die Flügel rechtzeitig gestutzt worden. Ich
habe schon auf der Schule zu sorgen gehabt, daß ich
leben konnte. Ich habe Stunden gegeben! Ich habe
Arbeiten gemacht! Ich habe gethan, was ich konnte.

O, ich habe mich auch gesehnt, als junger Mensch, nach Diesem und Jenem. Aber ich habe meinen Gedanken nicht nachgegeben. Ich wäre vielleicht auch nicht Theologe geworden, wenn ich nicht gemußt hätte! Aber meine armen adligen Eltern konnten doch keinen Schuhmacher aus mir machen. Und zu einem Juristen haben die Thalerstücke gefehlt. Ich habe mich überwinden müssen. Ich habe gekämpft .... Aber ich habe gesiegt!

Hans (gedämpft): Und sind Sie wirklich ganz zufrieden geworden, Herr Kaplan?

Kaplan: Ich bin so glücklich, wie einem Menschen beschieden ist auf dieser Welt. Ich danke meinem Schöpfer auf meinen Knien, daß er so gefügt hat mit mir. Ich habe den Trost gefunden in der Hinfälligkeit dieser Welt.

Hans: Und das ist?

Kaplan (scharf): Das ist der Glaube, Herr Studiosus! Hat Ihnen Ihr Religionslehrer nicht gesagt?

Hans (in seinen Gedanken, mit ausbrechender Leidenschaft): Nein, ich könnt's! So allem Adieu sagen? Allem, Allem, Allem ...!! Sehen Sie, Herr Kaplan, Sie sind froh, daß es so gekommen ist und ich bin froh, daß es so mit mir gekommen ist. Daß ich kein Theologe werden will! Daß ich frei bin und daß das Alles noch vor mir liegt.

Kaplan (hat seine Tasse geleert): Im Banne Ihrer Leidenschaften, Herr Studiosus, und frei?! Das ist die Zügellosigkeit, an welcher selbst Lucifer, der Engel oberster, gescheitert ist.

Hans (gutmütig): Ach, es wird nicht so schlimm werden, Herr Kaplan. (Nimmt eine Waffel.) Ich ess' Dir alle Waffeln auf, Ännchen .... Du bist ja so still geworden, Ännchen?

Kaplan (sich mühsam beherrschend): Nicht so schlimm? Schlimmer sage ich, als Worte auszudrücken vermögen. Vor diesem Fräulein hier prophezeie ich, so wahr es einen Gott giebt und eine Vergeltung, der junge Herr wird Schiffbruch leiden und Alle, die mit ihm sind! Möge er zur wahren Erkenntnis kommen, bevor es zu spät ist.

Hans: Und ich prophezeie mir, ich werde durch=kommen! Ich werde nicht Schiffbruch leiden. Ich hab' ja so ungeheuer viel Hoffnung! Ich kann ja garnicht untergehen! In zwanzig Jahren können wir ja wieder darüber sprechen, Herr Kaplan.

Kaplan: Wer leben wird, wird sehen. Gedenken Sie an diesen Tag und an meine Worte! (Erhebt sich und steht aufgerichtet): Ihnen aber, Panna Annuschka, sage ich in Gegenwart des jungen Herrn, glauben Sie ihm nicht! Lassen Sie sich nicht verstricken durch seine Lehren! Bleiben Sie treu! Geben Sie der Ver=suchung nicht nach! Retten Sie Ihre Seele und Ihr ewiges Heil! (Geht langsam zum Schreibtisch, nimmt ein Buch auf, geht zur Thür, wendet sich noch einmal.) Ich möchte bitten, Panna Annuschka, wenn der Herr Pfarrer wird fragen, ich gebe den Religionsunterricht an seiner Stelle heute. (Ab.)

Ännchen (schweigt gesenkten Kopfes. Kurze Pause).

Hans (hat ebenfalls in Nachdenken gesessen, richtet sich auf): Siehst Du, Ännchen, jetzt weißt Du, was ich bin! Jetzt hast Du gehört.

Ännchen (schweigt).

Hans (wieder mit sich beschäftigt, schlägt mit der Faust auf den Tisch): Und ich geh' nicht unter! Das wollen wir sehen!

Kurze Pause.

Ännchen (schweigt noch).

Hans (steht auf, geht einmal auf und ab, bleibt vor Ännchen stehen): Jetzt kannst Du also wählen, ob Du mit so einem Menschen noch länger zu thun haben willst.

Ännchen (zögernd): Ach, Hanschen . . . .

Hans (bitter): Es hat ja schließlich auch keinen Zweck! Morgen fahr' ich ja doch ab! Und der Herr Kaplan bleibt hier!

Ännchen (faßt seine Hand, schaut ihn voll an): Ach, Hanschen, Du bist gleich so . . . Vorher auch . . .

Hans (vor ihr): Wann?

Ännchen (bittend): Ach mit dem Spazierengehen. Und ich wollt' doch die Waffeln für Dich backen. Ich möcht ja Alles für Dich thun. Du weißt garnicht, wie gut man Dir ist.

Hans (aufgebracht): Ja, wenn Dir das unangenehm ist, Anna, will ich Dir nicht zur Last fallen. (Auf und ab.) Am besten, man wär' garnicht gekommen! Dann hätt' man wenigstens nicht den furchtbaren . . . . (Setzt sich, ballt krampfhaft die Fäuste, stöhnt in sich hinein.)

Annchen (springt auf, läuft zu ihm, umschlingt ihn): Was hab' ich Dir bloß gethan, Hänschen?

Hans (preßt sie an sich, halb schluchzend): Wenn Du mir nicht mehr gut bist, Annchen, ich weiß nicht, was ich . . .! Ich könnte ja gleich . . . .? Ich bin ja so unglücklich! So un—glück—lich!

Annchen (auf seinem Schoß, ihn liebkosend): Ich kann ja Keinen gern haben, wie Dich. Wenn Du auch manchmal . . . .

Hans (sie an sich schließend, außer sich): Annchen, Annchen, was wird das werden!

Annchen: Laß werden, was will, Hänschen! Mir ist ja Alles egal, wenn ich bloß Dich hab' . . .

Hans (verzweifelt): Der Kaplan hat ja Recht! Ich bin ja Dein Unglück!

Annchen: Ach, Hänschen, was kommen wird, wollen wir nicht denken. Aber Du mußt auch nicht so gegen Alle sein. (Entzieht sich ihm und setzt sich neben ihn, indem sie einen Stuhl heranrückt.) Du sagst Alles viel zu frei raus!

Hans: Ich muß doch sagen, wie ich denk. Ich kann doch nicht schwindeln.

Annchen: Heut' Morgen hast Du auch nicht zur Frühmesse wollen.

Hans (rückt ganz nahe, legt den Arm um sie): Ich bin doch dagewesen, Annchen.

Annchen: Ja, weil ich Dich geweckt hab', Hänschen. Wart' man, der liebe Gott wird Dich nochmal strafen, weil Du so ein gottloser Mensch bist.

Hans (ganz nahe): Weißt Du, Annchen, was ich

heut' Morgen gedacht habe, als Du draußen vor meiner Thür standst zum Wecken?

Ännchen: Nein, Hänschen, sag' doch! Ich weiß nicht.

Hans (in steigender Erregung): Kannst Du Dir gar nicht denken?

Ännchen (verhalten): Ach, das wird nichts sein. Du sagst bloß!

Hans (heiß): Nein, etwas ganz Wirkliches. Ich will Dir sagen. Aber leg' den Kopf hierher. So! Ganz dicht! (Legt ihren Kopf an seine Brust und umfaßt sie. Fast flüsternd): Ich hab' gedacht, das wär' so schön, wenn Du reinkämst! (Mit wildem Druck.) Ach ja, Ännchen, ja?

Ännchen (überläßt sich schweigend seinen Küssen).

Hans (außer sich): So schön! So schön! ... So schöön! .... Weißt Du, was ich könnt'! Ich könnt' Dich gleich totküssen.

Ännchen (in seinen Armen): Und ich Dich aufessen.

Kurze Pause. Umarmung.

Ännchen (leise): Hänschen, war das nicht ganz schön in der Kirche? Wollen wir morgen wieder gehen, Hänschen?

Hans (wieder näher): Ja und vorher kommst Du wieder mich wecken, Ännchen? Ach versprich mir!

Ännchen: Und dann bleibst Du wenigstens noch acht Tage!

Hans (aufgeschreckt): Ach, mein Gott! Ist ja wahr! Morgen weg! Morgen um diese Zeit schon wer weiß wo! Ach, Ännchen! Ännchen!

Annchen: Nein, wenigstens acht Tage mußt Du noch bleiben, ja, Hanschen? Fünf Tage?

Hans (verzweifelt): Ja, aber was hilft das Alles, Annchen? Nach acht Tagen kommst Du wieder und sagst, noch acht Tage! Und noch acht Tage! Und so immer weiter! Ich kann doch nicht immer hier bleiben. Ich muß doch in die Welt!

Annchen: Warum, Hanschen? Warum kannst Du nicht immer hier bleiben?

Hans (traurig): Ja, spaß man noch, Annchen! Mir ist garnicht so zu Mut.

Annchen (hartnäckig): Du bleibst hier und lernst Polnisch und hilfst dem Onkel in der Wirtschaft. Wir haben hier auch genug zu thun, wenn wir wollen. Und nachher läßt Du Dir von Deinen Eltern Geld geben und kaufst Dir ein großes Gut hier. Dann gehst Du garnicht mehr weg. Dann sind wir immer zusammen.

Hans (aufgeregt): Und meine Eltern! Und meine Zukunft! Und Alles! Ach, Annchen! Annchen! Wenn Du wüßtest, wie schwer mir das ... Wär ich doch bloß nicht gekommen! Hätt ich nie was von Rosenau gesehen!

Annchen (eigensinnig): Du kannst uns auch was zu Liebe thun. Wir sind Dir so gut und Du ...

Hans (in seinen Gedanken): Ich hab' mir ja noch so viel vorgenommen. Ich kann doch nicht hier sitzen! Wenn ich so denk', was ich noch Alles ... All die Zukunft! All das aufgeben! Und ich hab' mir das so schön ausgemalt! Das war ja mein einziger Gedanke auf der Schule, wenn ich erst raus bin, was man da Alles erleben wird! Und das Alles . . . (preßt verzweifelt den Kopf in die Hände.)

Ännchen: Von mir will ich schon garnicht reden. An mich denkst Du ja doch nicht! Aber an den Onkel! Wie der sich freuen wird, wenn Du hier bleibst!

Hans (aufgeregt dazwischen): Also an Dich denke ich ja doch nicht! An wen denn? Ich sag's ja, Du weißt garnicht! Mir platzt beinah das Herz, und Du . . .?!! (Springt auf und läuft auf und ab.) Ich kann das ja garnicht fassen! Jetzt hat man mal 'n Menschen gefunden! Von Kindheit an hat man sich gesehnt und jetzt . . .!! Jetzt heißt's wieder weg! Ich möcht' ja . . . (Fängt plötzlich an laut zu schluchzen, mit dem Kopf auf dem Schreibtisch.)

Ännchen (geht leise zu ihm, legt die Hand auf seinen Kopf): Du sollst ja reisen, Hanschen. Ich will ja nichts sagen. Aber wenigstens ein paar Tage mußt Du noch zulegen. Du läßt uns noch früh genug allein!

Hans (aufspringend, aufgeregt): Und dann geht das von Neuem los! Dann wird das erst recht schwer! Und schließlich . . . Bloß weg! Weg! Weg!! Lieber heut' wie morgen! (Auf und ab.)

Ännchen (hat sich auf den Stuhl am Schreibtisch gesetzt, unmutig): Ach, Du kannst bloß armen Mädchen den Kopf verdrehen und hinterher lachst Du mich noch aus.

Hans (sie loslassend, aufgeregt): Ja, wenn Du das denkst, Anna! Dann freilich . . . Dann will ich Dich nicht länger . . . . Ännchen, glaubst Du das wirklich?

Annchen: Ach, Hanschen, ich weiß ja nicht. (Verbirgt den Kopf in den Händen.)

Hans (kalt): Gut! Schön! Wenn Du das nicht weißt! Dann sind wir fertig! Dann ist es aus zwischen uns! Auslachen sollst Du Dich nicht lassen. Dann wär das also zu Ende! (Geht mit großen Schritten auf und ab.)

Annchen (schweigt).

Hans (verbissen): Du machst es Einem wenigstens leicht! (Die Thür öffnet sich.)

Hoppe (tritt ein, im Hausrock, sehr aufgeräumt, sieht sich um): Na, Kinderchen, was ist denn hier vorgefallen? Habt Ihr Euch wieder mal gezankt?

Hans (kommt an den Tisch): Durchaus nicht, Onkel Hoppe. Wir haben uns einfach gegenseitig 'n bischen die Wahrheit gesagt. Weiter nichts. Jetzt sind wir vollständig in Ordnung. (Setzt sich.)

Hoppe (setzt sich, zerstreut): Seid Ihr? Das freut mich. Kaffee getrunken habt Ihr auch schon, wie ich sehe.

Annchen (hat sich schnell gefaßt, neben Hoppe): So schöne Waffeln haben wir gegessen, Onkelchen!

Hoppe: Damit kannst Du mich nicht reizen, Anna. Aber weißt Du, was Du thun kannst, Du kannst uns was Gutes zu trinken bringen.

Annchen: Was wollen Sie haben, Onkelchen, Bier oder Wein?

Hoppe: Zur Vorsicht bring Beides, Anna. Und dann räum' auch gleich den Tisch ab! Du trinkst doch mit, Hans?

Hans (behaglich): O, ich bin immer dabei, Onkel Hoppe!

Annchen (räumt den Tisch ab).

Hoppe: Immer dabei! Das denk' ich auch! Das bin ich in Deinem Alter auch gewesen und hab' das so bis heute beibehalten. Besonders um diese Zeit Nachmittags sitz' ich gern beim Gläschen Wein oder Bier. Aber Bier zieh' ich in letzter Zeit vor. Was trinkst Du, Hans?

Hans: Ja, wenn ich wählen kann, Onkel Hoppe, offen gestanden, nehm' ich Wein.

Hoppe: Gut, also Wein. Du brauchst nur zu sagen. Das Fräulein bringt Alles mit einer Geschwindigkeit von 0,5.

Annchen (mit dem Kaffeegeschirr in der Thür); Gewiß, Onkelchen, ich lauf' schon. (Ab.)

Hoppe: Willst Du etwas das Fenster aufmachen, Hans?

Hans (aufspringend): Sofort, Onkel Hoppe. (Zum Fenster, öffnet es, atmet auf): Prachtvolle Luft!

Hoppe: Ja, das hab' ich gern an solchem Tag wie heute ... Das Fenster auf und die Frühlingsluft rein und wir sitzen und erzählen uns eins, wie wir jung waren, d. h. Du ja nicht, aber ich und Deine liebe Mutter ... Was ich Dich fragen wollte, Hans, wie gefällt Dir Anna?

Hans (ist vom Fenster zurückgekommen, hat sich wieder gesetzt, unbefangen): Anna gefällt mir gut, Onkel Hoppe.

Hoppe: Gut? Das freut mich. Ich hab' mir viel Mühe mit Anna gegeben. Als kleines Mädchen

kam sie zu mir. Die Geschichte mit den Eltern ...
Du kennst doch die Geschichte, Hans?

Hans: Ja, Onkel Hoppe, das imponiert mir immer
so sehr, daß Du für Annchen so gesorgt hast, so ganz
... ganz ohne ... ohne Vorurteil.

Hoppe: Man kann doch die armen Kinderchen
nicht entgelten lassen, was die Eltern mal gesündigt
haben. Dahin wirst Du auch noch mal kommen.

Hans (verlegen): Ach ich ... ich ...

Annchen (kommt, bringt auf einem Präsentierbrett eine
Karaffe mit Ungarwein, Bierflaschen und Gläser, setzt Alles auf
den Tisch): Ist so recht, Onkelchen?

Hoppe: Ganz richtig, Kindchen. Laß nur stehen!
Eingießen wird sich Jeder selbst. Für Dich hast Du
vernünftiger Weise auch ein Glas mitgebracht. (Schenkt
sich Bier ein.)

Annchen (hat sich gesetzt): Ja, Onkelchen, wenn Sie
erlauben. Wir müssen doch trinken, solang Hanschen
noch hier ist. (Will Hans einschenken.)

Hans (abwehrend): Laß nur, Anna, das mach ich
schon selbst. Ich will Dich nicht bemühen. Gieß nur
Dir ein.

Annchen (reicht ihm mit einem bittenden Blick die Karaffe.)

Hans (schenkt sich ein, giebt die Karaffe wieder zurück, thut,
als beachte er Anna nicht.)

Hoppe (sein Glas erhebend): Wir wollen trinken und
anstoßen auf das Wohl der lieben Emma, von Deiner
Mutter, Hans, der Du so ähnst wie aus dem Gesicht
geschnitten.

Hans (stößt mit ihm an): Prost, Onkel Hoppe, und auf Dein Wohl mit!

Hoppe: Auf die Zeit vor 25 Jahren! .. Willst Du darauf nicht auch anstoßen, Anna, mit Deinem Cousin? Da hättest Du Deinen Onkel mal sehen sollen, Anna.

Annchen (mit erhobenem Glas und Blick zu Hans): Wenn Hanschen mit mir anstoßen will . . . Ich weiß ja nicht.

Hans (ebenfalls mit erhobenem Glas, eigensinnig): Wenn ich will? Ich denk', wenn Du willst, Anna? An mir liegt's doch nicht! (Stößt mit ihr an.) Prosit, Annchen! Daß Du mich bald weg hast! Daß ich Dich nicht mehr auslachen kann! Daraufhin! (Trinkt.)

Hoppe (lustig): Also ausgelacht hast Du sie, Hans? Ganz recht! Das verdient sie auch! Und jetzt zur Versöhnung soll sie uns was vorsingen.

Annchen (an ihrem Glase nippend): Ach, Onkelchen, ich kann ja nichts.

Hoppe (trinkend): Du kannst nichts? Wozu hast Du denn Stunde gehabt? Zeig mal Deinem Cousin!

Hans (mit verzweifelter Lustigkeit): Ja, sing, Annchen! Sing! So recht was zum Abschied! Auf Nimmerwiedersehen!

Annchen (aufstehend): Hanschen, kennst Du „Lang, lang ist's her"? Das paßt gerade. Das geht so recht traurig.

Hans: Nein, das kenn' ich nicht. Aber Du mußt das singen. Das klingt schon so.

Annchen (geht nach hinten zum Salon, schlägt die Por-

tieren etwas zurück, geht hinein. Man hört sie ein paar Töne
anschlagen, ohne daß sie zu sehen ist.)

Hoppe (vor sich hinsummend): Lang ist es her . . .
Lang ist es her. Das kannst Du mir glauben,.
Hans . . . (Trinkt nachdenklich.)

Hans (sein Glas leerend): Das glaub' ich, Onkel
Hoppe.

Hoppe: Aber gewesen ist es darum doch. Frag
nur Deine Mutter, Hans. Oder frag sie lieber nicht,
sonst wird sie am End' noch bös, das gute Kind.

Annchen (singt im Salon): „Lang ist es her." (Vorn
schweigende Versunkenheit, Gläsernippen.)

Hoppe (erhebt sich nach ein paar Augenblicken, geht auf
den Zehen zum Bücherregal, kommt mit einer Cigarrenkiste zurück, halblaut): Das hab ich ganz vergessen. Vielleicht
steckst Du Dir doch eine an, Hans?

Hans (ebenso): Nein, danke, Onkel Hoppe. Immer
noch nicht. Du weißt ja, das hab' ich mir noch nicht
angewöhnt.

Hoppe (steht am Tisch, zündet sich eine Cigarre an, halblaut): In Deinem Alter hab' ich schon wacker geraucht,
Hans. Aber Pfeife natürlich. Cigarren wären zu teuer
gewesen. (Setzt sich wieder.)

Annchen (hat zu Ende gesungen. Die Töne sind ver-
klungen. Kurzes Schweigen.)

Hans (halb vor sich hin): Lang, lang ist's her. Ich
denk', Onkel Hoppe, wie das sein muß, wenn man so
sitzt und an seine Jugend zurück denkt. An all das
Schöne, was man erlebt hat.

Hoppe (lauschend): Hörst Du, wie die Drossel pfeift

im Garten? Da draußen, der Frühling siehst Du, der ist jung geblieben. Aber man selbst ist alt und grau. Aber das soll uns nicht hindern, auch mal eins anzustimmen. Man wird sich doch von Euch jungen Leuten nicht beschämen lassen.

Hans (begeistert): Ach ja, Onkel Hoppe. Irgend ein Studentenlied!

Ännchen (ist wieder nach vorn gekommen): Sehen Sie Onkelchen, ich hab ja gesagt, wenn Hänschen hier ist, werden Sie schon singen.

Hoppe: Damit Du doch siehst, Hans, wir waren auch schon was. Wir gaben Euch nichts nach. (Trinkt, räuspert sich, stimmt an.) Im tiefen Keller sitz ich hier .. (Absetzend.) Begleiten muß ich mich aber doch! (Steht auf, geht in den Salon. Man hört ihn während des Folgenden den ersten Vers singen und hier und da einen Ton anschlagen.)

Ännchen (hat sich neben Hans gesetzt, gedrückt): War das Lied so gut, Hänschen, was ich gesungen hab'?

Hans (stößt sein Glas auf den Tisch): Das war gut, Anna! Das paßte. (Summend.) „Sing' mir das Lied ..." (Leise) „Das dereinst mich bethört."

Ännchen: Wenn Du fort bist, Hänschen, kannst Du daran denken, daß ich das gesungen habe. Dann kannst Du Dich an mich erinnern.

Hans: Dann werd' ich mich an Dich erinnern.

Ännchen: Und wenn Du mal wiederkommst ...

Hans: Wiederkommen, Anna? Mein Gott! Wer weiß, wann!

Annchen: Aber nach zehn Jahren kommſt Du doch wieder, Hanschen?

Hans: Nach zehn ... Jahren! .. (Versunken): Nach zehn Jahren ... Dann ſind wir alt und kalt.

Annchen: Alt und kalt .... Siehſt Du, Hanschen, dann kannſt Du doch wiederkommen. Dann wirſt Du doch vergeſſen haben, wie die ſchlechte Anna Dich geärgert hat.

Hans (ſich mühſam beherrſchend): Und Dich der ſchlechte Hans.

Annchen: Dann kommt das ſo, wie ich mir immer gedacht habe. Dann bin ich ein altes Mädchen und ſitz’ in der Stube und leiſt’ dem Onkel Geſellſchaft. Der iſt dann auch ſchon ganz alt und wir erzählen uns was von unſerm Hanschen, das nicht kommen will.

Hans (galgenhumoriſtiſch): Das wir dann ſchon lang vergeſſen haben. Jawohl! (Stürzt ſein Glas hinunter.) Warum trinkſt Du nicht, Anna? Trink und vergiß! (Faßt ihre Hand und ſchüttelt ſie krampfhaft.)

Annchen (ſieht ihn mit ſtummen, verſchwimmenden Augen an.)

Kaplan (tritt ein, im ſchwarzen Rock, wie vorher, ſonderbar luſtig): O die vergnügte Welt! Bei Bier und Wein wird gefeiert. Und der Herr Pfarrer ſitzt und ſingt ein geiſtliches Lied. (Kommt näher.)

Hans: Warum ſoll man nicht! Das Leben iſt kurz! Proſt Anna!

Kaplan (am Tiſch, ſetzt ſich): Der Herr Studioſus hat Recht. Das iſt ſchon die Erkenntnis des alten

Heiden Horaz. Folgen wir seinem Beispiel. Wenn die Panna mir ein Glas geben will . . . .

Ännchen (aufstehend): Gleich, Herr Kaplan, sollen Sie haben. Wie aufgelebt der Herr Kaplan auf einmal ist! Ganz anderes Gesicht macht er. (Vor ihm): Bloß noch tanzen müssen Sie, Herr Kaplanchen.

Kaplan: Bloß noch tanzen fehlt! Die Panna hat Recht.

Ännchen (kokett): Wollen Sie nicht, Herr Kaplan? Hanschen tanzt ja mit mir nicht. Da muß ich Sie schon holen.

Kaplan: In Ermangelung eines Bessern muß der Kaplan gut genug sein, nicht wahr, Panna Annuschka?

Ännchen (schalkhaft): Ja, Herr Kaplan?

Kaplan (erhebt sich): Gut, wenn die Panna befiehlt, wollen wir auch tanzen. Mit den Wölfen müssen wir heulen, sagt das Sprichwort. Das hilft nicht anders. Fangen wir gleich an. Der Herr Pfarrer wird spielen. (Will sie engagieren.)

Ännchen: Bloß noch ein Glas, Herr Kaplan . . . (Ausgelassen): Ach tanzen! Ja tanzen! (Schnell ab.)

Hoppe (kommt aus dem Salon): Was hör' ich, Leutchen? Wer will tanzen? Der gute Gregor? Die Welt wird ja alle Tage toller. Das hätt' ich mir nicht träumen lassen, noch mal zu sehen.

Kaplan: Sie haben Recht, Herr Pfarrer. Es passieren heutzutage Zeichen und Wunder. (Humoristisch.) Wenn der Herr Pfarrer mir Dispens giebt, als mein geistlicher Vorgesetzter? . . .

Hoppe (Glas in der Hand): Kinderchen, das ist auch
noch nicht oft passiert in diesem Hause. Das macht bloß
weil Du hier bist, Hans.

Annchen (ist währenddes mit dem Glase eingetreten):
Ja, nicht wahr, Onkelchen? Und jetzt will er so
schnell wieder fort. Ich hab' ja schon so viel gebeten.
Jetzt will ich noch einmal versuchen. (Mit vollem Blick):
Hanschen, bleib' noch, ja?

Hans (kalt und scharf): Nein, Anna.

Kaplan (hat hastig getrunken): Bravo dem Herrn
Studiosus! Kurz und klar! Die Panna hat ihre Blicke
umsonst verschleudert.

Annchen (dreht sich zum Kaplan): Ach, Herr Kaplanchen, und unser Tanzen! Jetzt wollen wir nicht vergessen. Jetzt wollen wir lustig sein!

Kaplan (im Kampf): O Pannie! Pannie!

Hoppe: Ein Herr, der sich besinnt, ob er seiner
Dame keinen Korb geben soll? So lang hätt' ich
mich nicht besonnen, meiner Zeit. (Geht gegen den Salon.)

Annchen (kokett): Onkelchen, passen Sie auf, er
kann ja nicht nein sagen, der Herr Kaplan.

Kaplan (überwunden): O, Pannie, Pannie, was
machen Sie aus einem Menschen! (Giebt ihr den Arm.)

Annchen: Jetzt wollen wir zusammen tanzen
und garnicht wieder aufhören. (Ab zum Salon, ohne auf
Hans zu achten.)

Kaplan: Und einen polnischen Tanz, Herr Pfarrer,
wenn ich bitten darf.

Hoppe: Ja, Leutchen, ich will sehen, was ich
noch zusammen bringe. Lang genug hat das gerostet

in dem alten Kopf. (Alle drei ab in den Salon. Gleich darauf hört man Musik und Tanz.)

Kurze Pause.

Amandus (erscheint in der Thür rechts, Teschin in der Hand.)

Hans (hat mit gestütztem Kopf in tiefen Gedanken gesessen, richtet sich auf): Ach, sieh da, Cousin Amandus! Na, was bringst Du?

Amandus (kommt näher, grinst zähnefletschend.)

Hans (zerstreut): Hast Du geschossen, Amandus?

Amandus (grinsend): Schöne Gewehr! . . . Treff' ich so weit! (Legt das Teschin an und zielt auf Hans.)

Hans (noch immer zerstreut): Siehst Du, das glaub' ich . . . (Plötzlich): Ist doch keine Kugel drin, Amandus?

Amandus (noch immer zielend und grinsend): So viele Kugel! Ganz voll!

Hans (entsetzt aufspringend): Bist Du des Tausends, Amandus? (Auf ihn zu.) Was fällt Dir überhaupt ein?

Amandus (läßt das Teschin sinken): Mach' ich bloß Spaß! (Hält das Gewehr auf den Rücken.)

Hans (bei ihm, will ihm das Gewehr weg nehmen): Ich danke für solchen Spaß! Gieb mir das Gewehr her! Was willst Du überhaupt?

Amandus: Onkel wo ist?

Hans: Onkel spielt. Du hörst ja. Warum?

Amandus (zieht sich zur Thür zurück): Kuh wird Junge bekommen. Wollt' ich sagen!

Hans (auf ihn zu): Die Kuh? So? Um so besser! Gieb mir doch das Gewehr, Amandus, ja?

Amandus (schon halb in der Thür): Kuh wird kalben. Werd' ich kommen sagen. (Ab.)

Hans (steht einen Augenblick unschlüssig. Die Musik im Salon ist verhallt.)

Annchen (stürzt herein, glühend heiß. Kaplan und Hoppe folgen langsamer): Das war ein Tänzchen! Und wie gut Sie aufspielen können, Onkelchen! Das hab' ich garnicht gewußt!

Hoppe: Ein flotter Tänzer ist der gute Gregor doch! Ja, ja, was so Alles im Menschen drin steckt!

Kaplan: In einem jeden Menschen lebt der Teufel, wollen Sie sagen, Herr Pfarrer. Und wehe der armen Seele, wo der Teufel einmal losgebunden ist! (Setzt sich wieder an den Tisch und starrt vor sich hin.)

Hans (steht am Tisch, erhebt sein Glas): Wollen wir anstoßen, Annchen? Morgen um diese Zeit bin ich schon weg, dann bin ich nicht mehr im Wege.

Annchen (stößt mit ihm an): Ach, Hänschen, morgen um diese Zeit sind wir vielleicht schon tot. Wer kann wissen!

Hans: Um so besser für uns! Aber jetzt, Annchen, will ich Dir mal was zeigen am Klavier. Das darfst Du mir nicht abschlagen. (Geht zum Salon.)

Annchen (folgt ihm schweigend.)

Kaplan (auffahrend): Auf ein Wort, Herr Pfarrer.

Hoppe (hat sich gesetzt, behaglich): Bitte zwei, lieber Gregor. Ich werd' mir währenddes noch ein Gläschen Bier eingießen. (Schenkt sich ein.)

Kaplan: Fällt Ihnen nicht auf, Herr Pfarrer, die Vertraulichkeit der beiden jungen Leute unter sich?

Hoppe: Das kann ich nicht sagen. Die beiden Menschlein sind ja noch Verwandte unter sich. Und dann ist das mit dem jungen Volk überhaupt so. Das zankt sich und verträgt sich in einem Atem. Das haben wir nicht anders gemacht, mein lieber Gregor.

Kaplan: Das zankt sich und verträgt sich, Herr Pfarrer, sagen Sie. Aber küßt sich das auch?

Hoppe (sein Glas hinsetzend, behaglich): Küssen? Sollen wir das auch noch ins Programm mit aufnehmen? Ich denke, wir wollen ja sagen. Ich erinnere mich so dunkel ... Nein, ernsthaft, mein guter Gregor, warum sollen sich die beiden Leutchen nicht gut sein? Vielleicht wird nochmal ein Paar aus ihnen.

Kaplan: Verzeihen Sie, Herr Pfarrer, ich erinnere an das Beispiel Ihrer armen Schwester. (Man hört aus dem Salon eine gedämpfte Melodie.)

Hoppe: (sich aufrichtend scharf): Dazu liegt gar keine Veranlassung vor, Herr Kaplan. Das sind Familienangelegenheiten, mit denen ich Sie noch garnicht behelligt habe.

Kaplan: Ich erachte für meine Pflicht, zu sagen, was ich gesehen und gehört habe. Die Grundsätze des jungen Herrn, was ich vernommen habe, sind mehr als locker.

Hoppe (ruhiger): Das habe ich bei Hans noch gar nicht bemerkt. Liegt wirklich eine Liebelei vor ...

Kaplan (sehr ernst): Herr Pfarrer, Herr Pfarrer, zum letzten Mal! Ihnen wird noch leid thun. Ich warne. Ich warne. Es ist die höchste Zeit.

Hoppe (unerschütterlich): Hans ist der Sohn meiner

Jugendfreundin! Ein für allemal, Herr Kaplan, ich trau' ihm nichts Schlechtes zu. Uebrigens können wir ihn ja mal selbst hören. (Rufend): Hans! Hans!

Kaplan (erregt): Was wollen Sie, Herr Pfarrer?

Hans (kommt aus dem Salon, hinter ihm Annchen): Hier, Onkel Hoppe. Was soll ich? Du hast doch gerufen.

Hoppe (halb humoristisch): Komm mal her, Hans, ist das wahr, daß Deine Grundsätze so locker sind?

Hans (am Tisch, erstaunt): Was, Onkel Hoppe? Meine Grundsätze? Warum?

Hoppe: Der Herr Kaplan hat mir erzählt, daß Du so lockere Grundsätze haben sollst. Ist das wahr? Sag' mal Dein Glaubensbekenntniß her.

Kaplan (mühsam sich beherrschend): Hier vor dem Herrn Pfarrer frage ich Sie, Herr Studiosus, glauben Sie an einen Gott und an eine Vergeltung? Haben Sie überhaupt noch einen Glauben?

Hans (steht schweigend, wie betäubt.)

Annchen: Aber, Onkelchen, Hanschen ist ja heut' so schön in der Kirche gewesen, und morgen gehen wir wieder.

Kaplan: Ich frage Sie, Herr Studiosus.

Hoppe: Na, Hans, willst Du uns nicht sagen? Hat der Herr Kaplan Recht?

Hans (steht schweigend.)

Amandus (stürzt zur Thür herein, schreit): Kommen schnell! Kuh haben Junge! Kommen schnell! Große Kalb!

Ännchen (lebhaft): Ach, Onkelchen, schnell! Dann müssen wir sehen!

Hoppe (aufspringend): Also doch heute eingetroffen! Hätt' ich nicht gedacht! Ja, jetzt schnell, Anna, ob auch Alles in Ordnung ist.

Ännchen (schon an der Thür): Schnell! Schnell! (Beide ab.)

Kurze Pause.

Kaplan (richtet sich auf, steht Hans gegenüber): Herr Studiosus, Sie haben geschwiegen. Sie sind gerichtet.

Hans (erwachend): Ich weiß nicht, Herr Kaplan, warum Sie mich überhaupt danach fragen? Sie sind doch nicht mein Religionslehrer.

Kaplan: Warum, junger Herr? Das will ich sagen. Weil ich warnen will vor dem reißenden Wolf im Schafspelz, welcher umherzieht und unschuldige Herzen will verführen.

Hans (setzt sich an den Tisch, schenkt sich Wein ein): Ach, Herr Kaplan, wir wollen garnicht davon reden. Wir werden ja doch nicht einig darüber.

Kaplan (auf halbem Wege zur Thür, dreht sich um): Nicht einig wir beide, in Wahrheit, so wahr Himmel und Hölle nicht werden einig werden mit einander von Ewigkeit zu Ewigkeit. (Geht rechts hinaus.)

Pause.

Hans (sitzt, trinkt hier und da, fängt an, vor sich hin zu summen):

Und gestern noch Aug' in sehnendem Aug' gegenüber!
Und heute! Und heute! Alles vorüber!
Vielleicht auf ein Leben auseinander geweht!
Vielleicht auch nach Jahren ein Wiederseh'n spät...

Annchen (kommt haftig von rechts, sieht sich verstohlen um): Ist Niemand hier, Hänschen?

Hans (zusammenfahrend): Du, Anna? Ich denk', Du bist draußen? Nein, Alles weg. Ich siß' allein. Der Kaplan ging seiner Wege.

Annchen (haftig): Ich bin weggelaufen, Hänschen. Der Onkel ist noch draußen im Stall. Er kann jeden Augenblick kommen. Du mußt mir sagen ... (Seßt sich zu ihm, schaut ihn an.)

Hans (traurig): Was denn, Anna?

Annchen (umschlingt ihn): Du mußt nicht mehr so ein Gesicht machen. Ich kann das garnicht sehen. Du mußt wieder gut sein.

Hans: Ich bin ja garnicht bös' gewesen. Bloß traurig, daß Du so von mir denkst, daß ich Dich auslachen kann.

Annchen: Ach, Hänschen, ich denk' das ja gar nicht. Ich hab ja bloß so gesagt.

Hans (kopshängend): Hätt'st Du's doch auch ge= meint! Dann könnte ich wenigstens leichter weg!

Annchen (ihn umklammernd): Hänschen, ich laß Dich nicht weg! Ich kann ja nicht leben, wenn Du nicht mehr hier bist!

Hans (verzweifelt): Annchen, Annchen, was red'st Du!

Annchen (mit großen, entseßten Augen): Der Kaplan will mich ja ins Kloster haben! Aber wenn Du hier bist, hab' ich keine Angst!

Hans (aufgeregt): Aber, Anna, wie kommst Du auf sowas! Das kann der Onkel doch nie zulassen.

Ännchen (wie vorher): Der Kaplan hat ja schon geschrieben. Er hat ja schon Antwort. Wenn Du weg bist, kann er mit mir machen, was er will! Du mußt bleiben, Hänschen! Du mußt bleiben!

Hans (springt auf, läuft auf und ab, außer sich): Aber, Anna! Anna! Was soll das werden! Was soll das werden!

Ännchen (auf und zu ihm): Ich will Dich auch garnicht mehr ärgern. Ich will auch Alles thun, was Du sagst!

Hans (zitternd, mit krampfhaftem Händedruck): Ännchen, wirklich . . . ??

Ännchen: Und wenn Du nicht immer bleiben willst, wenigstens noch eine Zeit lang! Noch ein paar Wochen! Ein paar Tage! Nachher dann sterb' ich!

Hans (wahnsinnig): Ach, Ännchen, sterben! Sterben! Dann gehen wir zusammen!

Ännchen (an seiner Brust): Ja, aber jetzt noch nicht, Hänschen! Jetzt müssen wir noch leben und lustig sein!

Hans (reißt sich los, auf und ab, mit fliegendem Atem, plötzlich): Soll ich bleiben, Anna?

Ännchen (jubelnd): Hänschen, Du bleibst! Du bleibst!

Hans (auf sie zu, reißt sie an sich, mit heißem Flüstern): Ännchen! Ännchen . . ?!

Ännchen (in seinen Armen, schwach): Drück mich tot, Hänschen! Drück mich tot!

Hans (hebt sie mit einem Ruck in die Höhe und setzt sie wieder zu Boden): Jetzt kann die Welt untergehen!

Vorhang.

Dritter Aufzug.

Dritter Tag. Früh Morgens nach 7 Uhr. Wohnzimmer wie vorher. Glänzend blauer Frühlingsmorgen. Breite Sonnenstreifen liegen über den altmodischen Möbeln. Die Fenster stehen weit auf. Im Garten Vogelgezwitscher. Ännchen in leichter Morgenkleidung, sitzt am Sofatisch, verbirgt den Kopf in den Händen. Aufgelöste Haltung. Schweigen.

Hans (kommt von rechts her, verstört, zurückhaltend, geht langsam zum Tisch, steht nachdenklich da, betrachtet Ännchen, nach einem Augenblick leise): Weine nicht, Ännchen!

Ännchen (zusammenfahrend): Ach mein Heiland! (Sieht erschreckt auf.)

Hans (traurig): Hast Du Angst vor mir, Ännchen?

Ännchen (verbirgt ihren Kopf an ihm, umfaßt ihn) Ich hab' gedacht, der Onkel. Vor Dir ja nicht, Hanschen. (Schweigendes Beieinander.)

Hans (mit tiefem Seufzer): Ja, ja, Ännchen.

Ännchen: Wenn der Onkel kommt, Hanschen, ich weiß garnicht, wie ich ihm ins Gesicht sehen soll.

Hans (traurig): Thuts Dir schon leid, Anna?

Ännchen (sich aufrichtend, mit zärtlichem Blick): Für Dich thut mir nichts leid, Hanschen. Bloß der arme Onkel . . .

Hans (wie vorher): Ach, denk' nicht daran, Ännchen. Ich bleib' ja jetzt hier. Ich werd' ja jetzt hier-

6*

bleiben. (Setzt sich auf den Stuhl gegenüber dem Sofa, stützt den Kopf, starrt melancholisch zum Fenster.)

Annchen (mit ihren Blicken an ihm hängend): Sei nicht so traurig, Hanschen. Dir wird schon gefallen hier. (Faßt seine Hand.)

Hans (versunken): Ich hab' Dir das ja versprochen! (Springt auf, atmet schwer.) So eng hier im Zimmer! So eng! (Am Fenster): Und dabei ist das Fenster auf. (Streckt den Kopf hinaus, atmet ein, langsam wieder zurück, leichter.) Ach, die Morgenluft thut wohl!

Annchen (wieder in ihrer Angst): Wenn das nur erst vorbei wär'! Daß der Onkel aus der heiligen Messe zurück ist!

Hans (am Fenster): Was das doch heute für ein wunderbarer Tag wird! Wenn ich so denk', jetzt in die Welt raus! (Reckt sich krampfhaft.)

Annchen (halb für sich): Ich glaub' wahrhaftig, das ist das erste Mal, daß ich nicht in der heiligen Messe bin des Morgens. Was wird der Onkel bloß denken!

Hans (unmutig auf und ab): Der Onkel und der Kaplan und Der und Jener! Ja, wenn Du vor den Allen Angst hast! Was soll ich denn sagen?

Annchen: Du Hanschen und ich! Aber ich hab' ja vor nichts Angst. Mich können sie ja totschlagen. Mir thut bloß der arme Onkel leid, daß er das an mir erleben muß.

Hans (aufgeregt vor ihr stehen bleibend): So also ich, meinst Du? Ich . . .?! Und was meine Eltern sagen werden, daran denkst Du nicht, wenn ich nicht zur Universität gehe und überhaupt . . . (Auf und ab.) Ich

mag mir das garnicht ausmalen! Garnicht aus-
—malen!

Ännchen (leise): Hänschen?

Hans (kommt zu ihr, umfaßt sie plötzlich, drückt und
küßt sie): Bist Du mir auch ganz gut, Ännchen?

Ännchen (in seinen Armen): Das weißt Du doch,
Hänschen.

Hans (festhaltend): Ueber Alles.

Ännchen (leise): Ueber Alles.

Hans (sie mit seinen Blicken verzehrend): Was wolltest
Du fragen, Ännchen?

Ännchen (wieder furchtsam, leise): Wenn mich bloß
keiner gesehen hat, wie ich zu Dir rauskam heut' ...!

Hans (legt die Hand auf ihr Haar): Heut' Nach ..
Aber Ännchen, das hab' ich Dir doch schon so aus-
geredet heut'! Jetzt kommst Du mir wieder damit!
(Unmutig): Ach weißt Du, Dir thut das bloß leid, daß
Du ... Das ist das Ganze.

Ännchen: Nein, nein, Hänschen, ganz gewiß!
Mir war ganz genau so, als wenn Einer hinter mir
kam. (Schauernd.) Ich war ja so froh, wie ich erst bei
Dir war! Wenn mich das gepackt hätte! Sonst wär'
ich gewiß noch umgekehrt!

Hans (ärgerlich): So und wärst vielleicht garnicht
... Da sieht man ja!

Ännchen (ebenfalls unmutig): Ach, man thut Alles!
Man wirft sich weg und nachher bekommt man's noch!

Hans (nachdenkend): Ja, aber was kann denn das
gewesen sein, Ännchen? Ein Geist doch nicht?

Annchen (verzweifelt): Laß gewesen sein, was will! Alles . ! Bloß der Onkel! Der arme Onkel! So gut gegen mich gewesen und ich bin so schlecht! So grundschlecht! (Schluchzt.)

Hans (mit Thränen in den Augen): Du bist nicht schlecht, Annchen! Du mußt nicht weinen! Ich kann Dich ja nicht weinen sehen! (Wirft sich über sie und küßt ihr die Thränen aus den Augen.)

Annchen (aufgelöst): Ich verdien' garnicht, daß mir 'n Mensch gut ist!

Hans (schluchzend, mit geballten Fäusten): Ich ertrag' das ja nicht! (Kurze, leidenschaftliche Umarmung.)

Hans (richtet sich auf, betrachtet Annchen, die im Stuhl zurückgelehnt sitzt, mit wilder Sinnlichkeit): Annchen, Du bist so schön! So schön, wenn Du so sitzest! (Packt ihren Arm.) Ich könnt' ja Alles vergessen! (Außer sich): Küsse mich! Küsse mich! (Beugt sich über sie.)

Annchen (ihn küssend): Hanschen, mein einzigstes! Ach ...!!

Hans: Mir gehörst Du! Jetzt können Alle kommen!

Annchen: Laß sie mich totschlagen, Hanschen! Laß sie mich totschlagen! Mir ist Alles egal! (Inniges Schweigen.)

Hans (läßt sie los, spaziert wieder umher, reckt die Arme): Ach, so eine süße ... (Plötzlich): Und jetzt kommt der Kampf! Jetzt heißt es ...!! (Vor Annchen): Worüber sinnst Du, Annchen?

Annchen (versunken): Ich muß soviel an Mutter-

chen denken. Ob die meinen Vater auch so lieb gehabt hat, wie ich Dich?

Hans (melancholisch): Ach, Annchen, vergessene Geschichten! Warum denkst Du daran? Diesmal wird
das anders.

Annchen (vor sich hin): Ich kann mir ganz gut
denken, wie das gekommen ist. Wir sind so. Wenn
wir einem Menschen gut sind, kann er uns um den
Finger wickeln. Wie ich Dich vorgestern zuerst gesehen hab', hab ich gleich Alles gewußt. Und nach=
her, dann kommt das auch so.

Hans (gerührt): Ach, Anna, Du mußt nicht sowas
sagen. Das ist diesmal eine ganz andre Geschichte.

Annchen (unbeirrt): Dann gehst Du auch weg
und ich bleib' allein. Grad' so wie Mutterchen. Dann
kommt das wieder so.

Hans (erregt). So? Und was noch? Was noch?

Annchen: Aber ins Kloster geh' ich nicht. Mutterchen brauchte doch wenigstens nicht ins Kloster. Wenn
der Kaplan wieder mit seinem Brief kommt, dann nehm'
ich das Teschin und geh' in den Garten unter den
Birnbaum und schieß mich tot. Aber Du mußt mir
auch versprechen, Hanschen, daß Du mich nicht ganz
vergessen wirst. Daß Du noch an Dein Annchen
denken wirst! (Lächelnd): An Deine erste Liebe, was,
Hanschen?

Hans (zwischen Rührung und Zorn): So, also das
sagst Du und meinst, sich bin solch ein Mensch! Dann
sag' doch einfach, daß Du mich weghaben willst!

Daß Dir nichts an mir liegt! Sonst würdeſt Du doch nicht ſo reden! Gut, dann geh' ich!

Annchen (ihn an ſich ziehend): Ich bin doch Deine erſte Liebe? Du haſt mir doch die Wahrheit geſagt, Hanschen, ja?

Hans (ſie liebkoſend): Muß ich Dir das noch ſagen, Anna?

Annchen (leiſe): Ach, ich bin ja ſo glücklich. Das wär ja ſo ſchön, wenn Du bleibſt. Aber ich glaub' das ja nicht. Das wär zu ſchön!

Hans (weich): Annchen, warum nicht? Warum glaubſt Du mir nicht? Meinſt Du, ich hab' Angſt vor Jemand? Ich kann das offen Jedem ſagen.

Annchen (wie viſionär): Hanschen, Du bleibſt nicht! Du bleibſt nicht! Red' nichts.

Hans (richtet ſich auf, ſteht in Gedanken): Alſo ich bleib' nicht, meinſt Du! (Langſam durch's Zimmer, mit ſchweren Schritten): Ich bin ſolch' ein Menſch, meinſt Du! Ich halt's nicht aus! (Verzweifelt mit der Fauſt auf den Schreibtiſch ſchlagend): Ich halt's auch nicht aus! Weg muß ich doch! Das weiß ich ſchon! (Vor ſich hinbrütend): Ich hab' ſolch einen Drang, ich werd' nirgend bleiben. Der Kaplan hat ganz Recht. Mit mir wird nichts. Ich geh' unter. (Vor Annchen): Ja, ja Annchen, wie der Mann geſagt hat, ich geh unter.

Annchen (traurig): Mein armes Hanschen!

Hans (erſchüttert): Mein armes, armes Annchen! (Krampfhaft.) Dann geh' ich unter! Dann iſt's auch noch ſo! Wenn's nur erſt ſoweit wär'! Daß man nicht mehr den Kampf hat! Den gräßlichen Kampf!

(Seßt ſich an den Tiſch, brütet vor ſich hin): Wenn ich ſo
denk', vorgeſtern um dieſe Zeit! Und heute! Wie ein
Traum Alles! Wie ein Traum! Da war ich noch unter=
wegs. Da malt' ich mir das noch aus! (Springt auf
in verzweifelter Ekſtaſe): Ich bin ja ſo glücklich geweſen!
So glücklich! Das find' ich ja nicht wieder! Nie . . .
wieder! Ich kann ja nicht ohne Dich denken, Anna!
(Wahnſinnig.) Das iſt ja unſa . . . a . . . ß . . . bar! (Schlägt
mit dem Kopf auf die Tiſchplatte.)

Annchen (hat plößlich nach außen gelauſcht, fährt er=
ſchreckt auf): Ach, mein Gottchen! Es hat ſchon ge=
läutet! Jeßt iſt die heilige Meſſe zu Ende. Jeßt
müſſen ſie jeden Augenblick kommen. (Beugt ſich über
Hans): Hanschen, was iſt Dir? Was iſt Dir, mein
Hanschen?

Hans (richtet ſich. auf, verſtört): Nichts, Annchen. Mir
iſt ſchon wieder gut.

Annchen (aufgeregt horchend, mit aufgeriſſenen Augen):
Sie kommen! Sie kommen! Hanschen, laß mich
bloß nicht im Stich! Ich bin ja des Todes! (Um=
klammert ihn.)

Hans (ſucht ſich loszumachen): Anna, ich kann nicht!
Laß mich bloß nach oben! Wir können doch nicht
beide, ſo wie wir ſind. In dem Zuſtand! Jeder ſieht
ja! (Faſt weinend): Annchen, komm doch zu Dir! Ich
komm ja nachher wieder runter! Bloß jeßt nicht!
(Hat ſich losgemacht, will weg.)

Annchen (mit einem Schrei zuſammenſinkend): Hans=
—chen!

Hans (schon in der Thür, verzweifelt): Anna, ich kann nicht! (Ab.)

Kurze Pause.

Kaplan (und hinter ihm Amandus treten vom Salon her ein. Kaplan im Meßornat, kalt und finster): Guten Morgen, Pannie! (Geht durchs Zimmer zur Thür rechts.)

Annchen (hat sich bei seinem Eintritt etwas zu fassen gesucht, steht am Tisch): Guten Morgen, Herr Kaplan. (Sich umsehend) Aber der Onkel! Wo haben Sie denn Onkelchen, Herr Kaplan? Kommt er noch nicht aus der Kirche?

Kaplan (an der Thür): Der Herr Pfarrer nimmt noch Beichte ab. Ich habe die heilige Messe gelesen am heutigen Morgen, Pannie. Die Seelenmesse für Ihre Mutter, Pannie.

Annchen (zerschmettert): Für Mutterchen? Die Seelenmesse! (Schlägt die Hände vor's Gesicht): Und ich hab' von nichts gewußt! (Schluchzend): Grade heute auch!

Kaplan (kalt): Ich habe geglaubt, einen Dienst zu erweisen. Ich habe nicht wissen können, daß die Panna fehlen wird zur heiligen Messe. Ich bedauere vielmals. (Rechts ab.)

Annchen (aufgelöst): Und grade heute!

Kurze Pause.

Amandus (hat währenddes im Zimmer herumgeschnüffelt, kommt zu Annchen, betrachtet sie, nach einem Augenblick): Beten so schön für Mutterchen! (Faltet die Hände.)

Annchen (mit gefalteten Händen, leise): Mutterchen

im Himmel, bitt' Du für mich! Du bist gut dran!
Aber ich Arme!

Amandus (mit Grimasse): Wird schimpfen Onkel!

Annchen: Weswegen, Amanduschen? (Geht zur Thür.)

Amandus: Schwänzen heilige Messe! Liebe Gott
bös.

Annchen: Mutterchen wird mir verzeihen. Und
der liebe Gott auch. (Rechts ab.)

Amandus (schnüffelt wieder im Zimmer umher, guckt
auf den Wäscheschrank, holt einen halbvollen Teller mit Waffeln
herunter, grinst, fängt an, behaglich eine nach der andern
zu verzehren.)

Annchen (kommt mit Kaffeegeschirr, sieht Amandus bei
den Kuchen, stürzt zum Tisch, setzt das Kaffeegeschirr ab,
wieder zurück zu Amandus): Die Kuchen her, Amanduschen! Die paar, die ich noch für Hanschen wegge-
stellt hab'! Und Du ißt sie auf! Gleich giebst die
Kuchen her! (Nimmt ihm den Teller weg, schließt ihn in den
Schrank.)

Amandus (wirft ihr seine Waffel vor die Füße, tückisch):
Laß auffressen! (Mit Geberde auf sich.) Wird sich rächen!
Alles abgeben! Alles pätzen!

Annchen (gleichmütig, indem sie wieder den Kaffeetisch an-
ordnet): Ach Amanduschen, ob Du was pätzt oder nicht,
danach frag' ich nicht. Nimm' Dich bloß in Acht, daß
Du nicht mit Hanschen zusammen kommst. Sonst
geht's Dir noch schlecht.

Amandus (tückisch): Aasknochen!

Annchen: Pfui Amandus! Solche Worte! Schäm
Dich doch! Hast Du das in der Kirche gelernt?

Kaplan (kommt von rechts her, wieder im schwarzen Rock): Störe ich die Panna?

Ännchen: Aber nein doch, Herr Kaplan! Ich setz' ja den Kaffee auf. Sie sollen gleich trinken mit Amandus. (Sucht seinem Blick möglichst auszuweichen, macht sich hier und da etwas zu thun.)

Kaplan (sie verstohlen ansehend): Und die Panna? Wird sie nicht trinken?

Ännchen (zur Thüre gewandt): Ach nein, Herr Kaplanchen. Ich mag noch nicht. Ich hab' noch keinen Appetit. Wenn der Onkel kommt, trink' ich. (Ab mit scheuem Blick zum Kaplan.)

Kaplan (setzt sich an den Tisch, in düstern Gedanken, fängt an, sich einzuschenken.)

Amandus (nähert sich vom Fenster, wo er so lange lauernd gestanden hat, dem Kaplan, in geduckter Haltung, wie zum Sprunge gerüstet. Sein Aussehen hat etwas Tigerartiges. Seine Augen glitzern. Seine Stimme klingt heiser): Hab' ich gesehen Annuschka heute Nacht. Giebt mich keine Kuchen. Nichts. Alles erzählen! Alle hören!

Kaplan (aufsehend, erschreckt): Was ist mit Dir geschehen, Amandus? Wie siehst Du aus? Was willst Du erzählen? Was weißt Du denn?

Amandus (vor ihm, sehr geläufig): Weiß ich was von Annuschka. Ist sie gegangen die Nacht. Bin ich auf. Knastert was. Immer Treppchen! Treppchen! Bin ich raus! Knief halt ich! (Hält sein Messer aufgeklappt in der Hand, immer mit Geberde): Ganz dunkel! Huu! So dunkel! Geht sich auf Zehen! Geh' ich doch nach! Paß ich auf! Thür auf von Fremde! Scheint sich Licht von draußen! Seh ich Annuschka!

Gradrein: Thür zu! Steh ich! (Brüllend): Stech'
ich tot! Alle Gedärme reiß' ich aus lebendig!

Kaplan (ist aufgesprungen, geht heftig auf und ab, bleibt
vor Amandus stehen): Amandus! Der liebe Gott im Himmel hört Alles, Du weißt. Der liebe Gott wird strafen,
wenn Du lügst! Vielleicht auf der Stelle wirst Du
tot sein. Der liebe Gott weiß Alles. Ist wahr, was
Du gesagt hast? Hast Du gesehen?

Amandus (Hand auf dem Herzen): Bei Gott! Bei
Gott!

Kaplan (erschüttert): Ich habe gewußt! Ich habe
gewußt! (Muß sich auf den Stuhl setzen.)

Amandus (zum Fenster hinausguckend, schreit plötzlich):
Alle Hühner! Alle Hühner! (Stürzt rechts hinaus.)

Kurze Pause.

Hoppe (kommt vom Salon her, mit übergeworfenem Chor-
hemde, sieht sich um): So allein beim Kaffee, mein lieber
Gregor? Und die Anna läßt Sie so treulos sitzen?
Und wo ist denn Freund Hans, der Langschläfer?
(Geht zum Schrank, legt das Chorhemde ab.)

Kaplan (zurückhaltend): Die Panna hat warten
wollen, bis der Herr Pfarrer wird dasein.

Hoppe (beschäftigt): Und Hans?

Kaplan: Der Studiosus ist noch nicht zu Gesicht
gekommen. Er wird wohl nicht weit sein, wo die
Panna ist.

Hoppe (wieder in seinem Hausrock, geht zur Thür rechts,
ruft hinaus): Anna, wo bist Du? Mein Nichtchen!
Meine Stütze auf meine alten Tage! Wo steckst
Du? ... Nichts zu sehen. Alles tot. Auch Ma-

ruschka. (Kommt wieder zum Tisch, setzt sich): Dann wollen wir uns den Kaffee ohne Dich schmecken lassen. Wollen uns bequem machen in diesem Jammerthal. Sonst hat man garnichts davon gehabt. (Schenkt sich die Tasse voll): Alt genug ist man ja geworden. Jetzt kommt das jüngere Geschlecht an die Reihe. Wir Alten haben schon unser Lastchen getragen. Wir sind schon schief und lahm geworden. Jetzt wollen wir Euch das mal überlassen. (Betrachtet Gregor): Aber im Großen und Ganzen kann ich sagen, haben wir unser Päckchen leichter getragen, als Ihr jungen Herrn. Daß ich am frühen Morgen schon solch ein Leichen= bittergesicht aufgesetzt hätte, wie Sie, mein lieber Kaplan, am heutigen schönen Morgen, das wüßt ich wirklich nicht zu erinnern. Müßte mir schon sehr in den Knochen gelegen haben.

Kaplan: Sie werden auch nicht die Ursache ge= habt haben, Herr Pfarrer, zu Ihren Tagen, wie wir heute in dieser Sünden= und Sinnenwelt.

Hoppe (Kaffee trinkend): Das steht doch noch sehr dahin, mein lieber Gregor. Mir kommt garnicht vor, als wenn die Welt im Allgemeinen schlechter geworden ist. Das wird wohl so breit wie lang sein. Nein aber was mir scheint, Sie haben einen ganz kleinen Kater von gestern mitgebracht. Sie haben ja noch nicht einmal Ihren Kaffee ausgetrunken. Trinken Sie nur, der thut gut für solche kleinen Verstimmungen.

Kaplan (finster): Mir ist garnicht zu Mut, Herr Pfarrer, nach Ihren Scherzen.

Hoppe (jovial): Alle Anzeichen von felis communis. Sie wissen ja, von dem gemeinen Feld-, Wald- und Wiesenkater. Oder sollen wir gar auf graues Elend diagnostizieren?

Kaplan: Sie haben Recht, Herr Pfarrer, ich bedaure meinen Leichtsinn vom gestrigen Tage. Ich habe mich hinreißen lassen. Ich habe einen Moment vergessen, was ich meinem geistlichen Stande schuldig bin. Ein Priester, welcher sich vergißt, zu tanzen, verdient die Weihen nicht. Ich bin unwürdig, ich weiß. Ich habe die Nacht im Gebete vor Gott gelegen. Er hat meine Reue gesehen. Vielleicht verzeiht er mir.

Hoppe (gutmütig): Sie reiben sich viel zu sehr selbst auf, mein lieber Kaplan. Ein Tänzchen ist noch keine Todsünde, besonders wenn Ihr geistlicher Vorgesetzter Ihnen Dispens gegeben hat.

Kaplan (erregt): Habe ich aber auch Dispens von meinem Gott, Herr Pfarrer? Wenn ich denke, der Versuchung erlegen zu sein! In die Fallstricke gegangen des bösen Geistes! Wehe dem, von welchem schlechtes Beispiel ausgeht! Wie einen Stein werfen auf Andere, der ich selbst Aergernis gegeben habe!

Hoppe (ernst): So sind Sie auf dem richtigen Wege, Herr Kaplan. Erinnern Sie sich, was ich Ihnen immer vorgehalten habe? Sie waren mir immer zu streng, zu scharf. Sie verdammten mir gleich zu sehr in Grund und Boden hinein. Die kleinen Gebrechen der Menschlichkeit wollen entschuldigt sein. Richtet nicht, damit ihr nicht gerichtet werdet. Wir sind alle fehlbar.

Kaplan (erregt): Wir sind alle fehlbar. O gewiß!

Aber der Eine im Kleinen, und der Andere im Großen. Des Einen Sünde kann verziehen werden, denn er hat nur sich selbst getroffen, und wenn er bereut, so kann er geläutert aus der Prüfung hervorgehen und sein Leben kann sein von da ab wie ein weißes Kleid. Des Andern Sünde aber wird nicht verziehen, weder auf Erden noch im Himmel.

Hoppe (ernsthaft): Ich muß Sie korrigieren, Herr Kaplan. Alle Sünden können verziehen werden nach der Lehre unserer Kirche, wenn sie ordnungsmäßig gebeichtet und bereut werden. Muß ich Ihnen, als Priester, das erst sagen?

Kaplan (fanatisch, leidenschaftlich): Ich aber sage, Herr Pfarrer, diese Sünde kann nicht verziehen werden in Ewigkeit, denn er hat sich nicht nur selbst erniedrigt zum Tier. Er hat auch Andre hineingezogen in seinen Fall und hat sie betrogen um ihr zeitliches und ewiges Heil.

Hoppe: Von wem sprechen Sie, Herr Kaplan? Bezieht sich das auf irgend Jemand bestimmtes oder ist das nur ein Gleichnis, das Sie so wählen?

Kaplan (mit mühsamer Beherrschung): Das ist kein Gleichnis, Herr Pfarrer! Das ist eine Thatsache, wovon ich spreche. Eine traurige! Das ist die Bestätigung, was ich gestern prophezeit habe. Und Sie haben nicht hören wollen. Sie haben die Welt besser gekannt! Nun ist es zu spät. Nun ist Alles verloren.

Hoppe (sich aufrichtend): Sprechen Sie von meinem

Neffen! Oder was wollen sie überhaupt sagen? Deutlich, Herr Kaplan!

Kaplan: Ich spreche von dem Verführer, welchen Sie in Ihr Haus gelassen haben, Herr Pfarrer. Um so schlimmer, daß Ihr eigner Neffe ist!

Hoppe (sich beherrschend): Etwas mehr in Mäßigung und Ruhe wollen wir Alles abmachen, Herr Kaplan. Was ist geschehen?

Kaplan (außer sich): Mäßigung, Herr Pfarrer, wo eine arme, nnschuldige Seele für immer in Schande und Verderben gestürzt ist?! Fragen Sie die Panna Annuschka, was zwischen gestern und heute vorgefallen ist mit ihr und dem Studiosus!

Hoppe (stützt den Kopf auf und schweigt).

Kurze Pause.

Kaplan (ruhiger): Fragen Sie die Panna, Herr Pfarrer! Ich bitte darum. Soll ich rufen? (Geht zur Thür.)

Hoppe (sich aufrichtend): Thun Sie, was Sie nicht lassen können, Herr Kaplan. Wir wollen sehen.

Kaplan (geht rechts hinaus, man hört ihn rufen): Panna Annuschka! . . . Panna Annuschka!

Kurze Pause.

Hoppe (brütet vor sich hin, trommelt leise auf den Tisch.)

Kaplan (erscheint wieder in der Thür.)

Annchen (hinter ihm, noch draußen): Was soll ich, Herr Kaplan?

Kaplan (ernst): Der Herr Pfarrer ruft die Panna. (Geht langsam ins Zimmer hinein.)

Max Halbe, Jugend.

Annchen (kommt hinein, mit Ahnung): Mich? Der On . . . ?

Hoppe (erhebt den Kopf, sieht Annchen mit einem langen Blick an, traurig): Das wird wohl wahr sein, Anna?

Annchen (hat einen scheuen Blick auf den Kaplan, dann auf den Onkel geworfen, in einem Augenblick übergossen rot und totbleich, stürzt mit einem Schrei vor Hoppe zusammen): Onkelchen! On—kel—chen!

Schweigen.

Hoppe (ermannt sich, aus der Tiefe herauf): Deine Mutter, Anna! . . . Deine . . . Mutter! (Verbirgt den Kopf in den Händen.)

Annchen (zu seinen Füßen, außer sich): Zertreten Sie mich, Onkelchen! . . . Zer . . . treten Sie mich!

Hoppe (sie betrachtend, erschüttert): Das hat Du mir angethan? . . . Hab' ich das verdient um Dich?

Annchen (halbaufgerichtet, mit gesenktem Kopf): Geben Sie mir einen Fußtritt, Onkelchen, dann bin ich aus der Welt! Warum bin ich geboren? (Schluchzt krampfhaft.)

Kaplan (hat während der Scene am Fenster gestanden, verbissen): In Sünden geboren und in Sünden wieder empfangen! O ewige Vergeltung!

Hoppe (hat die letzten Worte gehört, fest): Steh auf, Anna! Vor Gott wirf Dich in den Staub! Nicht vor mir! (Hebt sie auf.) Und jetzt ruf' mir Hans! Ich will mit ihm Rechnung halten.

Annchen (schluchzend): Ich kann ja von Hanschen nicht lassen! Sagen Sie lieber Alles auf mich, Onkelchen! Auf mich! Hanschen hat ja ein so weiches Herz! Er kann das ja garnicht ertragen! Ich bin ja an Allem Schuld! Ich bin ihm ja so gut, Onkelchen! So gut! Thun Sie ihm bloß nichts! Thun Sie lieber m i r was!

Hoppe (bitter): Ja, Hans! Dem ich entgegenge= kommen bin wie einem Sohn! Dem ich vertraut habe, wie mir selbst! Geh' und ruf' ihn! Ich will mit ihm sprechen!

Annchen (entsetzt mit erhobenen Händen): Onkelchen!

Hoppe: Hol' ihn und sei ruhig! Es wird nichts geschehen! Du siehst, ich bin ganz ruhig.

Annchen (wendet sich zum Gehen, zusammengebrochen, schluchzend.)

Kaplan (tritt ihr in den Weg): Noch einen Augen= blick, Pannie! Jetzt wollen auch wir Abrechnung halten. (Zieht seinen Brief aus der Tasche): Hier halte ich den Brief von der Schwester Oberin in meiner Hand. Die Stätte war bereitet für Sie. Ich habe so schön gehofft. (Erschüttert): Ich habe den heißen Wunsch getragen. Ich bin betrogen. So z e r r e i ß e ich den Brief. (Thut es.) Sie sind unwürdig einzugehen!

Annchen (zum Gehen gewandt): Ach, Herr Kaplan, jetzt ist ja doch Alles vorbei. Jetzt können Sie schon thun, was Sie wollen. (Mit gesenktem Kopf ab.)

Kaplan (ihr nachrufend): Vorbei, Pannie, auch zwischen uns! Suchen Sie einen andern Beichtvater, der Sie absolvieren wird. Nicht mich! (Will ebenfalls hinaus.)

Hoppe (hat sich erhoben): Noch ein Wort, mein Ver=

ehrtefter. Was hat das mit dem Brief für eine Be-
wandtnis? Erklären Sie mir das doch näher.

Kaplan (ihm gegenüber): Ich habe Sorge getragen
für das Seelenheil Ihrer Nichte, Herr Pfarrer. Ich
habe gedacht, sie soll sich als ein freiwilliges Opfer
darbieten für die Schuld ihrer Mutter. Ich habe geschrieben gehabt an die Oberin in Breslau. Sie hat
zugesagt gehabt. Es wäre besser gewesen, als so
wie jetzt!

Hoppe (sich aufrichtend, mit ungewohnter Härte): Und
das thun Sie hinter meinem Rücken? Ohne daß ich
ein Wort davon weiß? Ich muß mich doch sehr wundern über Sie, Herr Kaplan. Jetzt wird mir auch
begreiflich, wie das arme Kindchen garnicht hin- und
hergewußt hat. Schließlich hat sie sich dem ersten,
der kam, an den Hals geworfen. Wissen Sie auch,
mein Lieber, daß Sie das Kind auf dem Gewissen
haben?

Kaplan (scharf): Ich wälze alle Schuld ab. Ich
stehe rein da. Ich habe das Beste gewollt. Wäre
nach mir gegangen, nichts wäre geschehen. Aber Sie,
Herr Pfarrer! Was haben Sie gethan? Sie haben
den Leichtsinn aufwuchern lassen, der in dem verwil-
derten Blute gekeimt hat. Sie haben alle Warnungen
überhört. Sie haben selbst ein Beispiel gegeben in
Lässigkeit .. und Weltlichkeit ....

Hoppe (zornrot, mit einem Ausbruch jahrzehntelang gedämpfter Kraft): Was erlauben Sie sich, Sie junger
Mensch?! Mir altem Mann wollen Sie sagen, wie
ich zu leben habe? Was ich zu thun und zu lassen

habe? Im kleinen Finger habe ich mehr durchgemacht, als Ihr Kopf bis jetzt fassen kann. Ich habe meinen Kampf durchgefochten, als Sie noch garnicht geboren waren! Meinen Kampf mit der Welt und mit mir selbst, den Sie erst vor sich haben. Fechten Sie ihn erst durch, wie ich! Und Sie wollen mir Vorschriften machen? Meinen Sie, daß ich Ihretwegen umkrem= peln soll, was ich bis jetzt gewesen bin? (Mit geballten Fäusten): Wissen Sie auch, daß das alte Bauernfäuste sind? Daß ich Sie zermalmen kann, wenn ich Sie in meine Finger kriege?

Kaplan (mühsam verhalten): Vergreifen Sie sich an mir, Herr Pfarrer! Warum thun Sie es nicht?

Hoppe: Weil ich Mitleid habe mit Ihrer Uner= fahrenheit! Ihretwegen wird die Welt nicht einen Zoll breit aus ihrem Geleise gehen. Das werden Sie noch= mal erfahren. Dann denken Sie an den alten Hoppe, der Ihnen das heute mal auf deutsch gesagt hat, Sie Popolsko! Und jetzt denk' ich, trennen wir unsere Wege! Sie dort (zeigt auf die Thür) und ich hier!

Kaplan (wendet sich): Ich werde gehen, Herr Pfarrer. Meine Sachen werden schnell gepackt sein. Ich werde Sie von meinem Anblick befreien.

Hoppe (kehrt ihm den Rücken, geht zum Fenster).

Kaplan (geht zur Thür, begegnet Hans, der grade hin= ein will. Beide stehen sich einen Augenblick gegenüber und messen sich. Dann wendet sich der Kaplan mit einem verächt= lichen Blick und geht hinaus).

Hans (der den Blick ausgehalten hat, kommt näher, steht unschlüssig).

Schweigen.

Hans (gedämpft, aber fest): Hier bin ich, Onkel Hoppe.

Hoppe (dreht sich vom Fenster um, betrachtet Hans mit einem langen Blick, vor dem Hans die Augen niederschlägt, nach einem Augenblick schmerzlich): Also dazu bist Du hergekommen, Hans!

Hans (verwirrt): Onkel Hoppe, ich . . . ich . . . wollt ja nicht, ich . . . . (Schweigt achselzuckend, über und über rot.)

Hoppe: Komm mal her, Hans, sieh mich an! Schlägt Dir nicht Dein Gewissen etwas?

Hans (vor ihm, zerknirscht): Verzeih mir Onkel Hoppe! Ich . . . (Beugt sich über seine Hand, um sie zu küssen.)

Hoppe: Siehst Du Dein ganzes, schweres Unrecht ein? Oder bist Du noch zu jung dazu?

Hans (verzweifelt): Onkel Hoppe, ich weiß ja Alles. Aber wir sind uns ja so gut! Wir . . . . wir . . . Ich bin ja Annchen so gut! Ich kann sie ja garnicht . . . Wenn Du bloß wüßtest!

Hoppe (herb): Und das beweisest Du dadurch, daß Du Deine Cousine für immer unglücklich machst?

Hans (aufgeregt): Ich will sie ja nicht unglücklich machen. Ich will ja Alles . . . . Ich will ja hier bl . . . . Ich hab' mir das ja nicht so gedacht Alles . . . .

Hoppe: Was hast Du Dir nicht gedacht? Sag' mal, Hans, Du bist doch ein großer Mensch, angehender Student. Was hast Du Dir nicht gedacht?

Hans (ruhiger): Ach, ich denk', Onkel Hoppe, wenn man Einen lieb hat, dann denkt man nicht so an

Alles . . . Dann ist Einem schließlich Alles gleich . . .
Dann . . . (Leidenschaftlich): Ach, wenn ich bloß sagen
könnte, wie furchtbar lieb ich Anna . . . Ich hab'
sie ja grad' erst recht lieb . . . . Ich . . . Ach, was
soll man viel darüber sagen!

Hoppe: So? Also man denkt dann nicht an Alles.
Und weißt Du, was ich denke? Ich denke, man denkt
dann erst recht an Alles! Das sind eben die Ver-
schiedenheiten im Denken zwischen uns.

Hans (halb trotzig): Ich kann mich eben nicht so
beherrschen! Wir sind eben nicht Alle gleich! Ich
. . . Ich bin doch schließlich 'n junger Mensch! Ich
kann nicht so sitzen und ruhig sein, wenn ich Einem
gleich um 'n Hals fallen möchte! Wenn ich Einen
gleich zerdrücken möchte!

Hoppe (ernsthaft): Ja, mein lieber Hans, um so
schlimmer für Dich, wenn Du Dich nicht beherrschen
kannst! Wohin willst Du da kommen im Leben? Ich
bin doch auch mal jung gewesen, aber das . . . Ich
hab' doch auch mein beschriebenes Blatt, wenn's auch
schon ein bischen vergilbt ist.

Hans: Das wird dann eben ein anderer Fall gewesen sein, Onkel Hoppe.

Hoppe (ruhig): Ja, der Fall war ganz gewöhnlich,
mein lieber Freund. So romantisch angehaucht waren
wir noch nicht, wir Ihr jungen Leute. Ich war Student, grad' so wie Du. Aber freilich älter. Zu meiner
Zeit machte man das langsamer und später. Wir
kannten uns von Kind an. Siehst Du, ganz ähnlich,
Hans, wie Du mit Anna. Und wir sind uns auch

sehr gut gewesen, glaub' ich. Aber so haben wir's doch nicht getrieben. Wir haben uns in Geduld gefaßt und gewartet.

Hans (seltsam gestimmt): Und was ist daraus geworden, Onkel Hoppe? Warum bist Du dann Geistlicher geworden?

Hoppe (ruhig): Nichts ist daraus geworden, mein lieber Hans. Die Sache wurde ihr zu lang. Geld hatte ich auch keins. Schließlich heiratete sie, und ich saß da. Meinen eigensinnigen Kopf habe ich immer gehabt. Ich warf das Seciermesser fort und wurde Geistlicher. Ich glaube wahrhaftig, ich habe mich damit rächen wollen in meiner Dummheit damals. Na, es hat ja glücklicherweise Keinem geschadet. Weder mir, noch ihr. (Humoristisch): Aber weißt Du auch, Hans, wer meine Angebetete von damals gewesen ist? Na rat' mal!

Hans (nachdenklich): Ich weiß nicht, Onkel Hoppe. Wer denn?

Hoppe (lächelnd): Das ist Deine liebe Mutter gewesen, Freundchen. Das kannst Du Dir doch denken!

Hans (erschüttert): Meine . . . Mutter?

Hoppe (ruhig): Deine Mutter! . . Siehst Du, mein lieber Hans, daß ich Dein Vater sein könnte? Ich kann sagen, darum hab ich Dich auch so aufgenommen, wie meinen Sohn. Darum bin ich vertrauensseliger gewesen, als ich verantworten kann. Und das hat mir der Sohn meiner Emma sehr schlecht vergolten.

Hans (verzweifelt): Onkel Hoppe, ich hab' ja nicht schlecht gegen Dich sein wollen. Ich hab' ja Alles nur gethan, weil ich . . . weil ich Anna so wahnsinnig gern hab! (Setzt sich, stöhnt leise.)

Hoppe (fortfahrend, schmerzlich): Was mich besonders kränkt, daß mir das Unglück zum zweiten Mal von Eurem Hause kommen muß. Deine Mutter hat mich um meine Lebenshoffnung betrogen. Ich trag' ihr das nicht nach. Das liebe Kindchen wird nicht anders gekonnt haben. Ich bin ja auch ganz zufrieden geworden in meinem Beruf. Ich habe mich abgefunden. Die Familie, die ich nicht habe finden sollen, für die habe ich mir einen kleinen Ersatz geschafft, dadurch, daß ich Anna und Amandus zu mir nahm. Es war Alles ganz gut und vergessen. Und jetzt nach 25 Jahren kommt der Sohn meiner Jugendliebe und thut mir das an! Nimmt mir zum zweiten Mal meine Hoffnung! Meine Stütze, wenn ich alt und schwach bin. Macht mir meine Nichte unglücklich! Mein Kind! Mein Alles! . . . . Das kann ich nicht so leicht verwinden! (Stützt den Kopf in die Hände.)

Hans: Ich will sie nicht unglücklich machen! Ich werd' ja Alles thun, was ich kann! Onkel Hoppe, sei doch nicht so! Es war doch nicht aus Schlechtigkeit! Meinetwegen soll Annchen nicht unglücklich werden!

Schweigen.

Hoppe (hat sich wieder gefaßt, ruhig): Und wie denkst Du Dir denn die Zukunft? Wie soll das werden?.

Hans (eifrig): Wir haben das schon besprochen, Onkel Hoppe. Ich bleib' hier und . . . .

Hoppe (fast lächelnd): So? Du bleibst hier? Und Deine Eltern? Und Dein Studium?

Hans: Ja, an meine Eltern kann ich jetzt nicht denken. Anna geht jetzt vor.

Hoppe: Hm ... Und was willst Du hier machen?

Hans (verlegen): Ich ... Ich ... (Zuckt mit den Achseln.)

Hoppe: O Du Romantiker! Sag' mal, was willst Du hier machen! Du mußt doch einen Beruf haben. Ihr könnt Euch doch nicht bloß immer herzen und küssen.

Hans (rot werdend): Ich denk', Onkel Hoppe, ich kann die Wirtschaft lernen hier oder sowas. Später ......

Hoppe: So? Und Deine Eltern? Hast Du auch schon gedacht, was Deine Eltern sagen werden? Ueberhaupt zu dem Allen? Deine Mutter?

Hans (senkt den Kopf, schweigt.)

Kurze Pause.

Hoppe (geht zu ihm, legt ihm die Hand auf die Schulter): Nein, mein lieber Hans, jetzt will ich Dir einen Vorschlag machen und hoffentlich einen bessern. Du gehst zur Universität und fängst Dein Studium an, ganz so, wie Deine braven Eltern und Du selbst mit Dir vorgehabt hast. Und zwar heute noch fährst Du ab ....

Hans (sich aufrichtend, entschieden): Nein, Onkel Hoppe, davon kann keine Rede sein. Anna im Stich lassen kann ich nicht! ... Und wenn ich gleich ....! Lieber schieß ich mich tot!

Hoppe: So leicht schießt sich das nicht, mein Freundchen. Du sollst sie auch nicht im Stich lassen.

Wenn Du etwas weiter in Deinem Studium bist, dann sollst Du wiederkommen. Dann wollen wir weiter darüber sprechen.

Hans (betrübt): Ja, Onkel Hoppe, das wollen wir.

Hoppe (ihn ansehend): Und wenn Du ein Mann von Ehre bist, dann kommst Du auch wieder. Oder willst Du nicht, Hans?

Hans: Gewiß will ich wiederkommen, Onkel Hoppe. Aber warum muß ich denn heute schon fahren? Wenigstens noch bis morgen.

Hoppe (energisch): Keine Stunde länger! Ich kann das unter keinen Umständen dulden! Jetzt werd' ich Anna rufen. (Wendet sich.) Dann sagt Euch Adieu und macht's kurz. Ihr müßt Euch in Euer Schicksal fügen. An Dir wird's liegen, Hans, ob Ihr Euch wiederseht oder nicht. Jetzt werd' ich den Wagen bestellen. In einer halben Stunde fährst Du.

Hans (bittend): Onkel Hoppe!

Hoppe (ruhig): Keine Widerrede! (Oeffnet die Thür.) Anna, bist Du da? Komm mal her, Anna! (Schiebt Anna zur Thür hinein.) Jetzt sagt Euch, was Ihr Euch noch zu sagen habt. Unterdes spannt der Wagen an. (Ab.)

Annchen (mit großen verstörten Augen, angstbleich): Der Onkel läßt anspannen?! Hanschen, Du fährst! Du fährst! (Stützt sich auf den Tisch, schluchzt bitterlich.)

Hans (sie streichelnd): Aber Annchen, hör' doch! Ich komm' ja wieder! Wahrhaftig! Ich komm' ja wieder!

Annchen (untröstlich): Ich hab' das gleich gewußt, Du bleibst nicht! Ich hab' das ja gesagt! Jetzt ist Alles aus!

Hans (unter Thränen): Ännchen! Einzigstes! Du mußt uns nicht noch die letzten Augenblicke schwer machen! Du weißt ja nicht, was ich mit dem Onkel ... Ich will ja bloß was werden! Dann komm ich ja!

Ännchen: Und ich bleib' hier mit dem Kaplan! Und dem Onkel kann ich nicht ins Gesicht sehen. Und wer weiß, was noch kommt ...!

Hans: Der Kaplan kann Dir nichts thun. Ich werd' dem Onkel schon sagen. (Vor ihr, blickt ihr in die Augen.) Ännchen, sei mir nicht bös', daß ich gehen muß! Ich kann ja nicht anders. Der Onkel will ja! Sag' mir! Ja?

Ännchen (an seiner Brust): Hanschen, wir sehen uns nicht wieder!

Hans (krampfhaft): Anna! Anna!

Ännchen (eintönig): Du kommst in die Welt! Du wirst mich vergessen! Und ich . . . .

Hans (zärtlich fest): Ich werd' Dich nicht vergessen, Anna! Ich bin ja 'n ganz andrer Mensch geworden in den paar Tagen. Ich fühl' mich viel älter! Viel ... Glaub mir!

Ännchen: Aber ich werd' Dich nie vergessen! (Zieht seinen Kopf zu sich.) Jetzt mußt Du mir noch einmal Dein Gesicht zeigen, Hanschen. Deine blauen Augen. (Betrachtet ihn unverwandt): Du weinst, ja, Hanschen. Wein' nicht, mein Engel! (Beide pressen sich stumm an einander.)

Ännchen (lauschend): Hörst Du, Hanschen, jetzt

wird der Wagen rausgeschoben. Jetzt ist gleich Alles zu Ende . . .

Hans (sie umschlingend): Mein Glück! Mein . . . . . !!

Amandus (mit dem Teschin in der Hand, erscheint draußen im Garten vor dem Fenster, glotzt hinein.)

Annchen (bemerkt ihn, macht sich von Hans los): Hanschen, da steht Amandus draußen! Laß er doch weggehen!

Hans: Ach, Annchen, laß ihn doch stehen!

Annchen (hartnäckig): Nein, er soll da nicht stehen. Er ist ganz schlecht! Ich will garnichts von ihm sehen.

Amandus (fletscht die Zähne, spielt mit seinem Teschin.)

Hans (nähert sich dem Fenster, ruhig): Amandus, willst Du nicht vom Fenster weggehen?

Amandus (mit weißglitzernden Augen, frech, herausfordernd): Steh ich hier!

Annchen: Er soll nicht zusehen, wie wir uns Adieu sagen. Ich will das nicht haben, Amandus!

Hans (erregt): Willst Du jetzt weg, Amandus?

Amandus (brüllend): Hund fremde! Schieß' ich tot! (Legt blitzschnell sein Teschin an.)

Annchen (mit furchtbarem Schrei): Amandus! (Wirft sich dazwischen.)

Amandus (hat im nächsten Augenblick abgedrückt. Ein gedämpfter Knall.)

Annchen (aufschreiend): O mein Heiland! (Sinkt zusammen, faßt sich nach der Brust.)

Amandus (wirft das Teschin weg. Mit wahnsinnigem Gebrüll): Tot! Tot! Mausetot! (Stürzt weg.)

Hans (über ihr, wahnsinnig): Anna! Was . . .!! Aan—na! Aaan—na! (Springt kopflos auf, macht allerhand zusammenhanglose Geberden.)

Ännchen (schwach): Bist Du . . . heil, Hanschen?

Kaplan (tritt von außen ein, im Reiseanzug, sieht im ersten Augenblick nicht): Ist der Herr Pfarrer . . . Gnädiger Gott! Pannie! Was ist hier . . . (Sieht Hans an, stürzt zu Ännchen.)

Hans (wahnsinnig hin und her): Er hat sie erschossen! Der Mensch! Der Verrückte! Ich mord' ihn ja! Ich . . . Mein . . .!! (Bei Ännchen): Ännchen, stirb nicht! . . . Barm—herzigkeit! Sie stirbt ja! (Aufspringend.)

Hoppe (hineinstürzend): Was hat Aman . . . ? (Zu Ännchen): Annachen! Annachen! (Stöhnend.) Mein Kindchen! . . . (Hinausrufend): Zum Doktor! Zum Doktor!

Kaplan (hat sich mit Ännchen beschäftigt, richtet sich auf): Menschliche Kunst wird zu spät sein.

Hans (stößt den Kaplan weg): Sie nicht! Ich! Ich! (Sucht die Wunde zuzuhalten.)

Kaplan (gedämpft): Jetzt wollen wir an die unsterbliche Seele denken, daß sie nicht auf ewig verloren geht. (Beugt sich über sie mit gefalteten Händen): Pannie, bereuen Sie?

Ännchen (streckt ihre Arme nach Hans aus.)

Kaplan (lauter): Pannie! Als Ihr Beichtvater . . . In Ihrer Todesstunde! Bereuen Sie?

Ännchen (hat ihre Arme um Hans gelegt, nickt mit erlöschendem Bewußtsein.)

Hans (hält sie umfangen, sucht sich gewaltsam zu beherrschen.)

Kaplan (sucht Hans von ihr loszumachen): Pannie, lassen Sie ab!

Hoppe (hat sich vom Stuhl erhoben, tritt dazwischen, schiebt den Kaplan beiseite): Ehe es zu spät ist, Herr Kaplan! Deine Sünden sind Dir verziehen, mein Kind! Deinde te absolvo. Geh hin in Frieden! (Murmelnd): Grüß Jettchen und die Andern! (Muß sich hinsetzen.)

Annchen (sinkt zurück. Ein krampfhaftes Aufatmen. Der Körper liegt starr).

Hans (mit einem furchtbaren Schrei): A—us! (Wirft sich krampfhaft schluchzend über sie.)

Vorhang.

A. Seydel & Cie., Berlin, Neue Friedrichstr. 48.

Lebenswende.

Alle Rechte, insbesondere das der Uebersetzung und Aufführung
vorbehalten.

~~~~~~

Den Bühnen gegenüber Manuscript.

Max Halbe

Lebenswende

Eine Komödie

Dresden
Verlag von Georg Bondi
1896.

Meinem Freunde und Zeitgenossen

•

Otto Erich Hartleben.

Erahnen schwül, Erschauen klar,
Im Reifedrang des Strebens,
Bergauf, bergab, im dreißigsten Jahr,
An der Mittagsscheibe des Lebens.

Digitized by Google

Perſonen:

Olga Henſel,
Bertha, ihre Nichte,
Ebert, Student,
Weyland, Techniker,
Heyne,
Jahnke, Hauswirth.

Ort der Handlung: Berlin. Zeit: Gegenwart.

Erster Aufzug.

Es ist die gute Stube in Olgas Wohnung. Die Fenster links gehen auf die Straße. Dazwischen erhebt sich auf einer Konsole ein hoher Salonspiegel. Davor ganz vorne links steht ein bequemer Ruhedivan. Auf derselben Seite befindet sich hinten ein geräumiger Herrenschreibtisch mit Schreibsessel. Er erhält sein Licht von links her durch das zweite Fenster. Die Thür im Hintergrund führt zu Eberts Zimmer, die Thür rechts auf den Korridor und in die hinteren Räumlichkeiten.

Ein schöner, kaminartiger Ofen füllt hinten die rechte Ecke aus. Daneben mehr nach vorne ein Bücherschrank mit Glasthüren, deren grüne Gardinen zugezogen sind. Den Platz vorne rechts nimmt ein breites Sopha mit Tisch und drei Sesseln ein. Ein Schaukelstuhl ist in die Mitte des Zimmers gerückt. Die Möbel sind in Nußbaum gehalten, der Ton der Plüschgarnitur, der Fenstervorhänge und des Teppichs in Grün. An der hinteren Wand stehen Stühle. Die eingerahmte Photographie eines jungen Studenten in vollem Wichs hängt über dem Sopha. Zwei alte Portraits, Mann und Frau in Biedermaiertracht, an der Hinterwand.

Kleinere Photographien in Stehrahmen bedecken den Schreibtisch.

Der Charakter des Zimmers ist ernst, fast düster und ein wenig verstäubt, als sei es selten betreten. Im Allgemeinen sieht es mehr nach einem männlichen Besitzer aus. Nur wenige Kleinigkeiten und Nippsachen deuten auf weibliche Hände.

Ein Novembersonntag. Die Sonne sinkt, die Abendstrahlen fallen durch die Scheiben der Fenster und erfüllen das Interieur mit melancholischem Glanz. Es ist Niemand in dem Zimmer.

Nach einigen Augenblicken öffnet sich die Thür rechts vom Korridor her, Olga und Heyne treten herein. Olga trägt ein gelbes, eng anliegendes Straßenkleid, von dem das Blauschwarz ihres Haares, der broncene Ton ihrer Haut sich wirksam abheben.

Heyne ist leger gekleidet. Dunkler Jacketanzug, rote Kravatte, Schlapphut und Stock in der Hand.

———

Heyne (sich umsehend, mit verschwiegenem Lächeln): Also das ist der bewußte Schauplatz?

Olga (versunken): Sehen Sie sich nur um! Hier hat mein Robert gewohnt. Ich komm' selten hier herein.

Heyne (wie vorher): Der bewußte Kriegsschauplatz! Denn eigentlich ist es doch nichts Anderes, die Ehe, oder das Zusammenleben. Auf den Namen kommt's ja nicht an. Ein Kampf ist es, wer den Andern unterkriegt. Nach meinen Erfahrungen wenigstens. Oder haben Sie andere gemacht?

Olga: Ich hab' mit meinem Robert sehr gut gelebt. Fragen Sie alle Leute! Da auf dem Schaukelstuhl hat er oft gesessen und gesagt: Kind, Dein Geist verfolgt mich! Ich habe versucht ohne Dich zu leben, aber ich kann nicht! Einmal ist er ein ganzes Jahr weggewesen, aber schließlich hat er's nicht ausgehalten und ist wiedergekommen. Ja, Sie lachen.

Heyne: Ich hab' das so an mir. Die Leute meinen immer, ich lache. Ich lache durchaus nicht. Ich habe den höchsten Respekt vor Ihnen, Fräulein Olga.

Olga: Dabei lachen Sie schon wieder. Meinen Sie nur ja nicht, ich schütt' so jedem mein Herz aus. Da kennen Sie Olga schlecht. Aber mit Ihnen ist es doch was Anderes, Sie sind doch ein alter Freund, wenn's auch schon 'ne Ewigkeit her ist.

Heyne: Ich muß nur lächeln, weil Sie noch ganz den Ausdruck in den Augen haben, wie als Kind oder als Backfisch. Es erinnert mich so merk= würdig.... Wissen Sie, woran es mich erinnert?

Olga: Nein. Woran?

Heyne: An unsere Kindheit, an den Marktplatz von Thorn, wo wir zusammen gespielt haben. Also kurz an Alles das, was nicht wiederkommen kann. An Alles das erinnern mich Ihre Augen. Es liegt entschieden etwas Kindliches darin. Das haben Sie sich gerettet. Jeder kann das nicht von sich sagen. Drüben in Amerika wird damit kurzer Prozeß ge= macht. Da heißt es: Wirf all' den Ballast über Bord oder geh' unter! Natürlich wirft man den Ballast über Bord.

Olga: Meinen Sie, das ist hier in Berlin anders? Ich kann ein Lied davon singen. Ich hab's durchgemacht! Kommen Sie mal als junges Mädel von 18 Jahren nach Berlin und sollen Ihr Brod verdienen! Ich hab's durchgemacht! Olga weiß, wie es ist! Schlimmer kann's in Amerika auch nicht zugehen.

Heyne (ist langsam durch's Zimmer gegangen, hat dies und jenes gemustert): Das ist richtig. Berlin ist so ein Stückchen Amerika, aber etwas mehr Mensch bleibt

1*

man hier doch. Das fällt drüben weg. (Vor den Portraits stehen bleibend): Alte Bilder! Recht saubere Arbeit! Hab' ich auch eine Zeit lang betrieben in Amerika, das Portraitmalen.

Olga (steht am Schaukelstuhl, hat seine letzten Sätze überhört, steht auf): Zwölf Jahre werden's wohl her sein, daß Sie fort sind?

Heyne: Vierzehn. Ich ging hinüber, bald nachdem Sie confirmirt waren. Ich seh' Sie noch im weißen Kleid, mit dem Kranz im Haar. (Sinnend): Ja, ja, ich seh' Sie noch. (Der Ton seiner Stimme vibrirt leise.)

Olga (lachend): Wie gut Sie sich auf Alles besinnen können! Olga im Flügelkleide! Mit dem Myrthenkranz im Haar! Die Unschuld aus der Kleinstadt. Da war ich ein gut Stück jünger, als Bertha jetzt ist. Wer sich noch einmal so wiedersehen könnte! Ich denk' selten an die Zeit. An später ja. Meinen Robert seh' ich oft im Schlaf, als wenn er lebt, dann kommt er zu mir und küßt mich.

Heyne (vor ihr, sie musternd): Reden Sie von der verschwundenen Jugend mit ihren dreißig Jahren? Sie haben sich gut gehalten, Olga. Der beste Beweis, ich hab' Sie gestern beim ersten Blicke erkannt. Denken Sie mal, was es heißt, Einen in Berlin rauserkennen unter den Tausenden, und nach so vielen Jahren!

Olga (zerstreut): So? Finden Sie mich noch jung? Gott ja, was mach' ich mir draus! Ich hab' mein Theil erlebt. Ob mich noch Einer schön findet oder nicht! Pa! Lieben kann ich doch Keinen mehr! Was mach' ich mir aus allen Komplimenten!

Heyne (mit gesenktem Kopf): Ja, das Leben ist brutal. Das Beste amputirt es Einem weg. Der Rumpf kann weiter vegetiren. Was soll ich erst sagen? Ich hab' Frau und Kind drüben verloren. Frau und Kind, Olga!

Olga: Ja, Ihnen sieht man auch nicht an, was Sie hinter sich haben. Höchstens die Glatze vorn ist bedenklich.

Heyne: Bitte, die liegt in der Familie.

Olga (nachdenklich): Wenn Sie mich nicht an= gesprochen hätten, ich hätt' Sie im Leben nicht wieder erkannt, das macht der Vollbart.

Heyne (mit eigenem Lächeln): Nicht wahr, Olga, wie sonderbar doch oft der Zufall spielt! Uns auf der Rosenthalerstraße wiederzufinden! Glauben Sie eigentlich an Zufall?

Olga (sich umsehend): Warum stehen wir über= haupt? Sie wollen mir wohl die Ruhe mitnehmen?

Heyne (lehnt Stock und Hut in die Ecke und setzt sich in einen der Sessel am Sophatisch): Also ich setze mich.

Olga: So, jetzt kennen Sie meine ganze Woh= nung. (Sie setzt sich ebenfalls zum Tisch.)

Heyne (einfallend): Aber Sie wohnen in der Regel hinten.

Olga: Ja, hier vorn steht und liegt noch alles so, wie's mein Robert verlassen hat. Im Dezember sind's zweieinhalb Jahre. Ich seh's wie heut', wie er aus der Halle ausfuhr. Ich hab' ihm noch mit

dem Taschentuch nachgewinkt, bis der Zug ver=
schwunden war.

Heyne: Und haben ihn nicht wiedergesehen?

Olga (rauh): Auf dem Todtenbett hab' ich ihn
wiedergesehen. (Sich aufraffend): Da hängt sein Bild
als Student. (Sie zeigt nach der Wand.)

Heyne (sich erhebend): Sie waren verlobt, als das
Unglück passirte, sagten Sie? (Er geht zu der Photographie.)

Olga: Sieben Jahre haben wir uns gekannt.
Wie dann Alles in Ordnung war, da machte er
noch die Reise nach Tirol vor der Hochzeit und
unterwegs, da geschah es. Da wurde er in München
überfahren.

Heyne (vor der Photographie): Ein intelligenter
Kopf! . . . Schade drum!

Olga (in plötzlichem Ausbruch): Hat ein Weib mehr
durchgemacht, als ich, Oskar? Zeigen Sie mir eine.
(Sie steht auf und geht an's Fenster.)

(Kurzes Schweigen.)

Heyne (hat sich wieder gesetzt): Ja, wenn ich Sie
mir als Mädchen denke . . . . . prophezeit hätt' ich's
Ihnen wohl kaum.

Olga (sich heftig umdrehend): Sie sind doch auch
nicht glücklich! Ich seh's Ihnen ja am Gesicht an.

Heyne: Bitte sehr, an meinem Gesicht sehen
Sie gar nichts. Sie wissen ja gar nicht, ob ich
überhaupt auf Glück reflektire, ob mir meine Er=
fahrungen nicht bewiesen haben, daß es überhaupt
kein Glück geben kann?

Olga (wieder zum Tisch kommend): Also brauch' ich's doch auch nicht zu sein.

Heyne (ruhig): Bitte sehr, meine Erfahrungen gelten nur für mich! Sie hätten ja Andere machen können! Sie waren entschieden glücklich veranlagt, Olga, und so etwas pflegt wiederzukommen.

Olga: Nichts kommt wieder! Mein Leben ist verpfuscht! Ich hab' nichts als die Erinnerung und manchmal das Bild im Traum. Davon zehr' ich.

Heyne (schalkhaft): Davon allein werden Sie wohl kaum satt werden?

Olga: Was brauch' ich viel! Mein Bräutigam hat mir genug zum Leben hinterlassen. Meine Zinsen hab' ich. Mir können alle den Buckel 'rauf rutschen. Nicht sehen mehr! Nicht sehen! Ich bin froh, wenn ich hier sitzen kann!

Heyne (horchend): Still! Hat's nicht draußen geschlossen?

Olga: Das wird Bertha sein.

Heyne: Ihre Nichte, ja? Da lern' ich sie doch gleich kennen.

Olga: Wenn's nicht Ebert ist. Hab' ich Ihnen schon erzählt? Ein Zimmer vermieth' ich. Herr Ebert wohnt nebenan. Sie, ist das ein komischer Mensch! Die ganze Nacht bummelt er, und bei Tage schläft er!

Heyne: Student natürlich?

Olga: Einen Anderen nehm' ich mir doch nicht! Ein schneidiger Jurist! Wir lachen oft. Er hält sich studirenshalber hier auf, sagt er.

Heyne (etwas verstimmt): Wozu vermiethen Sie eigentlich? Nöthig haben Sie's doch nicht.

Olga: Ich will Gesellschaft haben. Man will doch auch mal ein Wort mit einem vernünftigen Menschen reden. Ausquatschen muß ich mich. Ach man sitzt ja den ganzen Tag ein. Keine Seele hat man. Sie, aber das sag' ich Ihnen, wer mal mein Freund ist, der hat's gut. Glauben Sie's oder glauben Sie's nicht?

Heyne (mit Verbeugung): Wie wird man Ihr Freund?

Olga: Das müssen Sie selbst wissen. Für meinen Freund thu' ich Alles.

Heyne: Alles?.. Hm!.. Herr Ebert — Ebert heißt er doch — der ist natürlich Ihr Freund?

Olga (erstaunt): Wer? Ebert? Ach Gott, Freund! Ein ganz netter Mensch ist er! Ich unterhalt' mich ganz gern mit ihm. Einen kräftigen Ton reden wir zusammen. Das ist Alles.

Heyne: Ist das wirklich Alles?

Olga: Ja, was dachten Sie? — (Auffehend.) Haha! Jetzt versteh' ich erst! Sie fragen Einem ja rein die Seele aus dem Leibe.

Heyne: Ja, ich habe das so an mir. Ich frage. Ich muß doch wissen, was die Leute sich denken, wenn sie dies oder das sagen oder thun. Ich habe immer gefunden, mit Fragen kommt man am aller= weitesten. Wie ich drüben Detektiv war, hab' ich die smartesten Jungen damit gefangen. Nur immer ge= fragt und gefragt. An der Art, wie sie Antwort gaben, hatte ich sie dann fest.

Olga: Mit mir wollen Sie's wohl auch so machen? .. Weshalb stehen Sie eigentlich schon wieder?

Heyne (hat sich erhoben): Weil ich gehen will.

Olga: Sie sind wohl pikirt? Uebel müssen Sie mir nichts nehmen, ich red' wie ich's mein'. Verschweigen thu' ich nichts.

Heyne: Nichts?

Olga: Ach so, wegen Ebert? Ich kann's Ihnen ruhig sagen. Es ist nichts zu fangen dabei. Meinen Freund, den wissen Sie, der liegt im Grab. Das ist der einzige, den ich gehabt habe! Einen anderen hab' ich nicht. Sind Sie jetzt zufrieden?

Heyne (sich verbeugend): Vollkommen.

Olga: Dann setzen Sie sich wieder. (Die Thüre öffnet sich.)

Bertha (kommt herein, erstaunt): Was, Du sitzt wirklich hier, Tante? Ich hörte sprechen, aber ich konnte mir gar nicht denken, daß Du heute mal hier vorne bist. Ich dachte, es ist bei Herrn Ebert. Da wollt' ich nicht reinkommen.

Olga: Warum denn nicht? Du hast doch sonst nicht solche Angst vor Ebert. Er beißt Dich doch sonst nicht.

Bertha (unwillig): Aber Tante!

Olga (verdrießlich): Als wenn sie nicht reinkommen kann, wenn ich bei Ebert sitze! Auf einmal nicht! Sonst kann sie nicht oft genug in Eberts Zimmer rumpuscheln.

Bertha (entrüstet): Tante, ich muß Dich doch bitten!

Heyne (hat sich zum Fenster zurückgezogen und von dort aus beobachtet, kommt jetzt wieder näher): Entschuldigen die Damen . . .

Bertha: Willst Du nicht vorstellen, Tante?

Olga: Ach so, das vergeß' ich immer. Also hier ist meine Nichte Bertha, Bertha Schmidt, Tochter des Oberlehrers Schmidt aus Graudenz, 21 Jahre alt.

Bertha (im selben Tone fortfahrend): Geprüfte Lehrerin, ledigen Standes, Statur mittelgroß, Augen blau, Haare blond, besondere Kennzeichen . . . . Willst Du mein Nationale nicht vollständig geben, Tante?

Olga: Besondere Kennzeichen: Hat auf der rechten Brust einen kleinen Leberfleck.

Bertha (außer sich): Tante, wenn Du jetzt nicht sofort aufhörst . . . . Ich reis' auf der Stelle ab.

Olga (amüsirt): Reis' doch! Du weißt doch, was Dein Papa gesagt hat.

Bertha: Was heißt das wieder?

Olga: Bis Du 'ne Stelle hast, sollst Du bei mir als Gesellschafterin bleiben.

Bertha: Bitte sehr, ich bin bei Dir zu Besuch. Von Gesellschafterin ist gar keine Rede.

Olga: Du weißt gar nicht, wie gut Du's hast. Komm 'mal erst in Stellung.

Bertha (in plötzlichem Umschlag): Ach Gott, wozu muß man überhaupt leben? Wozu muß man das alles durchmachen? (Sie setzt sich auf Heynes Sessel.)

Heyne (der wieder still beobachtet hat, näher zum Tisch): In Ihrem Alter erlaubte ich mir noch nicht lebensüberdrüssig zu sein, mein Fräulein.

Olga (einfallend, jovial): Mein Fräulein sagt er! Wie sich das anhört! Sagen Sie doch einfach Fräulein oder Bertha. Sie nennen mich ja auch Olga.

Heyne: Sie kenn' ich auch schon länger.

Olga: Bei mir kann er sich das leisten, denkt er sich.

Bertha: Hören Sie nur auf Tante, die muß ja wissen. Warum sagst Du nicht gleich, Tante, der Herr soll mich duzen? Dabei hast Du mir den Herrn noch gar nicht vorgestellt, Tante.

Heyne: O, Pardon! Dann ist es in der Hitze des Gefechts vergessen. Heyne ist mein Name. (Er setzt sich ebenfalls an den Tisch und spielt mit seiner Uhrkette.)

Bertha: Ich hab' mir's natürlich gedacht. Tante hat schon von Ihnen erzählt.

Olga: Ja, das ist mein Jugendfreund Heyne aus Amerika. Eigentlich aus Thorn.

Bertha: Nein, dies Berlin! Wie man sich hier zusammentrifft! Das Leben auf den Straßen wieder, Tante! Ich kam kaum durch, solch' ein Gedränge war überall. Und dabei kamen sie durchaus nicht aus der Kirche, wie bei uns in Graudenz am Sonntag Nachmittag.

Olga: Ja, Gott sei Dank, so scheinheilig geht's bei uns nicht zu. Das ist ja alles blos Schein= heiligkeit in solcher Kleinstadt! Pa! Die Gesellschaft, die kenn ich doch!

Heyne: Sie sind jedenfalls noch nicht lange in Berlin?

Olga: Vier Wochen ist sie jetzt bei mir zur Ge=
sellschaft.

Bertha: Vier Wochen und zwei Tage, Tante.

Olga: Nächstens rechnet sie sich noch die
Stunden aus.

Bertha: Ja, was denkst Du denn! Das ist
ein netter Unterschied, Graudenz und Berlin. Schon
allein das Leben! Wieviel freier ist das hier! Sehr
frei ist es! Eigentlich zu frei! Wenn ich denke, was
die alten Tanten in Graudenz dazu sagen würden,
daß wir hier so zusammenwohnen. Tante und ich
und Herr Ebert. Ich darf das gar nicht nach Hause
schreiben. Mein Papa würde mich schön ansehen.
Auf der Stelle müßte ich zurück! Ich danke!

Olga: Hab' Dich schon wieder! Ich kann jedem
in's Gesicht sehen. Was ist denn Schlimmes dabei,
das möcht' ich wissen.

Bertha: Schlimmes ist nichts dabei. Sonst
wär' ich schon längst wieder in Graudenz, das kannst
Du Dir doch wohl denken, Tante.

Olga: Ja, ja, kennimus, kennimus. Hör' auf!
Hör' auf! Mir wird schlecht.

Bertha (unbeirrt): Es ist eben großstädtisch. Aber
unschicklich bleibt es doch, drei junge Leute in einer
Wohnung zusammen, ohne Aufsicht!

Olga: Hol' Dir doch 'n Schutzmann von der
Straße rauf! Die schon so reden, das sind die
Richtigen. Wem's nicht paßt, kann ja seiner Wege
gehen.

Bertha: So bist Du, Tante! Sagen läßt Du Dir nichts.

Olga: Laß ich mir auch nicht! Ich hab' genug erlebt. Erleb' Du mal erst, was ich hinter mir habe! Quatsch!

Heyne (sich umsehend): Ein behagliches Zimmer haben Sie hier. Schade, daß Sie's leer stehen haben. Das ist so ein Plätzchen für verschlagene Wanderer.

Olga: Meinen Sie? Nein, ich geb's nicht weg. Es bleibt wie es ist. Ich behalt's zur Erinnerung.

Bertha: Ja, Tante, ich bin ganz erstaunt, daß Du heute hier vorne bist. Was ist denn mit Dir vorgegangen?

Heyne (sich umsehend, nachdenklich): Wissen Sie, wie es mir hier vorkommt? Wie auf einer Insel. Und unten die Menschen sind das Meer. Ja, der Vergleich hinkt gar nicht so besonders. (Einen Augenblick horchend): Hören Sie, wie es unten brandet? Das ist das Meer. Ich muß es doch kennen. Warum kann nicht jeder unterwegs so eine Insel finden? Der Herr Ebert weiß sein Glück vermuthlich gar nicht zu schätzen.

Bertha (lebhaft): Der! Der bummelt ja den ganzen Tag und die Nacht auch noch! Ich hab' ihn schon tüchtig ausgescholten und hab' ihn gefragt, was seine Eltern dazu denken sollen. Er soll doch arbeiten. Meinen Sie, es hat was geholfen?

Heyne: Schwerlich.

Bertha (entrüstet): Nicht die Spur! Und rathen Sie mal, was er mir geantwortet hat!

Olga (einfallend): Er hat gar keine Eltern, hat er geantwortet.

Bertha: Was soll man mit so einem Menschen anfangen?

Olga: Laß Dich doch auslachen! Der liegt schon von ganz allein krumm, wenn er mal kein Geld mehr hat.

Bertha: Sieh mal, Tante, wie schön die Sonne jetzt auf die Bilder scheint. Ach sieh doch, die Abend= sonne!

Heyne: Der letzte schöne Tag im Jahr.

Olga: Meinen Sie?

Heyne (achselzuckend): In aller Welt, November...! Es geht ja doch wieder mal zu Ende.

Olga: Ich freu' mich immer, wenn wieder ein Jahr vorbei ist. Was hat man viel!

(Es klopft an der Thür rechts.)

Bertha: Hast Du gehört, Tante, es hat geklopft.

Olga: So? wer soll denn das sein?... Herein!

Ebert (in der halbgeöffneten Thür): Pardon, stör' ich?

Olga (steht auf und geht ihm entgegen): Sie, Ebert? Nur immer herein in die gute Stube! Seit wann sind Sie so schüchtern?

Ebert (im Grabeston): Ich? Ich bin immer schüchtern.

Olga (die Hände zusammenschlagend): Bei Gott! das ist das Erste, was ich höre!

Bertha (ironisch): Hast Du das noch gar nicht gemerkt, Tante? Herr Ebert weiß das blos so gut zu verstecken.

Digtized by Goog

Ebert (näherkommend, dumpf): Das ist eben mein Unglück! Es glaubt mir niemand, wie mir zu Muth ist! Daran geh' ich zu Grunde. (Vor Heyne stehen bleibend): Pardon, gestatten, daß ich mich vorstelle. Ich heiße Weyland.

Olga und Bertha (wie aus einem Munde): Wie heißen Sie?

Ebert (erstaunt): Warum? Was wollen Sie? Was hab' ich denn gesagt?

Olga (lachend): Sagen Sie Ihren Namen doch noch einmal!

Ebert (roth werdend): Warum? Was haben Sie mit meinem Namen? Hab' ich Unsinn geschwatzt? Ich heiße Ebert, hab' ich gesagt.

Bertha (lachend): Sie heißen Weyland, haben Sie gesagt. Ach sind Sie ein Mensch!

Ebert (verwirrt): Was? Ich? Weyland? Ach, Unsinn!   .

Olga (noch außer sich): Haben Sie sich aber ver=ändert, hab' ich mir gedacht.

Ebert: Ne, hab' ich das wirklich gesagt? Ach, Unsinn! Sie wollen mir blos was andichten. Sie wollen mich ganz verrückt machen!

Olga: Ehrenwort! Haben Sie gesagt! Ist nicht wahr, Bertha?

Ebert (vor Heyne, mit Verbeugung): Pardon! Es war natürlich pure Zerstreuung! Ich heiße natürlich Ebert.

Heyne (hat die Scene verwundert betrachtet, halb ironisch): Ich heiße natürlich Heyne. (Er setzt sich.)

Olga und Bertha (lachen).

Ebert (ist in den noch freistehenden Sessel gesunken, aus seinen Gedanken auffahrend): Warum lachen Sie denn schon wieder? Ach so, deswegen! Ich sag' ja, ich werd' nächstens noch weiße Mäuse tanzen sehen! Haben Sie doch Mitleid mit mir! Kein Mensch hat Mitleid mit mir!

Olga: Was spukt Ihnen denn da im Kopf herum? Ich seh's Ihnen ja an, Sie haben wieder was.

Bertha: Herr Ebert hat immer was.

Olga: Wie kommen Sie denn auf den Namen Weyland? Rücken Sie doch 'raus!

Ebert (aufathmend): Das ist es ja! Eigentlich ist es ja ein sehr freudiges Ereigniß! Sie wissen ja, wie verkommen ich bin!

Bertha: Ja, das wissen wir.

Ebert: Sehen Sie, warum bessern Sie mich dann nicht?

Bertha: Sie hören ja nicht, wenn man Ihnen was sagt!

Ebert (entrüstet): Ich nicht hören? Ich schreie ja nach einem Menschen, der mich bessert. Aber damit Sie's sehen, der Himmel ist gnädiger als Sie. Er hat mein Flehn erhört. Die Rettung naht.

Olga: Natürlich was Weibliches. Ich will doch wetten.

Ebert: Die Wette würden Sie verlieren. Ueberhaupt! Scheußlich! Als wenn es immer was Weibliches sein muß!

Olga: Kannst Du Dir denken, Bertha, daß es nichts Weibliches ist?

Bertha (eisig): Ich denke gar nichts, Tante! Ich kümmere mich doch nicht um die Liebschaften, die Herr Ebert hat!

Ebert (aufgebracht): Meine Liebschaften! Das ist ja mein Unglück, daß ich keine habe. Daran geh' ich nochmal zu Grunde! Ich brauche ein Weib, das ich so recht ideal lieben kann.

Bertha: Sie ideal lieben? Ich lache, Tante!

Ebert (tragikomisch): Ich glaube, ich könnte grenzen= los lieben.

Olga: Wie ist es denn mit Bertha, die möchte sich schon lang mal verlieben.

Bertha (aufspringend): Ich halt' mir die Ohren zu, wenn Du nicht aufhörst, Tante! (Sie läuft zum Ofen und hält sich die Ohren zu.)

Ebert (in seinen Träumereien auffahrend): Ich müßte ein Weib wahnsinnig glücklich machen!

Heyne (hat sich während der ganzen Scene als reservirter, aber aufmerksamer Beobachter gehalten, hie und da gelächelt und seinen Bart gestrichen): Bei so was kommt Alles auf die Probe an. Haben Sie's schon versucht?

Ebert: Noch nie!

Heyne: Wie können Sie's dann wissen?

Ebert: Ich fühle es. Auf das Gefühl kommt's an. Mein Gefühl sagt mir, ich muß von einer geradezu ungeheuren Liebesfähigkeit sein.

Bertha (vom Ofen wieder näher kommend): Seid Ihr jetzt fertig mit Eurem Gespräch?

Ebert (unbeirrt): Eben darum sind ich nicht, was ich suche. Mein Ideal steht viel zu hoch. Aber ich suche wenigstens.

Olga: Das wird eine nette Gegend sein, wo Sie suchen.

Bertha (bissig): Ich danke! (Sie setzt sich wieder zum Tisch.)

Ebert: Ich werde verkannt. Das ist mein Schicksal. Ich bin nur scheinbar ein so verkommener Mensch. Von jetzt an beginnt ein neues Leben.

Olga: Aha, jetzt kommt die große Neuigkeit! Kinder, paßt auf!

Ebert: Ja, ich wollte Sie bitten, deswegen hab' ich angeklopft, mein alter Freund Weyland kommt nämlich. — — — Sie sehen also, es ist nichts Weibliches.

Olga: Ach, das ist der Name?

Ebert: Sie können sich doch denken, wie mir das im Kopf herumgeht. Erzählt hab' ich jedenfalls schon von ihm.

Bertha: Kommt Ihr Herr Freund her?

Ebert: Ja, denken Sie sich, er ist schon seit gestern in Berlin, schreibt er mir. Weiß der Henker, was den von München hergetrieben hat. Ich wollte Sie fragen, Fräulein Hensel, ob er ein paar Tage bei mir logiren kann.

Olga: Warum denn nicht? Immer laden Sie ihn ein. Einen netten, anständigen Menschen nimmt man ja gerne auf. Er ist doch ein anständiger Mensch?

Ebert: Das dürfte wohl keiner Versicherung bedürfen.

Olga: Gott, heutzutage . . .

Bertha: Ist Ihr Herr Freund auch Student?

Ebert: Ja, das heißt, eigentlich weiß ich jetzt furchtbar wenig über ihn. Man kommt scheußlich auseinander. Besonders glänzend geht's ihm wohl nicht. Jedenfalls können Sie sich denken, wie ich mich auf das Wiedersehen freue! Eine lange Geschichte haben wir schon zusammen, erst auf der Schule, all' die Klassen durch, nachher die ersten Semester auf der Universität. Was mir am meisten an ihm imponirt, seine Energie.

Bertha: Jetzt wird es aber Zeit mit der Lampe, Tante. Man sieht ja kaum mehr die Gesichter. (Sie geht langsam hinaus.)

Olga (versunken): Wie früh das jetzt schon dunkel wird!

Heyne: Das ist der November. Der fordert sein Recht.

Olga (wie vorher): Die Sonne schien doch noch so schön. Mit einem Mal ist alles vorbei.

Heyne: Fürchten Sie den Abend? Er muß doch auch sein.

Olga (ablenkend, zu Ebert, der aufgestanden ist und in der Stube auf- und abläuft): Ebert, was ist in Sie gefahren?!

Ebert (mit großen Geberden): Jetzt naht die Rettung. Der Himmel hat ein Einsehen! (Sich aufstellend und be= klamirend):

> Und muß ich sterben um Bornholm,
> So warst Du doch mein Eigen!

2*

Olga (die Hände zusammenschlagend): Ach, Ebert! Heute haben Sie wieder Ihren Tag.

Ebert (wie vorher): Was ist die Liebe, so frag' ich Euch?

Olga: Die Liebe hört nimmer auf, sagt die Bibel.

Ebert: Die Bibel lügt, sag' ich Euch. Die Liebe ist ein Pfuhl, ein Sumpf, weiter nichts! Pfui! Liebe! Ich glaube nicht mehr an die Liebe! Ich glaube nicht mehr an das Weib! Ich bin gesättigt des süßen Weins! Reicht mir Limonade! Jetzt, Freund, jetzt rufe ich Dich! Rette mich! Es ist die höchste Eisenbahn! Rette mich! (Er sinkt erschöpft auf den Divan.)

Heyne: Und wenn's damit auch nichts ist?

Ebert (aufsehend): Wenn es damit auch nichts ist? Damit ist es was. (Draußen läutet es):

Horchst Du, wie die Glocke dröhnt?

(Aufspringend in Extase.)

Fort, Du rettest den Freund nicht mehr! So rette das eigene
Leben!

Olga: Ebert! Sind Sie verrückt geworden? Wann sind Sie wohl heute früh nach Hause ge= kommen?

Ebert: Wann? Verachten Sie mich! Um sechs! Der Morgen graute.

Olga: Aber Ebert, Sie sollen doch nicht so furchtbar bummeln!

Ebert: Sie haben Recht! Mir graute auch! Aber diesmal hab' ich mich wirklich aus reiner Freude, daß Weyland kommt, betrunken.

Heyne (nach draußen horchend): Ich glaube, Sie bekommen Besuch. Ich will mich empfehlen. (Er steht auf.)

Olga: Wollen Sie wirklich schon? Aber Sie kommen wieder?

Heyne: Ich hoffe.

Ebert (ebenfalls horchend): Herrgott, das ist doch nicht schon Weyland? (Die Thüre öffnet sich.)

Bertha (hereindeutend mit der Lampe in der Hand): Bitte, wollen Sie nicht eintreten? Herr Ebert ist hier.

Weyland (tritt ein, steht einen Augenblick unschlüssig in der Thüre.)

Ebert (ihm entgegenstürzend): Weyland! Kerl! Mensch! Ungeheuer! Bist Du da?! Na, Gott sei Dank!

Weyland (ihm die Hand reichend): Grüß Gott, Franz!

Ebert: Grüß Gott! Ach so, ja, man merkt gleich, daß er von Süden kommt. (Ihm die Hand schüttelnd): Also sei gegrüßt in Berlin! Moriturus te salutat! Du aber, daß Du mir nicht geschrieben hast, wann Du kommst, das nehm' ich Dir übel! Scheußlicher Mensch Du! Man will doch an der Bahn sein, einen Begrüßungsschoppen trinken.

Bertha (hat die Lampe zum Tisch gebracht): So, Tante, jetzt hast Du auch Dein Licht.

Weyland (zu Ebert, halblaut): Du, sag' mal, willst Du mich denn nicht vorstellen?

Ebert (erstaunt): Vorstellen? Pardon! Wir sind ja nicht allein. Was thun wir eigentlich in diesem Zimmer? Wo sind wir denn eigentlich?

Weyland (ihm auf die Schulter klopfend): O, Mensch! Mensch! kenn ich Dich wieder!

Olga (sich der Gruppe nähernd): Wiedersehn macht Freude, sagt man. Also ist Herr Ebert doch schon immer so gewesen? (Ihre Augen hängen an Weyland.)

Weyland (kurz): Also will ich's selbst besorgen. (Mit Verbeugung gegen die Damen): Weyland.

Bertha (entschuldigend zu Weyland): Herr Ebert ist immer so unaufmerksam. Sie kennen ihn gewiß schon?

Weyland: So gut wie mich selbst. Dadurch zeichnete er sich schon auf der Schule aus.

Olga: Ach was! Hier werden keine Umstände gemacht. Jeder stellt sich selbst vor. Mein Name ist Hensel, Olga Hensel. Das hier ist meine Nichte Bertha. —— Herr Heyne.

Heyne (sich kurz verbeugend): Bitte sich meinetwegen nicht zu stören. Ich gehe. (Greift nach Hut und Stock und geht zur Thür.)

Olga: Sie finden im Dunkeln nicht raus. Warten Sie, ich begleite Sie.

Bertha (Heyne nachrufend): Adieu, Herr Heyne!

Heyne (in der Thür): Empfehle mich. (Ab.)

Olga (hinter ihm): Stürzen Sie doch nicht so! (Ebenfalls ab.)

Ebert (hat wieder in Gedanken gestanden, sieht Heyne nach): Unangenehme Erscheinung! Wo kommt denn das her?

Bertha: Aus Amerika. Schimpfen Sie gefälligst nicht! Das ist ein Freund von Tante.

Ebert: Fataler Kerl!... Hat mir das ganze Wiedersehen verdorben mit seinem hämischen Gesicht.

Bertha (zu Ebert): Will sich Ihr Herr Freund nicht setzen?

Weyland (hat sich im Zimmer umgesehen, läßt sich in den Schaukelstuhl fallen): Ist schon geschehen! Umstände mach' ich nicht, wie Sie sehen! Seien Sie vorsichtig! Bieten Sie mir lieber nichts an, ich könnt's nehmen!

Bertha (mit unwillkürlichem Ausruf): Um Gottes= willen! Tantes Schaukelstuhl!

Weyland (behaglich): Ein Unglück ist schon da. Vivat sequens! Fehlt dem Stuhl was?

Bertha: Der Stuhl ist Tantes Heiligthum. Ich kann Ihnen das nicht so erklären. Jetzt bleiben Sie nur ruhig sitzen.

Weyland: Thu' ich auch! Dies Berlin hetzt einen ab, wenn man's zwei Jahre nicht mehr gewöhnt ist. Und Du noch gar! Du wohnst ja hier auf Teufels Dachrinne!

Ebert (ist hin und her gelaufen, bleibt vor Weyland stehen, Hand an den Ohren, mit Pathos): Was, findest Du die Gegend hier nicht himmlisch?

Weyland: Wundervoll!

Ebert: Nicht wahr, wundervoll! Das ist das richtige Wort! Wundervoll! Diese Menschen! Dieses Gedränge! Dieses Wagengerassel! Es betäubt so angenehm. Es dämpft. Es schläfert das Gewissen ein. (Er wirft sich der Länge nach auf den Divan.)

Weyland (sich erstaunt aufrichtend): Gewissen? Hast Du noch ein Gewissen? Komm, laß' Dich doch mal anschauen! Wie sieht denn so ein Mensch aus?

Ebert: Ich leide furchtbar am Gewissen, sag' ich Dir.

Bertha: Haben Sie nie Gewissensbisse?

Weyland: Ich? Nie! Wie sollte ich auch? Wer seiner Natur folgt, kann sich doch keine Vorwürfe machen.

Bertha: Ich weiß nicht! Eigentlich ist das doch recht unmoralisch.

Weyland: Das finde ich nicht, mein Fräulein. Sie sehen mir z. B. auch gar nicht so aus, als wenn Sie so besonders an Gewissensbissen litten.

Bertha: Ich habe mir auch nichts vorzuwerfen.

Weyland (mit Verbeugung): Andere auch nicht. Jeder thut, was er muß.

Ebert (ernsthaft): Seit wann bist Du so hart? Man kennt Dich ja gar nicht wieder.

Weyland: Seit wann? Seit ich mich selbst kenne. Wie gesagt, ich folge nur meiner Natur, meinem Gesetze. Schaff' Dir das nur auch an.

Ebert (tragikomisch): Das muß wohl bei mir nicht verschlagen. Ich folge meiner Natur wahrhaftig genug und bummele die Nächte durch, aber mein Moralischer wüthet immer heftiger. Ich sage Dir, ich bin von Gewissensbissen geradezu gefoltert. Früher vertrank ich mir den Kater immer, aber jetzt hilft auch das nichts mehr.

Weyland: Sag' mal, bist Du noch niemals auf den Gedanken gekommen, statt zu bummeln, vielleicht etwas zu arbeiten?

Ebert (erstaunt): Ich? Nein. Das heißt, auf den Gedanken wohl, ja. Aber ich setz' es nicht durch. Ich bin zu schwach dazu. Ich brauche eine leitende Hand, eine Hand, die mich stützt, mich hält. Dein Axiom stimmt eben nicht. Ich folge meiner Natur ganz getreulich, aber ich sehe ja, wohin es führt.

Weyland (etwas scharf): Ja, lieber Franz, wenn das wirklich Deine Natur ist, dann allerdings -- — dann ist das Ende abzusehen.

Ebert (erregt aufspringend): Aber Du kennst doch meine Natur! Wundere Dich doch nicht! Du kannst doch in den zwei Jahren nicht vergessen haben, wie ich bin. Ich bin nun einmal so ein verkommenes Geschöpf!

Weyland: Ich habe in den zwei Jahren so viel an mich und an meine Existenz zu denken gehabt, daß mir andere Gedanken vollständig vergangen sind! Ich hoffe, Du nimmst mir das nicht übel, lieber Ebert.

Bertha: Ich glaube gar, Sie streiten sich schon, zwei so alte Freunde, wie Sie sind!

Weyland: Grade darum. Was ist denn Freundschaft viel Anderes, als Streit, Kampf, Reibung! Das war nie anders zwischen uns. Man muß sich doch aussprechen.

Ebert (eigenſinnig): Bitte ſehr! Ich ſtreite mich durchaus nicht! Ich wundere mich nur. Das wird mir doch noch erlaubt ſein.

Weyland: Aber zweimal! So oft, wie Du willſt! Ich warte, bis Du Dich ausgewundert haſt.

Bertha (aufſtehend): Dieſe Männer! Na, ich danke.

Olga (kommt herein, bringt auf einem Tablett eine Flaſche Wein und zwei Gläſer): Alſo, Kinder, ich bring' Euch was zu trinken. Ich hab' von Ihrem Wein genommen, Herr Ebert. Es iſt Ihnen doch recht? Sie müſſen doch mit Ihrem Freund anſtoßen. (Sie ſtellt Alles auf den Tiſch.)

Ebert: Aber ſelbſtredend! Warum haben Sie für ſich nicht auch Gläſer mitgebracht?

Bertha (mit Blick halb auf Olga, halb auf den Schaukelſtuhl): Ich hab' den Herren geſagt, ſie ſollen ſich's bequem machen.

Olga (vergnügt): Immerzu! Wozu iſt es denn da? Bei mir müſſen Sie ſich nicht geniren. Ich genir' mich auch nicht.

Bertha: Haſt Du ſchon geſehen, Tante, Herr Weyland ſitzt in Deinem Schaukelſtuhl.

Olga (gröblich): Wenn's mir recht iſt, was kümmert's Dich?

Bertha (halblaut, ſpitz): Ich wundere mich nur.

Olga: Wunderlieſe!

Weyland (iſt ruhig ſitzen geblieben): Ich ſah den Stuhl und dachte mir, wozu iſt denn ſo ein Möbel anders da, als zum Sitzen. Da ſaß ich auch ſchon.

Olga: Ihnen erlaub' ich's. Jedem erlaub' ich's nicht.

Bertha (halb ironisch): Haben Sie aber ein Stein im Brett bei Tante! Potz Tausend!

Weyland: Apropos, Ebert, wohnst Du eigentlich in diesem Zimmer?

Ebert: Kein Gedanke! Das ist es ja, wonach ich seit einer halben Stunde ringe. Jetzt hab' ich's! Ich wohne ja gar nicht in diesem Zimmer. Ich wohne ja nebenan. Wie komme ich überhaupt hierher? (Er macht eine Bewegung zur Thür.)

Olga: Jetzt hab' ich den Wein schon hingestellt. Jetzt bleiben Sie hübsch hier!

Weyland: Wenn ich bitten darf, lieber Ebert, jetzt keinen Ortswechsel!

Ebert (unruhig hin und her, mit Blick zum Tisch): Und die übrigen Gläser? Es fehlen ja noch zwei!

Olga (lachend): Was denken Sie denn! Wir trinken doch mit Ihnen mit. Jede Dame nimmt einen Herrn. Ich nehme Herrn Weyland und Sie bekommen Bertha. Was meinst Du dazu, Berthchen? (Sie gießt in die beiden Gläser ein.)

Bertha (sich abwendend): Aber Tante, was soll denn Herr Weyland von uns denken?

Olga: Alte Tunte! Jetzt hat sie schon wieder Angst, sie verliert ihre Unschuld! (Das Glas ergreifend): Prosit, Ebert! Auf Ihr Wohl, Herr... Herr...

Weyland (sich verbeugend): Weyland.

Olga: Auf Ihr Spezielles, Herr Weyland! (Sie trinkt und reicht Weyland das Glas): Wohl bekomm's!

Weyland: Danke! Gleichfalls! Das Ihre!
(Er trinkt.)

Ebert: Jetzt müssen Sie auch trinken, Fräulein
Berthchen!

Bertha (zögernd): Diese Tante! Na!

Ebert (ihr das Glas an die Lippen setzend): Ich fordere
mein Recht!

Weyland: Le vin ou la vie!

Olga: Was heißt das? Französisch kann ich
nicht. Das müssen Sie mir übersetzen!

Weyland: Getrunken oder geküßt!

Bertha (komisch entsetzt): Um Gotteswillen, nicht!
Dann trink' ich lieber. (Sie nippt von dem Glase, das
Ebert ihr vorhält.)

Ebert (in Extase): Bravo! Getrunken und geküßt!
Das ist meine Lesart! (Er umfaßt Bertha.)

Bertha (schreiend): Tante! Tante!... Retten Sie
mich, Herr Weyland!

Ebert (sie festhaltend, in steigender Extase): Berthchen,
ich küsse Dich! Gieb mir Deine Seele! (Er küßt sie.)

Bertha (unter seinen Küssen schreiend): Herr Weyland!

Olga (sich ablehrend, zu Weyland): Hören Sie, wie
sie nach Ihnen schreit? — — Ich kann das gar nicht
ansehen, wie sich die Beiden küssen.

Weyland (sich im Schaukelstuhl wiegend, kopfschüttelnd):
Ebert!... Ebert!... Man kommt sich ordentlich
grau vor bei dem Anblick!

Olga (mit eigenthümlich verschleiertem Blick ihn ansehend): Fühlen Sie sich schon so alt?

Weyland: Aeußerlich vielleicht. Innerlich nicht. Im Gegenteil. Ich hoffe noch Manches auf der Welt zu schaffen. Ich hoffe, das beste Theil steht noch bevor.

Olga (traumhaft): Wissen Sie, an wen Sie mich jetzt erinnern?

Weyland: Und das ist?

Olga: Sie haben ihn nicht gekannt. Da an der Wand hängt sein Bild, als Student.

Weyland (sich umdrehend, sieht zu dem Bilde hinüber): Die Beleuchtung ist matt, man sieht nur Umrisse.

Olga: In demselben Stuhl hat er oft gesessen und von seiner Zukunft gesprochen. Das hat mich so erinnert.

Weiland: Und wo ist er jetzt?

Olga (hart): Jetzt ist er tot.

Weyland (ruhig wieder schaukelnd): Ich halt's mit dem Leben. Ich gebe das Spiel so leicht nicht auf.

Bertha (hat sich während dessen aus der Umarmung Ebert's losgerissen, ihr Haar in Ordnung gebracht): Das ist Gewalt! Das ist nicht ritterlich, Herr Ebert! Ich kann mich ja vor Ihrem Freund gar nicht mehr sehen lassen. (Sie geht schnell hinaus.)

Ebert (einen Augenblick in Gedanken, dann aufschreckend): Berthchen! Trautstes Berthchen! Hab' ich Sie beleidigt? (Er will ihr nach.)

Olga (ihn zurückhaltend): Jetzt lassen Sie man! Es ist genug. Hören Sie lieber, was ich Ihnen sagen will.

Ebert (sich aufstellend): Ich höre.

Olga: Bleibt Ihr Freund länger in Berlin?

Weyland: Jedenfalls so lange, bis ich mein Patent habe. Eher weich' ich nicht.

Ebert (mit offenem Munde): Dein Patent? Was ist denn das? Ich bin ja erschlagen! (Er setzt sich.)

Weyland: Ja mein Lieber, ich bin unter die Erfinder gegangen. Du siehst einen Erzgießer vor Dir.

Ebert: Und davon erzählst Du gar nichts?

Weyland: Du hast mich ja nach nichts gefragt. Ich werd' mich Dir doch nicht aufdrängen.

Ebert: Seit wann bist Du so verschlossen? Der Zug ist mir neu an Dir.

Weyland: Du mußt Dich halt dran gewöhnen.

Olga: Jetzt lassen Sie mich doch auch mal einen Ton reden! Haben Sie schon ein Unterkommen?

Ebert: Weyland logirt bei mir, das ist doch abgemacht.

Olga: Nein, ich weiß was Besseres. Ich geb' Ihnen hier dies Zimmer. Da sind Sie ungestört.

Weyland: Dies Zimmer? Das werd' ich schwerlich erschwingen können! (Er ist aufgestanden.)

Olga: Seien Sie doch nicht dumm! Ich thu's aus Freundschaft! Wenn Sie nicht wollen, lassen Sie's bleiben.

Weyland: Gut, ich nehm's an, bis ich was Passendes gefunden habe.

Olga (ihm die Hand reichend): Abgemacht! Ein Wort! Und jetzt mach' ich uns ein Abendbrot und brau' uns einen Thee und dann reden wir vernünftig zusammen. Ich sag' Ihnen, das giebt ein Leben! (Ab.)

(Augenblickliches Schweigen.)

Weyland (geht auf Ebert zu, legt ihm die beiden Hände auf die Schultern): So, jetzt laß Dich doch 'mal beschauen! Bist Du noch der alte Ebert von dazumal?

Ebert (etwas zurückhaltend): Ich wohl. Du scheinst Dich verändert zu haben.

Weyland: Ja, lieber Freund! Das Leben! Das schmiedet Einen um!

Ebert: Warum thut es dann das nicht bei mir?

Weyland (achselzuckend): Die Menschen sind eben verschieden. Vielleicht prallt es an Dir ab. Vielleicht bist Du eine glücklichere Natur.

Ebert (auffahrend): Ich eine glückliche Natur? Das grade Gegenteil! Ich bin der geborene Unglücks= vogel!

Weyland: Hör' ich Dich wieder? Die Weise kenn' ich, die sangst Du schon auf der Schule. Ja, Du bist noch der Alte. An Dir hat sich nichts ver= ändert! Nicht 'mal Dein Gesicht! (Er läßt ihn lachend los.)

Ebert: Also Du findest mich noch nicht so hoff= nungslos verbummelt?

Weyland (lächelnd): Nicht mehr, als früher.

Ebert: Sage es nur offen heraus! Genire Dich nicht! Du hältst mich für rettungslos verloren. Ich bitte Dich, sage es mir! Ich bin auf das Schlimmste gefaßt.

Weyland: Ich wiederhole Dir, nicht mehr als früher.

Ebert (in Extase): Land! Land! Dich schickt der Himmel, Freund meiner Jugend, sei umarmt!

(Vorhang.)

Zweiter Aufzug.

Vierzehn Tage später. Es ist der gleiche Raum wie zuvor, aber in bewohntem Zustande. Man merkt die Anwesenheit eines Menschen, der das Zimmer auch wirklich benützt und darin arbeitet. Der Schreibtisch ist mit Papieren, Aktenstücken, Zeichnungen und dergleichen bedeckt. Die Photographien sind hinweg geräumt. Der Schaukelstuhl ist in eine Ecke geschoben. Statt dessen steht in der Mitte des Zimmers ein langer, roh gezimmerter Tisch, auf dem sich kleinere und größere Thonfiguren, Gypsgliedmaßen, Flaschen und Fläschchen mit Chemikalien sowie verschiedenes Handwerkszeug befinden. Der Teppich liegt zusammengerollt neben dem Divan. Bücher sind auf dem Sophatisch zerstreut, dazwischen ein paar Bierflaschen und Gläser. Die Glasthüren des Bücherschrankes stehen offen. Reisekorb, Koffer und Kisten sind daneben aufgestapelt. Auf dem Boden neben dem Werktisch stehen einige halb lebensgroße gebrannte und gegossene Figuren. Im Ofen brennt Feuer. Es ist Vormittags, etwa neun Uhr. Das Tageslicht, das durch die Scheiben fällt, ist trüb. Olga und Bertha sind mit Aufräumen beschäftigt, Bertha wischt Staub von den Möbeln. Olga ist grade dabei, Kissen und Schlafdecke vom Divan aufzunehmen und zur offenstehenden Korridorthür zu tragen. Beide Frauen sind in einfachem Morgenkostüm, Bertha in Blau, Olga in Dunkelroth. Berthas Wesen ist niedergeschlagen, Olga kurz angebunden, wie gewöhnlich.

Bertha (kopfhängerisch): Gott bewahr mich! Sieht es jetzt in dem Zimmer aus! (Sie macht eine bezeichnende Geberde.)

Olga:. Immer noch besser als bei Ebert. (Sie wirft Kissen und Decke auf den Korridor und schließt die Thür wieder.)

Bertha (mit Augenaufschlag zum Himmel): Ebert! Na! Mir schaudert!

Olga: Da kann man auch nicht mehr sagen, man räumt auf, das ist schon mehr Ausmisten!

Bertha (muß lachen): Ach Gott, Tante!

Olga: Wahrhaftigen Gott! Neulich hab' ich ihn gefragt, na, Ebertchen, wie ist es? Wann misten wir mal wieder ein Bischen aus?

Bertha: Aber kommt's Dir nicht auch so vor, Tante, als wenn er in letzter Zeit solider geworden ist?

Olga (am Sophatisch beschäftigt): Spaß, wenn einer verliebt ist!

Bertha (mit Staubwischen innehaltend): Meinst Du wirklich, Tante?

Olga: Thu' nur nicht so, als wenn Du's nicht verstehst! Er liebt Dich ja!

Bertha (achselzuckend): Gott, Tante!

Olga (bissig): Weyland liebt Dich ja auch.

Bertha (ebenso): Ich denke, Weyland liebt Dich.

Olga (wie vorher): Meinethalben hab' sie doch beide. Pa! Was mach' ich mir draus! Lieben kann ich ja doch nicht mehr!

Bertha (nachdenklich): Sich so richtig zu verlieben, muß schön sein! Ich kann mir das Gefühl garnicht vorstellen.

Olga (sich haftig gegen sie lehrend): Du? Du kannst überhaupt nicht lieben. Du bist kalt.

Bertha: Ich zerbreche mir oft den Kopf, ob ich wirklich nicht lieben kann! Ich glaube selbst, ich bin zu kalt.

Olga: Du wirst nie durchmachen, was ich durchgemacht habe, das prophezeih' ich Dir! Denk' an mein Wort!

Bertha: Ebert kann mir noch so viel Komplimente machen, ich bin ganz gleichgültig dabei. Und wenn er nichts sagt, ist es mir ebenso. Ich fühl' nichts innerlich. Das ist doch nicht die wahre Liebe?

Olga (aufschauend): Ha! Wenn man verliebt ist, ein Blick! Die leiseste Berührung geht Einem durch und durch. Der bloße Name genügt schon. Man läuft herum wie betrunken. Ach ja, es ist doch schön! Ich wünschte, ich könnte mich noch einmal verlieben!

Bertha (überlegsam): Nein, das kenn' ich nicht. Das Gefühl hab' ich nie gehabt. Auch in der Tanzstunde nicht. Verehrer hatte man ja genug. Aber meinst Du, ich hab' mit Einem lieber getanzt als mit dem Anderen? Nicht die Spur. Eigentlich waren sie mir alle lächerlich.

Olga: Sei froh! Du bist fein heraus! Wer nicht lieben kann, ist glücklich. Aber es thut mir nicht leid! Ich hab' wenigstens mein Theil gehabt. Ich weiß doch, daß ich gelebt hab'!

Bertha: Glaubst Du, daß meine Mama sehr verliebt war, als sie Papa nahm?

Olga: Wer? Deine Mama? Wanda? Die verliebt? Wanda kann ja gar nicht lieben. Die hat grad so eine Natur wie Du.

Bertha: Siehst Du, Tante, und es ist doch auch gegangen. Papa und Mama leben ganz gut zusammen, kann ich Dir sagen. Muß man sich denn partout verlieben?

Olga (kurz): Verlieb' Dich doch nicht! Es zwingt Dich ja Niemand!

Bertha: Vielleicht ist der Richtige auch noch nicht gekommen, das kann auch sein.

Olga: Jetzt ist ihr Ebert nicht mehr genug. Jetzt angelt sie nach Weyland.

Bertha (schnippisch): Ich möchte wissen, wer angelt?

Olga: Weyland ist ein Mann!

Bertha: Und was ist Ebert?

Olga: Ebert? Er ist ein netter Mensch, aber gegen Weyland ist er doch eine bloße Suse.

Bertha: Ich leugne ja gar nicht, daß mir Weyland als Mann mehr imponirt.

Olga: Und hätt' er mir in dem Zimmer noch zehnmal mehr Wirthschaft gemacht und auf den Kopf gestellt, ich thu's gern. Für Weyland ja. Er hat doch ein Ziel! Er weiß doch was er will! Ebert weiß gar nichts.

Bertha: Bitte sehr! Ebert will Dichter werden.

Olga: Das ist wohl das Neueste. Seit wann denn?

3*

Bertha: Seit gestern! Das weißt Du wohl noch garnicht, Tante? Er ist fest entschlossen.

Olga: Der wird was Schönes zusammendichten.

Bertha: Er kann Weyland nicht arbeiten sehen, sagt er. Er muß auch was thun.

Olga: Vor'm Menschen, der arbeitet, habe ich Respekt. Ich hab' selbst gearbeitet. Ich kenn's! Vor'm Andern nicht so viel! (Sie macht eine bezeichnende Geberde.)

Bertha: Weyland muß Einem ja imponiren, wenn man sieht, wie er sitzt und Tag und Nacht an seinem Patent arbeitet. Aber darum kann Einem der Andre doch besser gefallen.

Olga: In Gottes Namen! Mir gefällt Weyland besser!

Bertha: Ich sage ja nicht, daß ich Ebert als Mann haben möchte. Als Mann imponirt mir Weyland mehr.

Olga (unbeirrt fortfahrend): Du nimmst Ebert und ich nehm' Weyland. Die Sache ist doch ganz einfach. Dann hat jeder was.

Bertha (pikirt): Ich dächte, Tante, darüber hast weder Du noch ich zu entscheiden, wer Weyland nimmt!

Olga (zerstreut, wie abwesend): Wer denn?

Bertha: Das hängt doch wohl von Herrn Weyland selbst ab.

Olga: Ach so! Sie denkt, sie ist jünger als ich! Darum hat sie den Vorzug. Die Männer vergucken sich alle in ihren Madonnenkopf! .

Bertha: Gott, es ist ja Unsinn, daß wir über=
haupt darüber reden.

Olga: Warum fängst Du denn an?

Bertha: Es geht mir Alles so durch den Kopf.
Ich kann den dummen Brief nicht vergessen. Ich
weiß wirklich nicht, was ich Papa darauf antworten
soll. (Sie setzt sich auf den Divan und zieht einen Brief aus
der Tasche.)

Olga: Dein Papa hat ganz recht, sag ich Dir!

Bertha: Fängst Du jetzt auch noch an, Tante?
(Sie liest kopfschüttelnd in dem Brief.)

Olga: Dein Papa hat ganz recht, das sag' ich
noch zehnmal! Die Großstadt ist auch nichts für
Dich. Du kommst hier bloß auf schlechte Gedanken.

Bertha: Warum hat er mich denn hergeschickt?
Jetzt, wo man was Anderes gesehen hat, soll man
wieder zurück in das Nest! Das halt' ich einfach
nicht aus!

Olga: Schreib' Du nur Deinem Papa, ich bin
ganz mit ihm einverstanden und Du bist seine
gehorsame Tochter und Du willst bloß Deine Sachen
packen und nächste Woche kommst Du nach Hause.
Damit basta!

Bertha: Was kann ich denn dafür, daß ich
noch keine Stellung habe! Andere müssen auch warten.

Olga: Suchst Du denn überhaupt? Kannst ja
mal probiren, wie weit Du mit Jugend und Schön=
heit kommst.

Bertha (verbissen): Lieber zu Grunde gehen, als
nach Hause!

Olga (fährt mit dem Staublappen über die Spiegel-konsole): Lern' Du 'mal erst arbeiten! Nennst Du das Staubwischen? Da! Hier! (Sie wischt mit dem Zeigefinger den Staub ab und hält ihn Bertha unter die Nase.) Fingerdick liegt der Staub! Weißt Du, was Du bist?

Bertha: Ich weiß schon! Ich weiß schon! Deine Schuld! Warum verlangst Du das von mir? Ich hab' das einfach nicht gelernt.

Olga: Was kannst Du denn? Nicht die ein= fachste Hantirung versteht sie.

Bertha (sich aufrichtend): Vergiß nicht, daß ich auf die höhere Töchterschule gegangen bin, Tante!

Olga (sich immer tiefer hineinredend): Natürlich! Zu Hause war sie das Zuckerpüppchen!

Bertha (sich erhebend): War ich auch! Ich war Papas Liebling! Staubwischen habe ich wenigstens nicht nöthig gehabt. Das war Sache des Mädchens.

Olga: Hergott! Geh' doch zu Deinem Papa zurück!

Bertha (den Kopf zurückwerfend): Und überhaupt hab' ich Staub gewischt, und wenn es von dem Gyps und Dreck wieder vollgeworden ist, dann ist es nicht meine Schuld. Beklag' Dich doch bei Wey= land! Daß Du das überhaupt in dem Zimmer ge= stattest, Tante — —

Olga (heftig): Thu' nur Deine Pflicht! Ich mache mit meinen Sachen, was ich will!

Bertha: Ich denke, Weyland zieht um?

Olga: Wart' doch ab!

Bertha: Er hat doch das Atelier unten von Jahnke bekommen? (Im Hintergrund klopft es.)

Olga (nach hinten zu, laut): Sind Sie da, Ebert?

Ebert (durch die halbgeöffnete Thür seines Zimmers sprechend): Ich bin's! Ebert! Ist Weyland nicht da?

Olga (die Thür breit öffnend): Weyland ist nicht da, wie Sie sehen. Wollen Sie 'reinkommen?

Ebert (erscheint im rothen Schlafrocke, dessen Kragen bis über die Ohren aufgeklappt ist, so daß nur die obere Partie von Ebert's Gesicht herausschaut. Seine Farbe ist blaß, sein Haar wirr, seine Stimme dumpf wie gewöhnlich): Guten Morgen!

Olga (vergnügt): Sind Sie schon auf? Guten Morgen! (Sie mustert ihn.)

Ebert (verwirrt): Hab' ich was an mir?

Olga: Sie? Ne! Nicht mehr als sonst. Ich bewundere nur Ihren Schlafrock!

Ebert: Ich dächte, den kennen Sie.

Olga: Der ist immer von Neuem schön.

Ebert: Mustern Sie mich nicht so! Ich bin im Negligee.

Bertha (näher kommend, ironisch): Guten Morgen, Herr Ebert! Ich glaube, Sie leben nicht mehr lange.

Ebert: Warum nicht? Krächzen Sie schon wieder Unheil?

Bertha: Weil Sie schon so früh' aus den Posen sind. Es ist ja erst neun.

Ebert: Schwer genug hielt es ja, in den eisigen Weltraum hinauszusteigen. Aber der Brief trieb mich. (Er hat sich an den Ofen gestellt, schwingt einen Brief in der Hand.)

Olga: Ach, das ist der große Schreibebrief...

Ebert: Da lesen Sie mal die Aufschrift! (Er hält ihr den Brief hin.)

Olga: Was? Provinzialirrenanstalt in Schwetz? Wie kommen Sie denn dahin?

Ebert: Angenehme Geschäftsverbindung, was? (Er steckt den Brief wieder in die Tasche.) Fürchten Sie nichts. Vorläufig ist es noch meine Tante.

Olga: Ach, das ist die, von der Sie schon er= zählt haben? Die verrückt ist?

Ebert (feierlich): Eben dieselbe! Im Gegensatz zu mir die ganz Verrückte! Meine leibliche Tante! Obendrein die letzte, die ich habe. Unser Geschlecht stirbt mit uns aus.

Olga: Ist sie tot, das arme Geschöpf?

Bertha: Ach, Sie Aermster! Da sind Sie wohl recht traurig?

Ebert: Noch nicht! Noch ist sie ja am Leben. So eilig hat sie es doch nicht. Aber die Anstalt schreibt mir, sie wird's nicht mehr lange treiben.

Olga: Wir kondoliren Ihnen. Für Ihre Tante ist es ja ein Glück.

Ebert (ihr die Hand schüttelnd, düster): Ja, ich muß mich allmählich darauf gefaßt machen. Ich bin nun bald der Letzte meines Stammes.

Bertha: Ich kondolire ebenfalls von Herzen mit. Sie reisen doch hin?

Ebert: Wenn Sie tot ist, ja. Eher nicht. Die Reise würde über dreißig Mark kosten, zweiter Klasse. Dazu sind die Zeiten zu schlecht.

Bertha: Vielleicht erholt sie sich auch wieder.

Ebert: Hoffentlich nicht.

Olga (nachsinnend): Sie, Ebert, hören Sie mal!... Aber natürlich! Sie haben doch erzählt, Ihre Tante hat Vermögen. (Die Hände zusammenschlagend.) Jetzt erbt er noch!

Ebert: Das ist ja das unverdiente Schwein, das ich habe! Natürlich erbe ich! Gott sei Dank! Und unter uns gesagt, es ist die höchste Zeit! Sie lebt ja vom Kapital! Mit jedem Jahr wird es weniger. In vier, fünf Jahren, rechne ich, kann das ganze Vermögen glatt weg sein.

Olga: Sie leben wohl auch vom Kapital? Anders machen Sie's doch nicht.

Ebert: Ich? Selbstredend! Nur! Schon seit Jahren. Ich lasse mir zwar principiell keine Ab= rechnungen von meinem Bankier mehr geben, aber ein dunkles Gefühl sagt mir, daß der Augenblick nicht mehr weit sein kann — — —

Olga: Wo Sie Matthäi am Letzten sind, was? (Sie hat sich auf den Divan gesetzt.).

Bertha: Recht heiter! Und was machen Sie dann?

Ebert (etwas erregt): Drum sag' ich ja, es ist in jeder Hinsicht die höchste Zeit! Ich muß entschieden etwas erben! Jetzt oder nie! So dringend war es schon seit Jahren nicht.

Bertha (entrüstet den Schaukelstuhl hin und her schaukelnd): Eine nette Moral ist das!

Ebert (zustimmend): Ja, nicht wahr? Scheußlich
ist es, das sag' ich mir selbst. Einfach brutal ist es!
Aber, was hat die Frau schließlich von ihrem Leben,
muß man sich fragen. Da ist das Geld bei mir
immer noch besser angelegt.

Bertha: Wirklich?

Ebert:] Ganz entschieden. Ich bin sogar in letzter
Zeit wieder recht hoffnungsfreudig. Ich hoffe, mich
der Menschheit noch sehr nützlich zu erweisen.

Bertha: Wir sind gespannt, wie!

Ebert: Wie? Indem ich arbeite, indem ich z. B.
meine dichterischen Pläne wieder vornehme. Ja,
lachen Sie nur! Wissen Sie, wem ich das verdanke?
Ihnen, Fräulein Berthchen! Ihnen! (Vom Ofen her
auf sie zu): Berthchen! Einen Kuß als Pfand, daß Sie
mich retten wollen!

Bertha (sich flüchtend): Nicht doch! Nicht doch!

Ebert (begeistert): Ach Berthchen, nicht so hart=
herzig sein!

Bertha (hinter einem Sessel verschanzt): Wissen Sie
auch, daß ich Ihren Schlafrock gräulich finde?

Ebert (hat sich der Länge nach auf einen Stuhl geworfen
und die Hände unter dem Kopf gekreuzt): Ich verlange
direkt von Ihnen, daß Sie mich retten!

Bertha (hat sich auf einen Sessel neben dem Sopha gesetzt,
gedrückt): Ich fürchte, Sie trauen mir viel zu viel zu.
Sie kennen mich überhaupt noch gar nicht. .

Ebert (aufspringend): Das ist ja, um was ich Sie
anflehe! Ich möchte Sie kennen lernen!

Bertha (wie vorher): Ich soll Sie retten und weiß selbst nicht ein und aus. Jetzt schreibt mir Papa, ich soll wieder nach Hause kommen. Was soll ich thun? Rathen Sie mir!

Ebert (vor Bertha mit erhobenen Händen): Um Gottes= willen, Berthchen, Sie werden doch nicht! Ich lasse Sie nicht weg. Merken Sie denn gar nicht, daß wir beide zusammengehören? Ist Ihnen denn die Aehn= lichkeit noch garnicht aufgefallen?

Bertha: Welche Aehnlichkeit? Zwischen uns? Ich danke schön! So verbummelt, wie Sie sind!

Ebert: Eben darum! Wir sind ja beide halb gestrandet.

Bertha: Bitte sehr, ich nicht. Ich gehe nach Hause zu meinem Papa. Ich habe immer noch mein Heim.

Ebert: Wir sind vom Schicksal direkt dazu be= stimmt, uns zu lieben.

Olga: Bilden Sie sich doch keine Schwachheiten ein! Bertha kann ja gar nicht lieben.

Ebert (zu Bertha): Sie? Sie sind ein Vulkan! Ein Vulkan unter Gletschern!

Bertha: Nein, nein! Ich bin ganz kalt. Mein Papa hat ganz Recht. Am Besten, ich werde Gouvernante und unterrichte ungezogene Göhren. Das ist meine Bestimmung.

Ebert (mit Mischung von Scherz und Ernst): Sie Gouvernante? Dies Engelsgesicht mit einer blauen Brille? Dann verzweifle ich an der Welt und nehme Strychnin.

Weyland (ist vom Korridor eingetreten, hat die letzten Worte gehört, die Thür noch in der Hand haltend): Hier giebt's nur Schellak! (Er schließt die Thür hinter sich, legt seinen Hut ab, hängt den Mantel an den Nagel.)

Ebert (gereizt): Sag' mir doch guten Morgen! Du siehst doch, daß ich da bin!

Weyland: Also hiermit feierlichst guten Morgen. (Er reicht Ebert die Hand.)

Ebert (brummig): Morgen!

Weyland (gegen Bertha und Olga): Ebert ist ein strenger Gläubiger. Der erläßt einem nichts.

Ebert (am Ofen): Ich halte nun einmal auf gewisse Formen.

Weyland: Ich auch. Wo sie angebracht sind. Aber wir, dächt' ich, wir kennen uns wahrhaftig lang genug.

Ebert (aufthauend): Es freut mich, daß Du Dich noch daran erinnerst.

Weyland (ihm die Hände auf die Schultern legend): Aber lieber Mensch, was soll das heißen? Was ist Dir wieder in die Krone gefahren? Sei vergnügt!

Ebert: Ich hab' allen Grund, mich über Dich zu beklagen.

Weyland (wie vorher): So? Und warum?

Ebert: Du hast mich die ganze Zeit, die Du hier bist, unverantwortlich vernachlässigt.

Weyland: Ich hatte zu arbeiten. Siehst Du das nicht ein? Schau' Dich im Zimmer um! Genügt das? (Er ist zum Tisch gegangen und hebt eine von den Figuren auf, die am Boden stehen.)

Ebert: Ich sehe es ein, aber ich billige es nicht. Du wirst Dich überarbeiten und vor der Zeit ab= schnappen.

Weyland: Deswegen keine Sorge! Meine Nerven sind zäh. Darin haben mir meine Vor= fahren ein solides Kapital hinterlassen. Wozu braucht ein Bauer auch Nerven! Luxus! Das ist jetzt mein Profit!

Ebert: Ich wünsche aber an dem Fortschritt Deiner Arbeiten theilzunehmen.

Weyland: Sollst Du auch! Laß' mich nur erst selbst wieder in's Geleise kommen! Ach, diese verdammte Berliner Reise! Aber es ging nicht anders! Ich muß das Patent an Ort und Stelle betreiben, sonst komm' ich mein Lebtag nicht weiter. Sei vernünftig, Ebert!

Ebert: Ich bin also vernünftig und wünsche künftig besser berücksichtigt zu werden.

Weyland (sich rings umsehend, nachdenklich): Wissen Sie, Fräulein Olga, daß ich verliebt bin in Ihr Zimmer?

Olga: Um so besser! Was man liebt, soll man festhalten!

Weyland: Ja, beim Scheiden merkt man erst, was man hat.

Olga: Also wird es wirklich Ernst mit dem Atelier? Ich hab's bis jetzt nicht geglaubt.

Ebert: Was, Du willst umziehen?

Weyland: Ja, ich werde müssen. Ich muß gießen und das kann ich hier nicht.

Ebert: Warum nicht? Bau Dir doch einen Ofen hier herein!

Weyland: O, Mensch, hast Du eine Ahnung! Der Ofen würde das halbe Zimmer ausfüllen.

Bertha: Ein netter Vorschlag! In Tantes bestem Zimmer eine Gießerei!

Ebert (verwirrt): So? Wirklich? Ist der Ofen so groß? Ja, mein Gott, ich versteh' nichts davon.

Weyland: Denk Dir mal, Mensch, eine Figur von der Größe (er nimmt eine Figur vom Boden auf) oder womöglich lebensgroß — je größer, desto besser, soll in dem Ofen Platz haben. Stell' Dir das Unthier vor! Denn die Figur wird nicht mehr in so und so viele einzelne Theile zerlegt, wie's heute geschieht. Das ist ja gerade das Neue an meiner Erfindung! Ich bin im Stande, in einem Stück zu gießen. Ich mache es, wie die Renaissancemeister, auf die bin ich zurückgegangen, aber mit den Mitteln unserer modernen Technik. Jetzt sollen die Herren da oben kommen und mir das Patent verweigern! Ich setze es durch! Es müßte mit dem Teufel zugehen, wenn ich mich nicht durchsetze!

Ebert: Und wenn Du das Patent hast, was dann?

Weyland: Dann brauch' ich unbedingt Geld! Mein bischen Erbtheil hab' ich zugesetzt. Jetzt hock' ich auf dem Trockenen. Aber ich muß mich halten. So oder so! Lieber hungern, als den Griff aus der Hand gleiten lassen! Dazu hab' ich ihn zu fest gepackt.

Ebert (aufgeregt): Geld! Geld! Schon das Wort! Ich hasse es! Ich verachte es! Wenn ich davon höre, wird mir schlecht.

Weyland: Bei mir müssen jetzt alle Brunnen springen. (Mit großen Schritten auf und ab, erregt.) Hab' ich den Karren so weit geschleppt, werd' ich ihn auch noch über diesen Berg drücken.

Ebert (mit Selbstvorwurf): Daß man so dumm ist, sich nicht besser einteilt! Ich Rindvieh! Dann könnt' ich Dir jetzt helfen!

Weyland: Wahrhaftig! Da könnte sich Deine Freundschaft zeigen! Thaten, Thaten will ich sehen! Mit Worten speise andere ab! Schande über Dich, daß Du Dein Geld so durchgebracht hast!

Ebert (wie vorher): Scheußlich, was man für eine Kreatur ist!

Weyland (leidenschaftlich): Ach, wozu noch ein Wort darüber verlieren! Jetzt handelt es sich um den Mann mit Kapital. Den finden und ich bin geborgen und mein Werk mit. Nachher rollt es durch seine eigene Schwere! (Plötzlich vor Bertha haltend.) Ja, ja, Fräulein Bertha, Sie sitzen da und lächeln überlegen wie immer. Sie können natürlich nicht begreifen, wie Jemand für seine Aufgabe sein Leben einsetzen kann. Was ist Ihnen auch Hekuba!

Bertha (ihn ansehend): Mein Aeußeres beweist doch nichts. Sie wissen ja nicht, ob ich Sie nicht innerlich bewundere.

Weyland (ironisch): Ah! Zu viel Ehre!

Bertha: Man sieht so selten einen Mann!

Ebert (pikirt): Wofür halten Sie mich denn?

Bertha: Jedenfalls für keinen Mann!

Ebert (gereizt): Für Sie bin ich wohl ein Wasch=
lappen?

Bertha: So grob drück' ich mich nicht aus!

Ebert: Aber Sie denken so grob.

Bertha: Jedenfalls können Sie sich mit Herrn
Weyland nicht vergleichen.

Ebert: Das verlange ich auch nicht. Ich ver=
lange aber, als Mann von Ihnen respektirt zu
werden.

Bertha: Wenn ich Ihnen nun aber nicht den
Gefallen thue?

Ebert: Eine reizende Entdeckung ist das. Bitte
um Angabe von Gründen. Ich bin eben so alt,
wie Weyland, sogar noch einen Monat älter.

Bertha: Auf das Alter kommt es nicht an.

Ebert: Worauf denn?

Bertha: Auf die Reife.

Ebert: So? Und danach ist Weyland ein
Mann und ich bin wohl keiner? Scheußlich!

Bertha: Es ist aber so. Sie haben noch nicht
die Reife!

Ebert: Ich fühle mich aber schon als Mann!
Ich kann mir ebenso gut eine Aufgabe schaffen, wie
Weyland.

Bertha: Das müssen Sie erst beweisen.

· Ebert (schreiend vor Aufregung): Das beweiß ich!
Ich dichte! Dichten steht ebenso hoch, wie Erfinden.

Weyland (hat dem Streit beluſtigt zugehört): Höher! Wenn's gelingt.

Bertha: Erſt müſſen Sie's beweiſen. Vorläufig ſind Sie ein junger Mann oder ein Jüngling.

Olga (zerſtreut): Ein Jüngling mit lockigem Haar!

Ebert (außer ſich): Ich bin ein Mann! Das beweis ich Ihnen! Wenn ich ein Jüngling bin, ſind Sie ein Backfiſch!

Bertha (höhniſch): Ich lache.

Olga: Ihr ſeid beide Kinder, damit gut! (Olga hat während der ganzen Scene ſchweigend im Schaukelſtuhl geſeſſen und Weyland unverwandt betrachtet. Jetzt ſteht ſie auf.) Jetzt hören Sie mich an, Weyland.

Weyland (vor ihr ſtehend): Und?

Olga: Sie ſagen, Sie brauchen Geld? Brauchen Sie viel?

Weyland: Soviel wie möglich.

Olga: So? Hm ... Das dacht' ich mir. (Einen Augenblick bedenklich.) Aber ich beſorg' Ihnen Jemand mit Geld! Mein Wort! Ich beſorg' Ihnen Jemand.

Weyland: Herrgott, wenn Ihnen das gelingt, Olga, ich bin Ihnen ewig dankbar.

Olga (einfach): Ich thu's gern, Weyland, es kommt von Herzen.

Weyland (leidenſchaftlich): Wenn ich mein Werk in Sicherheit bringe, ich bin der glücklichſte Mann! Das Patent hab' ich ſicher. Nur Geld! Geld! Dann gründe ich eine Gießerei und führe meine Ideen im Großen durch! (In wildem Jubel.) Das giebt dann erſt ein Leben! Ein Leben, ſag' ich ...

(Mit plötzlicher Erleuchtung.) Wie in der Renaissancezeit!
Aus einem Wurf! Denn das weiß ich, ob Sie
mir's heute glauben oder nicht, die Folgen meiner
Erfindung sind einfach unübersehbar! Das werd'
ich der Welt beweisen.

Olga (mit leuchtenden Augen): Sie setzen Alles
durch, was Sie wollen, Weyland! Ich seh's Ihnen
schon an den Augen an.

Bertha: Ja, nicht wahr, Tante, Herr Weyland
hat so etwas Ueberzeugendes in seinen Augen, etwas
Sieghaftes möcht' ich sagen. Ihnen könnt' ich mich
gleich anvertrauen.

Olga (grob): Quatschliese! Kannst Du Weyland
helfen?

Bertha (gekränkt): Nein, leider bin ich ein armes
Mädchen. (Sie steht auf.)

Olga: Also dann überlaß das anderen Leuten
und misch' Dich nicht ein!

Bertha (zur Thür gehend): Aber wenn ich auch
nichts habe, laß ich mich noch lange nicht beleidigen.
(Rechts ab.)

Olga: Geh' doch!

Ebert: Ich finde aber, Sie behandeln die arme
Bertha sehr schlecht!

Olga: Ach, ich kann die dummen Redereien
nicht leiden!

Weyland (aus seinen Gedanken aufathmend): Ach,
Leute, wozu reg' ich mich überhaupt auf! Vorläufig
steht ja Alles gut. Das Atelier hab' ich. Den Ofen

zum Gießen kann ich mir auch setzen. Also, was will ich mehr!

Olga: Hat der alte Krauter mit dem Atelier doch Wort gehalten?

Weyland: Ja, ich war eben unten und hab's besichtigt. Aber jetzt zuerst umziehen.

Ebert: Wenn's Dir Recht ist, helf' ich Dir beim Sachen 'rübertragen.

Weyland: Mit Vergnügen. Es ist ja nur über den Hof im Hinterhaus. Du kennst doch Herrn Jahnke, unseren Hauswirth?

Ebert (dumpf): Na, ob! Manchesmal mit ihm gesumpft! Gehört zu meinen düstersten Erinnerungen.

Weyland: Für mich nicht. Er hat mir die Werkstatt sans façon eingeräumt, läßt mich machen, was ich will, und das Konto hat Zeit. Mehr kann man nicht verlangen.

Olga: Wissen Sie, was ich mir immer einbilde?

Weyland: Nein. Was denn?

Olga: Der macht mir nochmal einen Antrag! Passen Sie auf! Der liebt mich doch, der Alte! Des= wegen hat er's auch nur gethan. Dem hab' ich doch schon von Ihnen vorgeschwärmt. Ich kann doch den Mund nicht halten.

Weyland (beim Einpacken, zerstreut): Weß das Herz voll ist, deß geht der Mund über.

Olga (mit seltsamem Blick): Finden Sie? (Die Stuben= thür wird geöffnet.)

Bertha (von draußen): Herr Heyne ist da, Tante!

4*

Olga (aufspringend): Das ist der Mann, Weyland, passen Sie auf! (Wirft Weyland noch einen Blick zu, dann ab.)

Weyland (stutzig): Das war doch merkwürbig.

Ebert (war wieder abwesend, erwacht): Was denn? War was? Ich hab' nicht aufgepaßt. Habt Ihr was gehabt?

Weyland (kurz): Nein. Nichts. Es schien nur so.

Ebert: Du, hör' mal! Irr' ich mich? Die ist colossal verliebt in Dich.

Weyland: Ich glaube, Du irrst Dich, lieber Ebert. Wir sind gute Kameraden, weiter nichts.

Ebert: Jedenfalls hast Du Glück. Die Weiber fallen Dir von selbst zu, während ich herumlaufe und Tantalusqualen leide.

Weyland: Ich dächte, Du hättest genug.

Ebert: Ich? Wie kommst Du darauf?! Das ist ja Alles nur scheinbar! Ich finde ja nichts!

Weyland (hat während der letzten Scene die Kisten und Körbe zum Tische gerückt und geöffnet, mit Handbewegung): Die Pferde sind gesattelt! Jetzt laßt uns packen!

Ebert (vor dem Korb): Kommen die Flaschen hier herein?

Weyland: Dort, wo Stroh ist, lieber Ebert, damit Sie nicht zerschlagen.

Ebert (sich vor den Kopf schlagend): Aber natürlich! Die müssen ja eingewickelt werden.

(Kurze Pause. Beide packen.)

Weyland (aufsehend, nachdenklich): Wieder einmal ein kleiner Abschied! Wieder ein überwundener Standpunkt!

Ebert: Denkſt Du noch, wie wir auf der Schule oft gepackt haben, wenn wir zu den Ferien gingen?

Weyland: Und unſere Penſionsmutter uns gute Lehren auf den Weg gab? Die alte, brave Dor= mann! Gott, die ſchläft nun auch ſchon manches Jahr. Wenn die geahnt hätte, was wir für Tauge= nichtſe werden!

Ebert. Ich ja. Du biſt doch keiner geworden!

Weyland: Doch! In ihrem Sinne ſchon! Ja, das waren ſchwärmeriſche Zeiten. Da gab's noch nichts zu hoch oder zu tief. Man trug den Schlüſſel zu allen Räthſeln in der Weſtentaſche. Ob's jetzt auch noch ſo geſcheite Primaner giebt, wie wir waren?

Ebert. Kein Bein! Nach uns kam Kruppzeug.

Weyland (den Kopf wiegend): Du Cato, Du!

Ebert: Jedenfalls datir' ich aus der Zeit meine größten Stunden. Wir konnten uns doch noch be= geiſtern!

Weyland: Ja, das thaten wir. In der Be= geiſterung warſt Du uns Allen immer voran.

Ebert. Wir hatten doch noch Ideale.

Weyland: O, Ebert! Ebert! Was iſt aus den Idealen geworden!

Ebert: Ja, leider! Als Student ging's bergab. Jetzt präſentirt man ſich als verbummelte Exiſtenz. Schandbar!

Weyland: Ich weiß nicht, was das heute iſt. Mir iſt wie dem Kätzlein ſchmächtig. Ich glaube faſt, ich habe zärtliche Anwandlungen. Pfui Teufel!

Ebert: Was soll ich dann sagen? Ich habe immer zärtliche Anwandlungen.

Weyland (schwermüthig): Ob auf der Welt vielleicht doch noch mehr existirt, als Arbeit und immer nur Arbeit?

Ebert: Gieb mir nur so eine Arbeit, und ich vergesse mit Vergnügen alle meine zärtlichen Anwandlungen.

Weyland: Ja, der Eine hat's im Ueberfluß, dem Anderen fehlt es.

Ebert: Im Ueberfluß, sagst Du? Nichts hab' ich, gar nichts. Ich bin ja der ärmste Mann! Ich suche nach einem Weibe, das mich versteht, und kann nichts finden.

Weyland: Wo suchst Du denn?

Ebert: Wo? Ueberall! Wo Menschen sind, muß gesucht werden. Und auf den Berliner Straßen sind doch wahrhaftig genug Menschen! Ich weiß ja gar nicht, ob ich mein Ideal nicht plötzlich in einer Menschenmasse auftauchen sehe.

Weyland: Aber es war noch nicht der Fall, was?

Ebert: Nein. Noch nie. Obwohl ich oft ganze Stunden auf der Suche liege.

Weyland: Und Dich hab' ich für einen solchen Wüstling gehalten! Bei den Frauen stehst Du hier in einem schönen Renommee.

Ebert (ärgerlich): Ach, was wissen die! Sie meinen, weil ich mich aus reiner Verzweiflung besaufe, muß

ich auch sonst alles Mögliche ausfressen. Ich lasse
Ihnen das Vergnügen.

Weyland: Ach so! Womöglich bist Du noch?...
Aber nein!

Ebert (groß): Nein. Das denn doch nicht!...
Ach sprich mir nicht davon! Mir ekelt! Kann mich
das befriedigen?... Verlieben muß ich mich. Da
liegt der Haken!

Weyland: Ich denke, das bist Du schon?

Ebert (rothwerdend): Ich? Wieso? Wie kommst
Du darauf, scheußlicher Mensch, Du!

Weyland: Ziere Dich doch nicht, lieber Ebert!

Ebert (verwirrt): Du irrst Dich aber.

Weyland: Also gut, ich irre mich. (Geht zum
Sophatisch): Mir kann's recht sein. Ich habe an andere
Dinge zu denken. (Er nimmt die Bücher vom Tisch und trägt
sie zum Koffer.)

Ebert (vom Packen aufsehend, forschend): Hast Du denn
keine Absichten?

Weyland: Ich? Auf wen?

Ebert (hat sich erhoben, ausweichend): Ich stelle ja
nur die allgemeine Frage. Du warst doch früher stark
hinterher.

Weyland: Nein, ich darf mich damit nicht auf=
halten. Eines kann man nur. Da heißt es eben
wählen. Das hab' ich gethan.

Ebert: Dann hast Du Dich sehr verändert.

Weyland (hat sich ebenfalls vom Packen erhoben): Da=
für hab ich auch einsam genug gelebt, Jahre lang.

Jetzt weiß ich, was ich will. Ja, lieber Freund, ich habe mir die überflüssigen Ideale .abgewöhnt.

Ebert: Und hast das Beste dabei verloren!

Weyland: Mag sein, dann war es nothwendig! Ich bin Fatalist. Ich baue auf meinen Stern.

Ebert: Das warst Du schon auf der Schule.

Weyland: So, war ich das? Ja, ich glaube an ein Etwas, was uns durch Kampf und Noth hoch und immer höher hinaufführt.

Ebert: Dann bin ich neugierig, wo es mich noch hinführt. Vielleicht ist es auch besser, ich bin nicht neugierig.

Weyland: An mir hat sich's erwiesen. Du weißt, daß ich mich immer viel mit Modelliren abge= geben habe. Siehst Du, da lag der Fingerzeig. Zum wirklichen Bildhauer, zum Künstlerthum hat's nicht aus= gereicht. Aber meine Erfindung hätt' ich nie gemacht, hätt' ich nicht von vorneherein das Interesse für plastische Sachen auf's Polytechnikum mitgebracht. Das war mein Stern!

Ebert: Du Glückspilz, Du! Was hab' ich da= gegen! Nichts! Das ist mein Stern!

Weyland (ernsthaft): Lieber Freund, ich hab' mein Schicksal auch nicht umsonst gehabt! Meinst Du, ich wäre nicht auch lieber Künstler geworden? Ich sage Dir ja, ich habe meine Ideale drangegeben! Ich habe meine Erfindung mit meiner Kunst bezahlt! So bin ich wenigstens etwas geworden. Sonst wäre ich vielleicht gar nichts, stünde eben so leer da wie Du!

Ebert (aufgeregt): Also, Du wirfst mich auch schon zu den Verlorenen? Das wollt' ich nur hören! Diesmal hast Du Dich verschnappt!

Weyland: Ich habe mich durchaus nicht ver= schnappt! Ich vertrete vollständig, was ich gesagt habe.

Ebert (höchst erregt): Es wird ja immer besser! Ich bitte um nähere Erklärung.

Weyland: Gewiß halte ich Dich augenblicklich für stark verbummelt.

Ebert: Da kommt es heraus! Das ist Deine Freundschaft!

Weyland: Daß Du verbummelt bist, wirst Du doch selbst nicht leugnen wollen.

Ebert: Das leugne ich auch nicht! Ich verlange aber, daß Du die Ursachen davon würdigst.

Weyland: Ich würdige die Ursachen nach Gebühr!

Ebert: Das thust Du nicht, sonst würdest Du Mitleid mit mir haben.

Weyland: Sei gut, lieber Ebert! Den soliden Kern, den Du in Dir hast, bestreite ich durchaus nicht.

Ebert: Dann hole ihn doch aus mir heraus!

Weyland: Es hält nur schwer.

Ebert: Gib' Dir nur Mühe! Es wird Dir schon gelingen!

Weyland (lachend): O Ebert! Man kann Dir wirklich nicht böse sein. Komm! Trink' ein Glas Bier mit mir! Es stehen gerade noch zwei volle Flaschen da. Die müssen geleert werden, eh' ich hier scheide.

Ebert (brummend): Schon wieder Bier auf nüchternen Magen! Wo soll das hin!

Weyland (eingießend): Stoß' an! Auf unsere Flammen von einst! Auf unsere toten Ideale! Wir wollen sie noch einmal leben lassen! (Er erhebt das Glas und stößt mit Ebert an.)

Ebert: Es lebe die Freundschaft!

Weyland: Gut! Die mit! Ich trinke! (Beide trinken ihre Gläser weg.)

Ebert: Die Jugendfreundschaft! Prosit Rest!

Weyland: Prosit Rest! So, und jetzt komm' und faß' an! Hinüber in das neue Leben!

(Beide fassen den Lederkoffer und tragen ihn zur Thür.)

Vorhang.

Dritter Aufzug.

Einige Tage später. Es ist noch das gleiche Zimmer, aber die Spuren von Weyland's Anwesenheit sind beseitigt, nur eine Kiste steht noch in der Ecke. Die Stube sieht nun wieder aus wie im ersten Akt, jedoch ohne den düsteren verstäubten Eindruck von früher. Der Arbeitstisch ist verschwunden, an seiner Stelle steht wieder der Schaukelstuhl. Der Teppich bedeckt den Boden.

Olga und Heyne sind im Zimmer. Olga sitzt im Schaukelstuhl, Heyne auf dem Divan. Trübe Vormittagsbeleuchtung.

————

Olga (sich träumerisch hin- und herwiegend): Ja, heute sind's acht Tage, daß er aus dem Zimmer fort ist. Es war doch schön! Jetzt merk' ich's erst.

Heyne (etwas vorgebeugt, die Arme aufgestützt): Das will ich glauben.

Olga: Man war doch nicht mehr so allein. Es war doch Leben um Einen! Jetzt ist es wieder vorbei. Jetzt ist wieder Alles so wie früher.

Heyne (Olga scharf fixirend): Alles?

Olga (sich aufrichtend): Sehen Sie sich doch um! Steht nicht Alles, als wenn Niemand hier gewohnt hat? Als wenn gar nichts gewesen ist?

Heyne: Ich denke, es war auch nichts?

Olga: Was Sie denken, war auch nicht.

Heyne: Was denke ich?

Olga: Jedenfalls etwas Dummes. Kennen Sie das elfte Gebot?

Heyne: Ich sollte meinen. Drüben ist es das Einzige, was gilt. Die anderen zehn sind außer Kurs.

Olga: Laß Dich nicht verblüffen, das sag' ich mir jetzt immer, wenn Sie mir mit Ihren Fragen kommen!

Heyne (sarkastisch): Sehen Sie, genau so wie ich, wenn Sie mir mit dem Anliegen für Ihren Herrn Weyland kommen. Was in aller Welt hat die Frau davon, frag' ich mich, daß sie für einen wild= fremden Menschen Geld suchen geht, den sie noch keine vier Wochen kennt?

Olga: Ich kenne Weyland so gut, wie mich selbst!

Heyne (ruhig fortfahrend): Von dem sie gar nicht mal wissen kann, ob er das Geld überhaupt ver= dient, ob die ganze sogenannte Erfindung nicht der pure Schwindel ist . . .

Olga (aufstehend, heftig): Weyland nicht verdienen? Der verdient's mehr als mancher Andere, der's hat und nicht verdient, das sag' ich Ihnen! Für Weyland leg' ich meine Hand in's Feuer!

Heyne (unbeirrt): Und schließlich, wenn sie das Engelsvertrauen zu dem Manne hat, weshalb greift sie nicht selbst in die Tasche und macht den Mann glücklich?

Olga (vor Heyne, erregt): Weil ihm damit nicht geholfen ist, was ich ihm geben kann! Sie wissen ganz gut, daß ich bloß die Zinsen habe. Könnt' ich mit meinem Kapital machen, was ich will, bei Gott, ich hätt' Sie nicht erst gebeten!

Heyne (halb für sich, scheinbar ohne auf Olga zu achten): Alle die Fragen stellt man sich mehr oder minder bewußt. Man hat gerade Haare genug gelassen, man mag auch nicht gern für ein Greenhorn ge= halten werden, die menschliche Eitelkeit spielt mit, ge= wiß, ich leugne das gar nicht, aber ich sage mir ein= fach, was habe ich für eine Veranlassung, mein gutes Geld dran zu geben, das mich zehn Jahre, o, noch mehr, vierzehn Jahre meines Lebens gekostet hat?

Olga (hat sich wieder gesetzt): Was wollen Sie denn mit Ihrem vielen Geld anfangen? So allein, wie Sie in der Welt dastehen.

Heyne (wieder mit eigenem Lächeln): Sie wissen ja nicht, ob ich das Experiment nicht noch einmal wieder= holen werde?

Olga (erstaunt thuend): Was für ein Experiment? Mit mir müssen Sie deutsch reden.

Heyne: Sollten Sie mich wirklich nicht ver= stehen?

Olga (wie auf einmal): Sie wollen wohl gar noch= mal heiraten?

Heyne: Vielleicht, wenn ich die Richtige finde.

Olga: Sie haben doch so schlechte Erfahrungen in der Ehe gemacht, haben Sie mir erzählt?

Heyne: Eben darum. Ich möchte das zweite Mal bessere Erfahrungen machen. Vielleicht lag die Schuld nur an den Personen, gar nicht am Princip. Das möcht' ich gerne feststellen. Der Gedanke reizt mich.

Olga: Und deshalb wollen Sie zum zweitenmal heiraten?

Heyne (nachdenklich): Ja, auf andere Weise werd' ich's wohl nicht feststellen können. Aber eine Bedingung mache ich, daß ich eine Frau finde, mit der es sich auch lohnt, Kinder zu haben. Sonst laß ich das Experiment lieber bleiben.

Olga: Also bloß wegen der Kinder wollen Sie heiraten? Für eine solche Ehe würde ich mich bedanken.

Heyne: Würden Sie das? Ich weiß nicht, überlegen Sie sich den Satz gut. In dem Satz steckt doch vor Allem, daß die Frau wirklich Rasse haben muß! Und dann denke ich natürlich auch an die Kinder. Die folgende Generation ist doch nun mal der Zweck der Ehe.

Olga: Haben Sie schon ein solches Weib gefunden?

Heyne: Ich bin auf dem Wege, ich suche.

Olga: Na, wenn Sie eine gefunden haben, dann stellen Sie sie mir hoffentlich vor! Auf Ihren Geschmack bin ich neugierig.

Heyne: Sind Sie wirklich so neugierig? Hm. Uebrigens erinnere ich Sie, daß Sie mir selbst gesagt haben, Sie wünschen sich ein Kind.

Olga: Ja, von meinem Robert. Und der ist tot. Jetzt wünsch' ich mir kein Kind mehr.

Heyne: Von Niemand mehr?

Olga (rauh): Sie denken doch wohl nicht von Ihnen?

Heyne: Warum denn nicht? Uebrigens dachte ich augenblicklich an jemand Anderen. Aber da wir gerade dabei sind, wissen Sie auch, daß die Thorner einst ein Paar aus uns gemacht haben?

Olga: Aus uns? Bilden Sie sich das nicht blos ein?

Heyne: Ganz und gar nicht. Ich weiß das, wie heute. Ich war sogar sehr stolz darauf. Sie waren ein schönes Mädchen und auffallend früh ent= wickelt.

Olga: Darum bin ich auch so schnell alt ge= worden. Ich hab' zu viel erlitten!

Heyne: Sie sind ein reifes Weib geworden und immer noch schön, wenn Sie auch kein junges Mädchen mehr sind. (Lächelnd): Ich bedaure, daß die Thorner nicht Recht behalten haben.

Olga: Warum sind Sie denn mit der Anderen durchgegangen? Es lag doch rein an Ihnen. Ich hätt' Sie damals genommen, so dumm wie ich noch war.

Heyne: Sehen Sie, ich war eben auch dumm. Ich sah mein Glück nicht. Vergessen Sie nicht, es sind vierzehn Jahre her. Den Kopf hatte man voll= gepfropft mit Liebesgedanken. Da nahm man, was zu haben war, und ging durch. Die Besinnung kam erft, wie man drüben faß und das Leben an Einen herantrat. Da war's zu fpät. Ich hab's fchwer genug gebüßt, Olga.

Olga: Ich mach' Ihnen doch keine Vorwürfe, ich bin ganz zufrieden, wie's mit mir gekommen ist.

Heyne: Aber ich nicht mit mir! Nachträglich überfieht man Alles. Hätte ich mich nicht felbft aus der Bahn geriffen durch diefe Dummheit, feien Sie verfichert, aus mir hätte etwas werden können.

Olga: Sie haben doch Geld genug.

Heyne (auffftehend): Hab' ich der Menfchheit etwas damit geleiftet? Hab' ich die Welt um einen Zoll breit weiter gebracht? Gejagt und gejagt hat man und nur an fich gedacht und das Ganze kam zu kurz. Wie oft hab' ich das drüben erfahren. Das ift das, was ich die Gemeinheit des Dafeins nenne. Nach meiner Natur hätt' ich ein Menfch werden müffen, der fich dem Ganzen opfert, vielleicht ohne einen Cent in der Tafche, und was hat die Wirklich= keit aus mir gemacht? Einen ganz gewöhnlichen Lebenspraktikus. Einen gemeinen Durchfchnitts= menfchen, der feinem Privatvortheil nachgegangen ift! Da liegt die Ungerechtigkeit. (Er geht auf und ab.)

Olga (auffpringend): Dann greifen Sie doch einem jungen, ftrebfamen Menfchen unter die Arme! Ich fag' ja, helfen Sie Weyland! Der verdient's! Da haben Sie gleich eine Gelegenheit! Können der Welt nützen und fich mit. Greifen Sie zu! Zu was haben Sie's denn!

Heyne: Sehr schön! Sehr gut! Wäre ich noch zwanzig Jahre alt, ich ginge vielleicht hin und thät's, gäbe dem Mann das Geld auf sein ehrliches Gesicht. Aber heute? Nein. Da frag' ich mich doch, wozu das? Soll ich mich opfern, weil meine Freundin sich für einen wildfremden Menschen inter- essirt. Nein!

Olga: Gehen Sie mir mit Ihrer Freund- schaft ab!

Heyne: Ja, das ist der Fluch eines solchen Lebens, wie ich's geführt habe. Man bleibt nicht aufopferungsfähig! Früher war ich's!

Olga: Sie? Nie! Jetzt können Sie mit Ihrem Geld einen Menschen glücklich machen und thun's nicht! Ich hab' viel auf Sie gehalten! Aber jetzt... Ne! Von jetzt an nicht mehr!

Heyne (lächelnd): Sehen Sie, so haben Sie sich getäuscht! Und zu denken, daß wir Beide uns einmal bekommen hätten! Seien Sie froh!

Olga: Das bin ich auch! Jetzt durchschau' ich Sie!

Heyne: So ganz wohl doch nicht!

Olga: Ganz und gar! Jede Faser an Ihnen kenn' ich. Früher waren Sie auch anders!

Heyne: Und wär's vielleicht geblieben, hätten Sie mich an die Hand genommen. Vielleicht werd' ich's wieder, wenn Sie jetzt noch den Versuch wagen? Wollen Sie?

Olga: Nein. Jetzt nicht mehr. Jetzt ist es zu spät.

Heyne: Soll's wirklich für immer vorbei sein, weil man zu jung und zu dumm war? Wir Beide, Olga. Nicht blos ich... das ist ja, was ich mir nie verzeihen kann. Ich hielt mein Glück in der Hand und ließ es fliegen. Soll ich's nie wieder finden?

Olga (ist an's Fenster gegangen): Die Gelegenheit kommt nur einmal im Leben. Schreiben Sie's sich selbst zu! Warum haben Sie den Vogel fliegen lassen! (Sie steht am Fenster, kehrt ihm den Rücken zu und starrt auf die Straße hinunter.)

Heyne (hat neben ihr am Schreibtisch gestanden, in sich gekehrt): Also verpaßt! Unwiederbringlich verpaßt! —— Ich glaube, Sie haben Recht! Was hab' ich denn mehr Anspruch auf Glück, als Millionen Andere, die sich auch so durch's Leben schleppen! (Er geht langsam durch's Zimmer.)

Olga (sich hastig umdrehend): Ich hätt' Sie vielleicht jetzt noch genommen, hätten Sie für Weyland was gethan. Ich hab' nicht geglaubt, daß Sie mir das abschlagen werden.

Heyne (wieder stillstehend): Also von der Bedingung hätten Sie's abhängig gemacht?

Olga: Warum nicht? Dann hätt' ich doch gesehen, daß Sie mir auch etwas zu Liebe thun können. Ich kann keinen Mann brauchen, der blos an sich denkt.

Heyne: Und ich könnte vielleicht keine Frau brauchen, die blos an Andere denkt.

Olga: Also sehen Sie, es ist für uns Beide das Beste, es bleibt beim Alten!

Heyne: Unter diesen Umständen . . . Allerdings.

Olga: Ueberhaupt hab' ich Ihren Antrag garnicht ernst genommen. Sie wissen ja, daß ich nicht mehr heirathe. Was ich wollte, habe ich gehabt. Mein Leben hab' ich genossen! Ich bereu' nichts! Das Schönste und Beste und das Schlimmste hab' ich durchgemacht. Jetzt bleib' ich, was ich bin!

Heyne: Ich würde mir das nicht verschwören. Vielleicht findet sich noch ein gewisser Jemand.

Olga: Soll ich Ihnen sagen, was Sie sind? Eifersüchtig sind Sie!

Heyne (bedenklich): Gesetzt, ich wäre das, was ich bestreite, so könnte das doch nur schmeichelhaft für Sie sein.

Olga: Aber Sie irren sich.

Heyne: Irre ich mich wirklich?

Olga: Ich hab' Weyland herzlich gern, ich geb's zu, aber rein freundschaftlich. Ich kann keinen Mann mehr lieben. So wie man zum ersten Mal liebt, das kommt nie wieder.

Heyne (mit verschwiegenem Lächeln): Wie man zum ersten Mal liebt, wohl nicht. Aber vielleicht liebt man zum zweiten Mal anders? (Die Thüre rechts öffnet sich.)

Bertha (in Winterjaquet und Hut, sehr lebhaft): Denke Dir, Tante, eben treff' ich Herrn Ebert unten auf der Straße! Der hat eine Mappe in der Hand und kommt aus dem Kolleg, jetzt um elf Uhr Vormittags! Was sagst Du dazu, Tante? Ich bin außer mir.

Olga: Na, na, komm' man wieder zu Dir!

Bertha: Nein, im Ernst, Tante! Draußen steht er. Kommen Sie doch rein, Herr Ebert, lassen Sie sich von uns bewundern!

Ebert (noch draußen): Sie wollen mich absolut zur komischen Figur machen. Ich protestire dagegen.

Olga: Jetzt rein oder raus! Wir sind im Winter!

Heyne (hat den Mantel angezogen, steht mit Hut und Stock): Also überlegen Sie sich's!

Olga (sich gegen ihn wendend): Was denn?

Heyne: Das mit dem zweiten Mal. Es liegt nämlich wirklich ein Unterschied vor. Ueberlegen Sie sich's nur! Ich komme noch einmal nachfragen. (Er geht rechts ab, macht dem eintretenden Ebert eine kurze Verbeugung, die dieser erwidert.)

Olga (ihm nachrufend): Ueberlegen Sie sich lieber, was ich Ihnen gesagt habe!

Ebert (mit der Mappe in der Hand): Also, ich präsentire mich!

Olga (zu Bertha, die inzwischen abgelegt hat): Zeig' doch Herrn Heyne den Weg, der verirrt sich ja sonst auf dem dunklen Korridor.

Bertha. Das machst Du doch sonst, Tante. Ich mußte ja nicht, ob's Dir recht ist. (Ab.)

Olga: Geh' nur ... Geh'! (Zu Ebert, hastig.) Sie haben wohl Rendezvous mit Bertha?

Ebert (sehr verblüfft): Rendezvous? Leider nicht!

Olga (wie vorher): Das kommt mir verdächtig vor, daß Sie zusammen ankommen. Beichten Sie mal!

Ebert: Ganz zufällig! (Auf und ab mit großen Schritten): Ha! Wenn ich Rendezvous hätte, dann wäre mir wohler.

Olga: Daß Sie mir keine Geschichten mit dem Mädchen machen, das sag' ich Ihnen. Nachher muß ich dem Papa dafür aufkommen.

Ebert (beleidigt): In erster Linie wäre ich dann wohl der Mann, der dafür aufzukommen hat!

Olga: Ach, Sie drücken sich! Auf mir bleibt's sitzen. Ich hab' garnichts dagegen, daß Sie Bertha ein Bischen den Hof machen. Hie und da einen Kuß erlaub' ich auch. Aber weiter auch keinen Schritt! Bertha hat Sie schon mächtig genug in's Herz geschlossen.

Ebert: Mich? Sie ist ja kalt, wie Eis!

Olga: Sie verlangen wohl, daß Sie Ihnen gleich um den Hals fällt? Zeigen Sie ihr nur mal den Mann, dann werden Sie schon sehen.

Ebert (wüthend): Den Mann! Den Mann! sagen Sie immer. Möchten Sie mir vielleicht verrathen, wie ich das machen soll? Ich soll sie ja nicht mal anfassen!

Olga: Auf die Weise, wie Sie sich's denken, mein' ich's auch nicht.

Ebert: Auf welche Weise denn? Ich bitte um Aufklärung! Den Mann zeig' ich ihr doch einfach schon, indem ich da bin! Oder bin ich vielleicht nicht als Mann hier? Gelte ich bei Ihnen vielleicht für etwas Anderes? Das möchte ich mir doch ebenso höflich wie entschieden verbitten. Solchen Gerüchten kann man nicht früh genug entgegentreten.

Olga: Sie müssen ihr imponiren. Uns muß man imponiren. Sonst sind wir kalt. Sehen Sie doch, wie Weyland es macht.

Ebert (ärgerlich): Weyland! Weyland! Und immer Weyland! Ich bin nicht Weyland!

Olga: Weyland braucht sich gar keine Mühe zu geben und imponirt doch.

Ebert: Wieso? Sie wollen doch nicht sagen, daß Weyland ...

Olga: Ich sage nur, sehen Sie sich vor! Wey= land ist ein gefährlicher Konkurrent!

Ebert (verzweifelt): Ich arbeite seit Monaten, ich präparire, ich verliere meine Zeit und Alles, und da soll Weyland mir meine Acquisition vor der Nase wegschnappen? Nette Freundschaft!

Olga: Mächtig genug interessirt sie sich schon für Weyland, das kann ich Ihnen nur sagen.

Ebert (wieder ruhiger): Ich glaube die ganze Geschichte überhaupt nicht. Vorher sagten Sie, sie interessirt sich so mächtig für mich!

Olga: Gott, was wollen Sie! Solche jungen Mädchen wissen ja selbst noch nicht. Wo ist denn immer gleich Leidenschaft? Ja, wo die ist, da weiß man ganz genau, was man will!

Ebert (groß): Ich habe Leidenschaft. Mehr als zu viel!

Olga: Dann beweisen Sie's! (Mit dem Finger drohend.) Aber mit Maßen! Ich passe auf!

Ebert (gereizt): Jetzt bin ich so klug wie vorher! Warum läßt man sich auch mit Weibern ein! Dummheit!

Bertha (ist währenddeß hereingekommen, hält in der Linken eine Taffe Kaffee und in der Rechten eine Butterstulle, von der sie ißt): Gott, ist das hier kalt geworden! Die Kälte haben Sie in's Zimmer gebracht, Herr Ebert...

Ebert: Mir scheint eher, der Eiszapfen sind Sie! (Geht ostentativ zum Ofen und wärmt sich.)

Bertha: Bitte sehr! Ich habe an der heißen Maschine gestanden. Ich bin ganz aufgewärmt.

Ebert: Aeußerlich! Aber bei Ihnen strahlt ja das Innere die Kälte aus.

Bertha (trinkend und essend): Dann geben Sie mir doch etwas von Ihrer Hitze ab! Jetzt im Winter kann man das gut brauchen. (Sie setzt sich auf die Sophalehne.)

Ebert: Das könnte Ihnen so passen, sich von mir aufthauen zu lassen. Aber es ist ja verlorene Mühe! Den Eispanzer durchbricht man doch nicht!

Bertha (erstaunt): Sieh da! Auf einmal! Und früher war ich ein Vulkan. Erinnerst Du Dich, Tante?

Ebert: Uebrigens würde es sich vermuthlich auch gar nicht lohnen.

Bertha (pikirt): So? Möchten Sie mir vielleicht sagen, warum nicht?

Ebert (groß): Warum nicht? Weil Sie eine Schale ohne Kern sind. Weil hinter der trügerischen

Hülle kein Inhalt steckt oder ein giftiger! Darum nicht. Jetzt wissen Sie's!

Bertha: Jetzt weiß ich's. Sie sind ja auf einmal sehr liebenswürdig.

Ebert: Ich kann auch Mann sein!

Bertha: Was sagst Du dazu, Tante?

Olga (hat sich als stumme Beobachterin gehalten): Warum behandelst Du Ebert so per Kanaille?

Ebert: Schließlich reißt auch dem Sanftmüthigsten die Geduld! Hüten Sie sich und reizen Sie mich nicht! Bis jetzt war ich ein Lamm! Von heute ab könnte ich mich als Wolf entpuppen!

Olga: Ganz recht! Ganz recht!

Bertha: Was ist denn in Euch beide gefahren? Seid Ihr nicht recht bei Troste?

Ebert (auf sie zu): Sie haben gesagt, Sie halten mich für keinen Mann. Jetzt beweis' ich's Ihnen mal! Bin ich jetzt ein Mann oder nicht? (Er steht vor ihr und schüttelt die Fäuste gegen sie.)

Bertha (unwillkürlich die Hände vorhaltend): Um Gotteswillen, Sie werden mich doch nicht schlagen?

Ebert: Ja oder nein?

Bertha: Ja, ja, Sie sind ein Mann.

Ebert (die Fäuste sinken lassend): Das wollt' ich auch hoffen.

Bertha: Aber wenn Sie auch ein Mann sind, deswegen brauchen Sie doch nicht so grob zu sein.

Ebert (rasend): Ich will aber grob sein!

Olga (zur entsetzten Bertha): Dir geschieht Recht! Du bist überhaupt eine ganz kalte Egoistin, das sag' ich Dir! Du denkst in Allem nur an Dich.

Bertha (gekränkt): Mach mich nur recht schlecht, Tante! Stimm' nur mit ein!

Olga: Thust Du auch! Du setzst Dich hin und ißt und trinkst und denkst, wenn Du nur hast! Für's Andere laß' Gott sorgen!

Bertha: Ich hol' Dir auch eine Tasse, Tante. Ich bin froh, wenn ich nicht mehr die Zielscheibe Eurer Bemerkungen zu sein brauche. (Sie steht auf.)

Olga: Nein, jetzt bleibst Du hier und läßt Dir von Ebert den Kopf waschen. Ich hol' mir meinen Kaffee schon selber. Wenn ich wiederkomme, wünsch' ich, daß Du Herrn Ebert versöhnt hast, verstanden? (Rechts ab, mit Blick zu Ebert, der am Fenster steht und gegen die Scheiben trommelt.)

(Pause.)

Bertha (steht hinter dem Schaukelstuhl, mit gesenktem Kopfe, gedrückt): Wie finden Sie meine neue Frisur?

Ebert (schweigt und trommelt weiter).

Bertha: Die Mozartzöpfe werden jetzt sehr Mode.

Ebert (schweigt noch, hört aber auf zu trommeln).

Bertha: Warum antworten Sie mir nicht? Hab' ich Sie beleidigt?

Ebert (sich plötzlich umdrehend): Entzückend seh'n Sie aus in dem blauen Kleid mit dem blonden Zopf! Ich mag Sie gar nicht ansehen!

Bertha: Weshalb nicht? Sie hassen mich wohl jetzt? (Sie kommt näher zum Fenster).

Ebert (verbissen): Ich weiß nicht, wen ich mehr hassen soll, ob Sie oder mich selbst.

Bertha (dicht vor ihm, mit gesenktem Kopf): Weshalb sind Sie so grob gegen mich gewesen? Hab' ich Sie gekränkt?

Ebert (beinahe schreiend): Kommen Sie mir nicht so nah', ich weiß nicht, was ich thue!

Bertha (ganz dicht vor ihm): Jetzt habe ich keine Angst mehr vor Ihnen, wenn Sie auch schreien.

Ebert (zitternd): Dann mißhandeln Sie mich nicht so himmelschreiend! Das halt' ich nicht aus! Ich revoltire!

Bertha (demüthig): Jetzt hab' ich gerade heute Morgen Ihren Wunsch erfüllt.

Ebert: Was für einen Wunsch? Meine wirk= lichen Wünsche erfüllen Sie ja doch nicht!

Bertha: Ich habe Papa geschrieben, er soll mich nicht erwarten, ich bleib' in Berlin. Ich will nicht in der Kleinstadt versauern. Ich habe auch schon den ganzen Vormittag nach Stellung gesucht. Was Sie denken!

Ebert: Und Sie bleiben wirklich hier?

Bertha (weich): Ich hab' gedacht, Sie werden sich ein Bischen freuen?

Ebert (kann sich kaum mehr halten): Bertha, wenn Sie jetzt noch länger hier so dicht vor mir stehen...!

Bertha (schalkhaft, ohne sich zu rühren): Sie werden mich doch nicht etwa wieder schlagen wollen?

Ebert (sie an sich reißend): Berthchen! Mein Engel! Meine blonde Madonna! (Mit erstickter Stimme): Ich küsse mich tot an Dir! (Er bedeckt sie mit Küssen.)

Bertha (die seine Küsse leise erwiedernd hingenommen hat, entzieht sich ihm nach einem Augenblick, mit kokettem Augenaufschlag): Bin ich wirklich so kalt?

Ebert (stammelnd): Du kalt? Du kalt?

Bertha (reicht ihm ihre Hand): Fühlen Sie nur meine Hand, wie warm die ist!

Ebert (ihre Hand gegen ihr Herz drückend): Deine Hand! Deine Hand! Aber Dein Herz! Dein Herz!

Bertha (mit der Hand am Herzen): Mein Herz schlägt ganz ruhig.

Ebert: Aber meines tobt! Ich wärme Dich mit meinem Herzen! Ich verbrenne Dich!

Bertha: Ach Gott, ich glaube, es hilft Alles nichts. Ich bleibe kalt.

Ebert: Nur küssen! Küssen! Ich ströme meine Liebe in Dich hinüber! Glühen sollst Du mir!

Bertha: Aber eins bitte ich Sie, Herr Ebert! Wenn Tante da ist, dürfen Sie mich nicht Du nennen. Was soll die sich denken!

Ebert: Ich kümmere mich um keine Tante der Welt mehr! Fühlst Du nicht, wie ich Dir meine Liebe suggerire? Jetzt mußt Du Alles thun, was ich Dir sage.

Bertha: Glauben Sie das wirklich?

Ebert: Und wenn ich Dir sage, gieb' Dich mir hin, sei mein Weib, meine Sklavin, Alles, dann mußt Du's auch thun.

Bertha (sich ihm entziehend): Was denken Sie eigentlich von mir? Vergessen Sie nicht, daß ich ein anständiges Mädchen bin!

Ebert (sie wieder an sich ziehend): Ich vergesse Alles! Mein Blondchen! Meine Einzige!

Olga (mit der Tasse Kaffee eintretend): Also ist die Sache in Ordnung?

Bertha (hastig): Tante kommt! Lassen Sie mich!

Ebert (sie festhaltend und vorführend): Nie! Und wenn ich Dich binden muß! Die Sache ist in Ordnung, Fräulein Hensel. Ich hab' mich soeben mit Fräulein Bertha Schmidt verlobt!

Bertha (hastig): Herr Ebert!

Ebert: Ich küsse Dir den Mund zu, wenn Du noch etwas sagst! (Er küßt sie.) Du meine Rettung! Meine Zukunft! Alles! Alles bist Du!

Olga (hat sich von ihrem Erstaunen erholt): Also, dann gratulire ich! Kommen Sie! Stoßen Sie mit der Tasse Kaffee an.

Bertha (sich von Ebert losreißend, zu Olga): Herr Ebert hat mich überrumpelt, Tante.

Ebert (glückstrahlend): Jetzt kann das neue Leben wahrhaftig beginnen, Weyland hat Recht. (Da Bertha zur Thür geht): Berthchen! Wohin?! (Er will ihr den Weg versperren.)

Bertha (sich ihm entziehend): Muß ich Ihnen das vielleicht sagen? Noch schöner! (Sie geht hinaus.)

Ebert (groß): Nicht ohne mich! Du bist meine Braut! Ich begleite Dich! (Er stürzt hinterher.)

Olga (lehnt am Sophatisch und trinkt nachdenklich ihren Kaffee aus. Dann geht sie langsam durch's Zimmer und bleibt unwillkürlich vor der Studentenphotographie an der rechten Wand stehen. Sie schaut lange zu dem Bilde auf, wie in trüben Gedanken. Endlich wendet sie sich mit einem schweren Seufzer ab und setzt sich in den Schaukelstuhl, preßt die Hände vor das Gesicht. Gleich darauf klopft es von rechts. Sie richtet sich verstört auf): Herein!

Weyland (tritt ein, im Arbeitsanzug, ohne Mantel, auf dem Kopfe einen alten Hut, den er jetzt abnimmt): Guten Tag, Fräulein Olga! Ich will Sie nicht stören! Ich will nur meine Kiste noch abholen!

Olga (sich schaukelnd, wie abwesend): Mich stören Sie doch nicht.

Weyland (sich umsehend): Da steht sie ja noch in der Ecke. (Er will auf sie zu, plötzlich stehend bleibend, mit lustiger Miene): Ich sehe schön aus, was? Gucken Sie garnicht hin! Ich drücke mich schleunigst! (Er geht in die Ecke und nimmt die Kiste auf.)

Olga (herb): Sie können wohl nicht schnell genug damit fortkommen?

Weyland: Man braucht die Sachen. (Aufgeräumt, indem er die Kiste auf die Schulter hebt.) So, das wäre das Letzte. Jetzt sind meine Spuren hier wieder weg. Sie werden froh sein.

Olga: Bin ich auch! Man hat bloß Schmutzerei in der Wohnung gehabt, weiter nichts.

Weyland (stutzig): Das thut mir leid, das hätten Sie mir eher sagen sollen.

Olga: Jetzt werden Sie bald nicht mehr wissen, daß Sie überhaupt mal hier gewohnt haben. Sehen lassen Sie sich sowieso nicht mehr.

Weyland (die Kiste wieder auf den Boden stellend, halb lachend): Sie sind entschieden schlechter Laune.

Olga: Ach, lassen Sie mich in Ruh'!

Weyland: Was ist Ihnen denn über die Leber gelaufen?

Olga: Es geht Sie an! Lachen Sie noch!

Weyland: Lassen Sie mir doch meine gute Laune!

Olga: Ich denke, Sie brauchen so dringend Geld?

Weiland: Und wie! Ja, ja, Sie haben Recht. Gott segne meinen Leichtsinn! 's ist schließlich noch das Einzige, was Einen über Wasser hält.

Olga: Erinnern Sie sich noch, was ich Ihnen versprochen habe?

Weyland: Vor acht Tagen, ja?

Olga: Ich wollte doch Heyne wegen des Kapitals für Sie bitten. Warum fragen Sie mich gar nicht danach?

Weyland (setzt sich in einen Sessel, stützt den Kopf in die Hand): Ich bin eben nicht neugierig.

Olga: Es ist auch nichts. Er ist ein Knicker.

Weyland: Dann nicht! Dann ist es auch noch so!

Olga: Große Eile scheinen Sie nicht zu haben.

Weyland: Eile? Das ist gar kein Wort dafür. Es ist die letzte Stunde, Olga! Mein Werk, meine ganze Existenz hängt davon ab, daß ich den erlösen=

den Menschen finde, den Mann mit dem großen Geldbeutel, dem's auf ein paar Tausend Mark nicht ankommt. Glauben Sie mir, das Feuer brennt mir auf den Nägeln! Ich sehe den Abgrund dicht vor mir. Mit meinem Werke steh' ich oder fall' ich. Ich kann mir keinen anderen Inhalt schaffen! Ich kann nicht! Lassen Sie sich durch mein Aeußeres nicht täuschen. Innerlich sieht es ganz anders aus.

Olga (erhebt sich und geht zu ihm, legt ihm die Hand auf die Schulter): Muth, Fritz! Muth! Noch ist Hoffnung!

Weyland: Gebe ich etwa die Hoffnung auf? So lange ich mich halten kann, will ich mich auch halten! Ich habe das Gefühl, ich kann mich nicht getäuscht haben! Irgend woher muß das Heil noch winken. Die Welt in meiner Brust kann nicht so ver= loren gehen! Verloren! Einfach, weil man nicht schnell genug die Groschen auftrieb, um der Menschheit eine Ahnung von dem beizubringen, was man gewollt hat, was nicht für heute und für morgen, sondern für die Ewigkeit Dauer haben könnte! Und hätte man zufällig den Mann gefunden, der Einem traute, hätte man vielleicht nur ein Jahr länger warten können, dann wäre Alles gut, dann stünde das Werk da, und so ist nichts? Wegen eines blöd= sinnigen Zufalls wäre die Kraft verpufft? So etwas sollte im Weltplane liegen? Den Gedanken zu fassen, bin ich nicht frivol genug.

Olga (setzt sich neben ihn, fährt ihm streichelnd mit der Hand über's Haar): Fritz! Armer Fritz! Wenn ich nur einen Weg wüßte!

Weyland (sich aufrichtend): Und Sie selbst, Olga, Sie haben nichts, was Sie entbehren können? Ich würd's Ihnen ja mit Zinseszinsen zurückzahlen. Sie könnten sich auf mich verlassen.

Olga: Das weiß ich ja, Fritz. Ich hab' ja ein solches Zutrauen zu Ihnen, wie noch nie zu einem Menschen. Wenn ich mir das Geld aus dem Finger schneiden könnte, ich thät's! Aber ich hab' ja nur meine Rente, das wissen Sie ja. Wenn Sie wollen, theilen wir uns die. Das Kapital gehört mir ja nicht!

Weyland (aufstehend): Reden wir nicht mehr davon! Sie hätten mich gar nicht darauf bringen sollen! Was kommen soll, kommt doch. Sehen Sie, so lächerlich bin ich. Glaube noch immer an meinen Stern. (Er geht langsam durch's Zimmer.)

Olga: Sie haben auch ein Recht dazu, Fritz. Solche Menschen, wie Sie, müssen durchdringen.

Weyland (halb lächelnd): Das sagen Sie so in Ihrem jugendlichen Leichtsinn. Bis es eben anders kommt. (Vor Roberts Bild stehen bleibend.) Der Mann hier an der Wand . . . Denken Sie noch an den Tag, wie ich hier ankam? Sie sagten, ich sehe ihm so ähnlich. Ich glaub's übrigens nicht. Da war ich noch so stolz, nicht mit ihm zu tauschen. Das würd' ich mir jetzt doch überlegen.

Olga (aufspringend): Sie müssen nicht so etwas sagen, Fritz. Dann verhäng' ich das Bild. Ich hab's schon lange gewollt. Es macht mich immer traurig, wenn ich's anseh'!

Weyland: Traurig, Olga? Beruhigen kann es
Einen! Jemand, der all den Kampf hinter sich hat.
Ist das nicht Trost? Ganz schlimm kann's Dir ja
nicht gehen. Zu guterletzt hängst Du auch so an
der Wand, wandelst als ein Schatten durch die
Erinnerung. Ich finde das schön.

Olga (hat sich in den Schaukelstuhl gesetzt, schluchzt vor
sich hin).

Weyland (geht zu ihr hin): Olga, was weinen Sie?

Olga (schluchzend): Ich muß zurückdenken.

Weyland (sich aufrichtend): Es beruhigt und es
stärkt auch wieder. Dahin kommst Du noch früh
genug, sagt man sich. Also weiter kämpfen! Das
Rückgrat gerade richten! Stark sein, Olga! Stark
sein! (Er legt ihr die Hand leise auf den Kopf.)

Olga (unter der Berührung gefaßter): Wenn Sie
wüßten, wie ich Heyne für Sie gebetet habe!

Weyland: Sie gute Seele, Sie! Lassen Sie nur!
Irgend einer wird sich noch finden. Vielleicht besinnt
er sich auch. Den geb' ich noch nicht auf.

Olga (auffahrend): Bilden Sie sich nur nichts
ein! Bei dem ist Alles umsonst. (Zögernd.) Ich
glaube sogar, ich hab' ihm gesagt, ich will ihn
heirathen.

Weyland (einen Schritt zurücktretend): Olga!

Olga: Nicht wahr, ich bin verrückt? Sagen
Sie's nur heraus!

Weyland (hin- und hergehend): Ich versteh' Sie
nicht mehr, Olga!

Olga (leise): Ich möchte Ihnen helfen, Fritz!

Weyland (finster): Helfen Sie mir lieber nicht! Mir scheint, ich bringe Unglück. Ich werde mich schon allein durchbeißen.

(Kurzes Schweigen.)

Olga: Ich möcht' so gern, daß Sie ein glücklicher Mensch werden, Fritz.

Weyland (setzt sich wieder, vor sich hin): Was liegt daran!

Olga: Ach, das glauben Sie jetzt! Aber passen Sie nur auf, wenn Sie erst Ihre Erfindung sicher haben!

Weyland (tief athmend): Ja, dann könnt's sein!

Olga (auffspringend): Es soll sein! Mein Wort darauf, ich führ' es durch. Ich könnte für Sie betteln gehen!

Weyland: Das haben Sie ja schon gethan, Olga! Es hilft ja nichts.

Olga (vor Weyland hin): Diesmal hilft es! Ich hab' einen Plan, Fritzchen! Diesmal hilft es!

Weyland (erschrocken): Was soll das heißen, Olga!

Olga: Geben Sie mir die Hand, Fritz! (Sie streckt ihm die Hand entgegen.)

Weyland (abwehrend): Nicht eher, als bis Sie mir sagen, was Sie vorhaben, Olga! Ich muß das wissen.

Olga (seine Hand ergreifend, weich, mit verschluckten Thränen): Fritzchen!... (Nach einem Augenblick:) Eins müssen Sie mir sagen, Fritz!

Weyland (sich sanft von ihr losmachend): Und das
ist? (Er lehnt in innerem Kampfe am Sessel.)

Olga: Glauben Sie, daß Sie mal Jemand so
recht von Herzen lieb haben können? (Ihre Augen hängen
an ihm.)

Weyland (zurückhaltend): Meine Mutter hab' ich
lieb gehabt. Aber das ist lange her. Die ist viele
Jahre tot.

Olga: Und seitdem?

Weyland: Was fragen Sie danach, Olga?
Wissen Sie das so genau von sich?

Olga (leise): Ich hab's doch erfahren. (Sie senkt
den Kopf.)

(Schweigen.)

Weyland (in plötzlichem Entschluß): Ich will Ihnen
etwas sagen, Olga.

Olga (tonlos): Und was ist das?

Weyland (steht aufgerichtet vor ihr, sieht ihr fest in die
Augen): So dunkel meine Zukunft ist, über eins bin
ich mir klar. Ich werde nie ein Weib haben.

Olga (mit gesenktem Kopfe): Nie?

Weyland: Niemals. So gewiß ich hoffe, daß
mein Werk einst nicht verloren sein wird. (Er geht
langsam und nimmt die Kiste vom Boden auf.)

Olga (sich ebenfalls abwendend, mit verändertem Ton):
Ich hab' mir auch nichts Andres von Ihnen gedacht.
Ich kenn' Sie doch.

Weyland (festen Tons, mit der Kiste auf der Schulter):
Ich kann kein Hinderniß auf meinem Weg gebrauchen!
Und selbst das beste Weib wäre für mich nichts Andres.

6*

Olga (wie mit Erleuchtung): Aber Sie können Jemand gebrauchen, der Ihnen hilft! Das reden Sie mir nicht aus!

Weyland (schon im Gehen): Was ich zu thun habe, thu' ich am besten allein! Behalten Sie das im Gedächtniß, Olga! (Er geht langsam mit der Kiste zur Thür hinaus.)

Olga (steht einen Augenblick und sieht ihm nach. Dann geht sie zum Glasschrank, nimmt ein dunkles Tuch heraus und breitet es über das Bild an der Wand. Plötzlich bricht sie in Schluchzen aus und sinkt vor dem verhängten Bilde nieder.)

(Vorhang.)

Vierter Aufzug.

Weyland's Atelier zu ebener Erde im Hinterhause. Ein tiefer, nicht allzu breiter, an der Hinterseite unregelmäßiger Raum. An der rechten Wand befinden sich zwei mächtige Atelierfenster mit undurchsichtigen Scheiben, die von unten her bis zur halben Höhe mit dunkelm Stoff verhängt sind. An der hinteren Wand, etwa in gleichen Abständen von rechts und links, steht, roh gefügt aus Ziegelsteinen und mit grauem Kalk beworfen, der riesige plumpe Brennofen. Links davon baut sich eine Nische tief hinein, die mit Cokes und sonstigem Brennmaterial ausgefüllt ist. Hoch darüber an der Wand sind Figuren und Gypsgliedmaßen angebracht. Der Theil der Hinterwand, rechts vom Ofen, liegt weniger tief als der linke Theil. Hier ist der Ausgang in's Treppenhaus und auf den Hof. Ein gemauerter Rauchfang führt aus dem Ofen aufwärts über der Thür hinaus. Mit diesem ersten vereinigt sich ein zweiter Rauchfang, der aus einem tief in den Boden eingelassenen, dicht vor dem Ofen befindlichen Gußschacht heraufleitet. Dieser Schacht hat die Gestalt eines viereckigen Loches im Boden und ist für gewöhnlich mit einem Brett zugedeckt. In der Mitte der linken Wand führt eine Thür in das Schlafkabinet. Rechts davon steht ein hoher, ganz schmaler Bücherschrank. Links davon sind über einander zwei Wandbretter befestigt, auf denen in buntem Gemisch Bronce-, Gyps- und Thon-Statuetten stehen. Darunter auf dem Fußboden sind Tonnen, Körbe und Kisten mit Gyps und ähnlichem Material aufgestellt. Klumpen Thons, Gypsmäntel u. dgl. liegen herum. Daneben stehen einige Gußmodelle und Büsten auf Piedestalen.

Eine große Kiste mit Cement steht mitten im Atelier, davor und dahinter je ein Drehbock mit Drehstuhl. Ganz vorn rechts ist ein bedeckter langer Reisekorb als Sopha gegen die Wand geschoben. Ein roher Tisch und ebensolche Stühle sind davor gruppirt. Etwas weiter zurück an derselben Wand stehen hinter einander zwei Werktische, von denen der vordere für das Handwerkszeug, Feilen, Hämmer, Schraubstock u. s. w. dient, während der hintere die verschiedensten Flaschen und Chemikalien trägt. Ganz hinten sind Bretter an die Wand gelehnt. Eine Leiter steht in der Ecke.

Alles in Allem ein Bild angestrengtesten Schaffens. Die Wände des Ateliers sind mit pompejanischem Roth frisch gestrichen. Es ist gegen Abend des gleichen Tages wie im vorhergehenden Aufzuge. Die Dämmerung schleicht durch den tiefen Raum, der in dem trüben Novemberlicht öde und unwirthlich daliegt.

Weyland ist allein. Er steht hinten in der Nische an dem der linken Seitenwand zugekehrten Feuerloch seines Ofens und schaufelt Kohlen in die Gluth. Die Umrisse seiner Gestalt sind grell beleuchtet. Dann schließt er den Ofen und kommt an dessen Vorderseite. Er zieht aus einem Guckloch den Verschlußstein und schaut durch die Oeffnung in den rothglühenden Hohlraum. Ein schmaler, tiefrother Lichtstreif fällt heraus und leuchtet durch die Dämmerung.

———

Weyland (mit der Uhr in der Linken, halblaut): Fünf! Bald zwanzig Stunden! Morgen früh um diese Zeit! Aber jetzt der Guß! (Er wendet sich gegen das Atelier, wie um das Gußloch zu besichtigen. Dabei fällt sein Blick auf den rothen Lichtstreif. Er geht langsam nach vorne, den Stein noch in der Hand haltend, in tiefem Sinnen manchmal vor sich hinredend, als würde der eine oder andere Gedanke laut): Die Nacht!.. die Nacht!.. Ein Feuerstreif mitten im Dunkel!.. Das ist Dein Stern! Dem

gehst Du nach... (Er ist längs der Lichtbahn nach vorn
gekommen, legt den Stein bei Seite und sieht in Gedanken
zum Ofen zurück): Roth und grau und wieder roth!..
Und wieder grau!.. Das ist der Kampf!.. Was
wohl dahintersteckt?.. Der Sinn! Der Sinn! (Leise
summend): Wer sagt mir den Sinn?.. (Wieder im
Halbton): Wie das glüht dahinten! Das ist mein
Glück! Eins hat man gekonnt! Warum nicht Beides?
(Er greift in heftigem, inneren Ringen nach einem Hammer
vom Tisch und schleudert ihn auf den Boden, fast
schreiend): Warum nicht das Andere? Warum kein
Künstler?! (Nach einem Augenblick wieder gefaßt, den
Hammer aufhebend): Ruhig! Ruhig! (Fast lachend): Das
kommt davon! Jetzt muß man sich noch bücken.
Lieber gar nicht fallen lassen! (Er steht mit dem
Hammer in der Hand, gegen den prasselnden Ofen gekehrt):
Noch glühst Du mir, mein Feuer! Wehrst mir die
Nacht! (Er summt vor sich hin, nimmt den Stein wieder
auf und will ihn an seinen Platz tragen, als es an der
hinteren Thüre klopft. Er schrickt zusammen, scheint zu er-
wachen und sieht sich erstaunt um): Teufel! Ganz dunkel!
(Abermaliges Klopfen.) Herein! Wer ist denn das?! (Die
Thür öffnet sich.)

Heyne (erscheint auf der Schwelle, stehen bleibend):
Bitte um Entschuldigung, aber ich sehe nichts!

Weyland: Das glaub' ich gern. Wer ist
denn da?

Heyne (näher kommend): Uebrigens ist das gar
nicht wahr, was ich sage. Ich sehe jetzt ganz deutlich
in dem Feuerschein. Sie sind Herr Weyland. Mich
kennen Sie. Ich heiße Heyne. (Er reicht ihm die Hand.)

Weyland (ihn begrüßend): Ja, jetzt erkenne ich Sie. Wollen Sie nicht ablegen, Herr Heyne?

Heyne (seinen Pelzrock ablegend): Es scheint hier ziemlich beengt. Ich fürchte etwas umzustoßen.

Weyland: Das weniger. Bei mir ist alles wurf=, hieb= und stichfest. Aber Ihren Pelz möchte ich bewahren. (Er hängt den Pelz an einen Nagel neben dem Schrank): Hier ist er sicher.

Heyne: Sie wundern sich wohl, daß ich im Pelz komme?

Weyland: Durchaus nicht. Wer sich's leisten kann!

Heyne: Ich sage das nur, weil ich beobachtet habe, daß Leute mit Pelzen in dieser Stadtgegend auffallen.

Weyland: Ja, im Ministerviertel sind wir hier nicht gerade. Hier wohnt die Arbeit, wie Sie sehen. Wir wollen erst noch dahin kommen.

Heyne: So? Wäre das Ihr Streben?

Weyland: Warum nicht? Unter Anderem. Aber das überlaß' ich der Zukunft. Vorerst mal Licht in das Chaos hier! (Beide haben so lange inmitten des Ateliers gestanden, Heyne wie ein Mann, der vor lauter inneren Fragen noch garnicht an's Sitzen gedacht hat.)

Heyne (sich umsehend): O, bitte, der Ofen leuchtet ja genug.

Weyland (am anderen Tisch mit der Lampe beschäftigt): Ja, es hat auch solche Zeiten gegeben.

Heyne: Was für Zeiten?

Weyland: Wo der Ofen meine Lampe war. (Er entzündet ein Streichholz und setzt die Lampe in Brand.)

Heyne (nach vorn kommend): Also Sie merken einen Fortschritt?

Weyland: Langsam! Sehr langsam!

Heyne: Wie ich zuerst nach drüben kam, konnte ich nicht mal den Ofen als Lampe benutzen. Denn ich hatte gar keinen Ofen.

Weyland: Und Sie haben sich doch durchgebissen?

Heyne: Ja, das ist das Gute drüben. Von solch' einem Fall würde man sich hier nicht mehr erholen.

Weyland: Stuhl oder Sopha? Was Sie vorziehen. Beides sehr primitiv!

Heyne (sich auf den Stuhl setzend): Sie haben doch Stühle. Ich hatte keine.

Weyland (auf eine Stuhllehne gestützt, etwas gereizt): Sehr tröstlich für mich, diese Vergleiche! Leider komme ich damit nicht weiter.

Heyne (Weyland scharf fixirend): Wie denken Sie weiterzukommen?

Weyland (den Stuhl von sich schiebend, grade heraus): Mit Geld! Zum Weiterkommen brauche ich Geld! Mit Vergleichen ist mir nicht geholfen. (Er geht hastig einmal durch's Atelier und wieder zurück.)

(Pause.)

Heyne (schweigt und betrachtet aufmerksam bald Weyland, bald die Gegenstände im Atelier.)

Weyland (wieder zum Tisch zurück): Verzeihen Sie meine Frage! Was hat Sie hergeführt? Womit kann ich dienen?

Heyne (ist aufgestanden, mustert die Geräthschaften auf den Werktischen): Ich habe Sie wahrscheinlich in der Arbeit gestört?

Weyland (kurz): Ich bin beschäftigt, ja. Da im Ofen steht eine Form. Die brennt seit gestern Nachmittag.

Heyne: Und wann wird sie fertig?

Weyland: Vor morgen früh' nicht.

Heyne (ein Werkzeug vom Tisch aufnehmend): Das brauchen Sie wohl zum Ciseliren?

Weyland: Ja. Aber eigentlich selten. Der Guß gelingt ohne das.

Heyne: Das wäre ja ein sehr wichtiger Fort=schritt.

Weyland: Ist es auch. Uebrigens ist das nicht der einzige. Aber kein Mensch glaubt mir's.

Heyne: Woraus schließen Sie das?

Weyland: Sonst würde ich doch jemand finden, der mir Geld giebt. Ich finde ja Niemand.

Heyne (lächelnd): Das hätt' ich jetzt an Ihrer Stelle nicht gesagt.

Weyland: Warum nicht?

Heyne: Damit müssen Sie mich doch stutzig machen.

Weyland: Was für eine Veranlassung hab' ich, Ihnen gegenüber Komödie zu spielen? Ich weiß ja gar nicht, ob Sie mir helfen wollen.

Heyne. Das können Sie freilich nicht wissen. Ich weiß es vielleicht selbst nicht.

Weyland (sich kurz abwendend): Also! .. Wozu der Lärm!

Heyne: Trotzdem!.. Seine Geschäftsgeheimnisse giebt man nicht so aus der Hand.

Weyland: Sie wollen sie ja grade erfahren. Warum fragen Sie denn?

Heyne: Natürlich frage ich. Das ist eben mein Interesse. Aber Ihr Interesse und mein Interesse sind doch nicht identisch.

Weyland: An diese Art von Geschäftsverkehr bin ich nicht gewöhnt.

Heyne (lächelnd): Ja, sehen Sie, das lernt man drüben. Sie sind zu jung und zu rasch.

Weyland (geht zum Ofen): Wie ich bin, bin ich. Ich zerbreche mir nicht den Kopf darüber.

Heyne: Sie brauchen Erfahrung an Ihrer Seite. Ich glaube, dann könnten Sie etwas machen.

Weyland (sieht durch das Guckloch in den Ofen, schweigt).

Heyne (ebenfalls durch das Guckloch sehend): Durch das Loch controlliren Sie wohl den Brand im Ofen? (Auf das bedeckte Gußloch deutend.) Und was ist das?

Weyland: In dem Schacht hab' ich einen Metallguß. Der wird in einer Stunde fertig. Ich bin neugierig wie er gelingt

Heyne: Darf man ihn dann sehen?

Weyland: Mit Vergnügen. Von dem Guß hängt viel ab. Ich will ihn als Probe ausstellen. Es ist eine ziemlich complizirte Figur.

Heyne: So? Was denn für eine?

Weyland: Es ist der borghesische Fechter.

Heyne: Der borghesische Fechter. (Nachdenklich.) Also hier in der Tiefe?!

Weyland: Ja, der Guß soll mir selbst beweisen, was ich kann oder was ich nicht kann.

Heyne: Ich denke, das wissen Sie schon so?

Weyland: Ich weiß es und weiß es nicht. Alle Leute schreien, was bist Du für ein Narr! Hängst Dich an ein Wahnbild!! Meinen Sie, man wäre Stein? Ich brauche einen Beweis! Der Guß soll mir der Beweis sein!

Heyne: Und wenn er mißlingt?

Weyland (nach einem Augenblick): Er mißlingt nicht!

Heyne: Ich beneide Sie um Ihren Glauben. Den hat man nur in Ihren Jahren. Wer über die Dreißig weg ist, glaubt nicht mehr so.

Weyland: Ja, an mein Werk glaub' ich.

Heyne: Das glaub' ich Ihnen jetzt auch.

Weyland: Dann geben Sie mir das Geld dazu, Herr Heyne!

Heyne: Ich weiß nur nicht, ob ich selbst dran glauben soll.

Weyland: Geben Sie mir das Geld, Herr Heyne. Es wird Ihr Schaden nicht sein.

Heyne: Ich sag' Ihnen ja, Sie sind zu rasch.

Weyland (heftig): Wozu sind Sie denn herge= kommen? Wollen Sie mich blos zum Narren halten? Aber natürlich, Fräulein Olga hat mir ja schon ge= sagt, Sie wollen nichts geben.

Heyne (schnell): Hat sie Ihnen das gesagt?

Weyland: Sie hat mir erzählt, Sie haben's ihr rundweg abgeschlagen. Jetzt hör' ich's ja selbst.

Heyne: Sie stehen sich wohl ausgezeichnet mit Fräulein Olga?

Weyland: Ich? Wieso? Was ist das für eine Frage?

Heyne: Weil sie für Sie Geld suchen geht. Warum haben Sie sich nicht direkt an mich gewandt?

Weyland: Weil ich Sie nicht kannte. Sie bot mir's an. Im Uebrigen bin ich Ihnen keine Rechen= schaft schuldig.

Heyne: Wissen Sie auch, daß Fräulein Olga selbst Geld hat?

Weyland: Mag sein. Was geht das mich an?

Heyne: Sie könnten sie ja heirathen.

Weyland (sich verblüfft umdrehend): Ich?! (Mit plötz= lichem Einfall): Nehmen Sie sie doch!

Heyne (lächelnd, Weyland scharf firirend): Ja, ich habe das vielleicht auch vor. (Beide stehen einander im Vorder= grunde des Ateliers gegenüber.)

Weyland (sich vor den Kopf schlagend): Ach — so! Jetzt dämmert mir die Geschichte auf!

Heyne (sich den Bart streichend, langsam): Ja, ich könnte vielleicht so etwas vorhaben, da könnte ich natürlich nicht wünschen, daß Sie mir ins Gehege kommen . . .

· Weyland: Wenn's daran liegt, daß Sie mir das Kapital nicht geben wollen . . .

Heyne (lächelnd): Das hab' ich wohl nicht gesagt.

(Es klopft hinten.)

Weyland (seine Hand Heyne entgegenstreckend): Dann versprech' ich Ihnen also . . . (Es klopft wieder.)

Heyne: Haben Sie gehört, es hat geklopft?

Weyland (unwillig): Wer Teufel ist denn da wieder? Herein! (Er geht etwas nach hinten zu.)

Olga (kommt haftig herein. Ueber Kopf und Schultern trägt sie ein Umschlagetuch. Sie scheint aufgeregt und übersieht Heyne, der ihr vorne von dem Drehstuhl verdeckt wird): Guten Abend, Weyland! Ich muß Sie schnell sprechen. Erschrecken Sie nicht! Es ist etwas Gutes. Jahnke will Ihnen das Geld geben. (Sie geht haftig auf Weyland zu.)

Weyland (wie um zuvorzukommen): Herr Heyne ist da. Haben Sie ihn schon gesehen?

Heyne (ist beim Anblick Olgas unruhig geworden, sieht sich nach seinem Pelz um): An mich kehren Sie sich nicht! Ich bin im Begriff, mich zu entfernen. (Er geht nach links zu, wo sein Pelz hängt.)

Weyland (gegen Heyne): Aber bleiben Sie doch, Herr Heyne! Wir waren ja auf dem besten Wege!

Olga (erstaunt): Guten Abend, Heyne! Sind Sie hier?

Heyne (seinen Pelz anziehend, verstimmt): Wie Sie sehen.

Olga: Sie hätt' ich hier auch nicht erwartet.

Heyne (malitiös): Das nehm' ich an.

Olga: Ach, Sie denken sich wieder alles Mögliche.

Heyne: In diesem Fall sehe ich ja mit Augen!

Olga (heftig): Meinethalben! Sehen Sie nur nicht durch sechs Bretter durch!

Heyne (hat seinen Pelz angezogen, steht vor Olga): Manchmal trifft man sich merkwürdig . . .

Weyland (ist heftig hin und her gegangen, kommt jetzt heran): Erlauben Sie, da hab' ich auch noch ein Wort mitzureden.

Heyne: Fein combinirt! Sie beide einigen sich hinter meinem Rücken und ich bin der Geleimte, der die Zeche zahlt.

Weyland (sich gewaltsam beherrschend): Ich bitte Sie, Herr Heyne, hören Sie mich mal ruhig an.

Olga (sich abkehrend): Ach, es ist mir zu dumm. Strengen Sie sich nicht unnütz an, Weyland! Herr Heyne hört ja doch nicht.

Weyland (aufbrausend): Was wollen Sie, Herr?

Heyne (zur Thür): Gehen.

Weyland: In drei Teufels Namen! So gehen Sie!

Heyne: So leicht lasse ich mich doch nicht in die Tasche stecken. Guten Abend! (Er geht langsam ab.)

Weyland (verzweifelt): Wenn Sie nicht Vernunft annehmen können, meinethalben! Guten Abend!

(Kleine Pause.)

Olga (hat vorne gesessen, steht jetzt auf, geht zu Weyland, der sich verzweifelt auf die Cementkiste lehnt): Lassen Sie den doch laufen, Weyland! Geben thut er Ihnen doch nichts!

Weyland (stöhnend): Olga! Olga!

Olga (ihre Hand auf seinen Arm legend, weich): Armes Fritzchen! Aber verloren haben Sie nichts!

Weyland (in sich hinein): Alles hab' ich verloren!

Olga: So hören Sie doch, was ich Ihnen sage!

Weyland: Alles war auf dem besten Wege! Die Erfindung, Alles leuchtete ihm ein. Keine fünf Minuten, und das Geschäft stand fest. In dem Augenblick kommen Sie in die Quere. Olga! Olga! Wie können Sie das jemals gut machen?

Olga (wendet sich zum Gehen): Ach, Sie sind ja auch verrückt! Einer wie der Andere seid Ihr verrückt! Alle durch die Bank seid ihr nicht werth, daß man für Euch die Hand umdreht!

Weyland (sich aufrichtend). Ach, was hilft's! Wozu sich mit dem Verlorenen aufhalten! Also seien Sie gut, Olga! Was haben Sie denn mit Jahnke verhandelt? (Er geht zu ihr und führt sie an der Hand nach vorn.)

Olga (halb widerstrebend): Sie denken auch, Sie können mich drehen und wenden, wie Ihren Handschuh! (Leidenschaftlich): Aber das bin ich noch nicht! Ich laß mir nicht so kommen! Auch nicht von Ihnen, Weyland!

Weyland (ebenfalls erregt): Wer kommt Ihnen denn so! Ist denn heute Alles wie behext?..

Olga (ruhiger): Hätten Sie gehört, was ich sage! Jahnke will Ihnen das Kapital geben.

Weyland: So? Und was verlangt er dafür? Das muß man doch wissen. (Beide stehen vorn am Tisch.)

Olga (sich abwendend): Was er dafür verlangt? Kümmern Sie sich doch nicht drum! Das mach' ich schon mit ihm ab.

Weyland (sich auf das Sophaende niedersetzend, in Gedanken): Sie? Wie war das doch? (Aufspringend.) Sagen Sie mal, Olga, hängt das gar mit dem Plan zusammen, von dem Sie heute Vormittag sprachen?

Olga (an ihrem Umschlagetuch nestelnd): Ach, was weiß ich! Was für ein Plan!

Weyland: Nein, nein. Ich entsinne mich ganz deutlich. (Kopfschüttelnd.) Olga!.. Olga!

Olga: Bei Ihnen ist es heiß. Ich muß mir mein Tuch abnehmen. (Sie wirft ihr Tuch über den Drehbock.)

Weyland: In dem Ofen hinten ist Weißgluth, müssen Sie bedenken. Das heizt.

Olga: Wie ich von Jahnke auf den Hof runter= kam, fror mich. Die Nacht ist dunkel und kalt. Kein Stern am Himmel!

Weyland: Ja, es liegt wie Schnee in der Luft.

Olga (plötzlich schauernd): Mir ist gruselig!

Weyland: Fehlt Ihnen was, Olga? Sind Sie krank? (Er geht zu ihr hinüber.)

Olga: Nein. Nichts. Es ist schon vorbei. Es war nur so ein Frost.

Weyland (am Drehbock, dicht vor ihr): Sie sind sehr seltsam.

Olga (kurz): Ich bin wie immer.

Weyland: Lassen Sie doch mal Ihr Gesicht sehen? (Er will ihren Kopf aufrichten.)

Olga (sich ihm entziehend): Was haben Sie von meinem Gesicht? Ich denke, mein Gesicht interessirt Sie nicht? (Sie geht nach vorn. Kurze Pause. Sich nieder= lassend): Sind Sie jetzt zufrieden mit dem, was ich für Sie thue?

Weyland: Ich weiß nicht, was ich davon denken soll, Olga. Mir kommt das Alles nicht recht geheuer vor. Jedenfalls will ich mal selbst mit ihm reden.

Olga: Ich hab' ihn eingeladen, er soll heut' Abend mit uns kneipen.

Weyland: Gut! Das kann er haben. Aber hier im Atelier. Weg kann ich nicht.

Olga: Wo denn sonst? Da sind wir Alle zusammen. Bertha und Ebert können hier gleich ihre Verlobung feiern, dann ist es ein Aufwaschen.

Weyland (setzt sich vor sie auf den Stuhl): Was? Wer ist verlobt? Ebert mit Bertha? Sie spaßen!

Olga (ihn fixirend): Haben Sie noch garnicht gemerkt, daß die sich lieben?

Weyland (nachdenklich): Von Ebert's Seite vielleicht. Aber Bertha?

Olga (kurz): Bertha? Ich sag' Ihnen, Bertha ist rein wild nach Ebert. Also ist es Ihnen recht?

Weyland: Gut. So hab' ich wenigstens Gesellschaft.

Olga: Bringen Sie mir mein Tuch, Weyland! Ich will gehen. (Mit seltsamer Lustigkeit.) Nachher wird Punsch getrunken, Fritzchen, ja? Dann sind wir lustig! Feiern Verlobung!

Weyland (mit dem Tuch vor ihr): Soll ich Ihnen das Tuch umlegen, Olga?

Olga: Um die Schultern, Fritzchen, ja? (Ihren Kopf an seine Brust legend): So ist es schön, Fritzchen. Der letzte Liebesdienst!

Weyland (heftig zurücktretend): Wie soll ich das verstehen, Olga?

Olga (in sich versunken dastehend): Jetzt muß ich Ihnen Abschied sagen, Fritz.

Weyland (herausfahrend): Olga, machen Sie keinen dummen Streich!

Olga (fast lächelnd): Ach, was Sie denken, thu' ich doch nicht.

Weyland: Was denn? Vor Allem reden Sie mal deutlich!

Olga: Verheirathen will ich mich.

Weyland (verblüfft): Sie? Mit wem?

Olga: Sie werden ja sehen.

Weyland (mit plötzlichem Einfall): Doch nicht mit Jahnke?

Olga (sich zum Gehen wendend, leichthin): Ach, seien Sie nicht so neugierig! Warten Sie hübsch ab!

Weyland (ihr den Weg vertretend): Das verbiet' ich Ihnen, Olga. Das dürfen Sie nicht.

Olga (trotzig sich aufrichtend): Was können Sie mir denn verbieten? Meinen Sie, ich kümmere mich darum? Sie sind doch nicht mein Herr!

Weyland: Nein, aber ich bilde mir ein, ich bin Ihr Freund. Jedenfalls kann ich Sie vor dummen Streichen bewahren.

Olga (bitter): Ich denke, Sie wollen nichts von mir wissen?

Weyland: Wer hat Ihnen das gesagt?

Olga: Sie selbst. Heute Vormittag.

Weyland: Lassen Sie sich doch auslachen!

Olga: Haben Sie nicht gesagt, Ihnen liegt nichts an mir? Sie heirathen überhaupt nicht.

Weyland: Kann ich darum nicht ihr Freund bleiben?

Olga: Ach was, Freund! Ich brauch' keinen Freund! Ich nehme mir einen Mann! Was denken Sie denn! Das ewige Fräulein hab' ich satt! Hört sich das nicht ganz schön an, Frau Olga! Lassen Sie mir doch meine Freude!

Weyland (will etwas sagen, bezwingt sich aber und wendet sich mit einer resignirten Geberde ab).

Olga (leidenschaftlich, mit ausgestrecktem Arm): Ihnen gönn' ich's! Bleiben Sie nur allein auf der Welt! Meinen Sie, wenn Sie mich gewollt hätten, Sie hätten mich gekriegt? Im Leben nicht! Für Sie bin ich keine Frau! Für Sie paßt überhaupt keine Frau! Frieren Sie nur in Ihrer Einsamkeit! Sie haben's nicht besser verdient! (Sie will gehen.)

Weyland: Sie reden, wie Sie's nicht meinen, Olga. Gehaben Sie sich wohl.

Olga (steht einen Augenblick, dann bricht sie in Schluchzen aus und fällt ihm in die Arme).

Weyland (sie haltend): Sie leidenschaftliche Seele, Sie! Jetzt weinen Sie wieder!

Olga: Sie thun mir so leid, Fritz.

Weyland: Ich Ihnen? Sie mir, Olga.

Olga: Nein, nein, ich nicht. Was liegt an mir! Sie, Fritz, Sie.

Weyland: Weshalb denn, Olga?

Olga (unter Thränen): Weil Sie keinen Menschen haben sollen, der's treu mit Ihnen meint. Weil Sie allein sterben sollen.

Weyland (sich aufrichtend): Lassen Sie gut sein, Olga! Ich werde mich schon abfinden. Ich habe ja mein Werk. (Mit heiterem Lächeln.) Es geht auch so.

Olga (geht langsam zur Thür).

Weyland (steht am vorderen Tisch): Und Sie wollen mir nicht sagen, wer es ist, ehe Sie gehen?

Olga (schon in der Thür): Sie werden ja sehen. Denken Sie jetzt lieber daran, daß Sie Ihr Geld von Jahnke bekommen.

Weyland: Ich will's abwarten. Aber, wenn meine Ahnung richtig ist, dann giebt es noch ein Mittel.

Olga: Es giebt kein Mittel, Fritzchen. Es giebt keins ...! Auf Wiedersehen! (Schnell ab).

(Pause.)

Weyland (steht versunken am Tisch, summt leise vor sich hin, dann halblaut vor sich hinsprechend, schwermüthig): Kampf! Kampf! Ewig Kampf! Ob's all das wirklich werth ist? (Er wendet sich nach hinten, geht in die Nische.)

(Leises Klopfen im Hintergrunde.)

Weyland (horchend, geht nach hinten, öffnet die Thür, hinaussprechend): Wer da? (Dann erstaunt): Sie, Fräulein Bertha? Womit kann ich dienen?

Bertha (ist eingetreten): Ich finde Sie sehr kurz angebunden. (Sie hat die Thür geschlossen und steht vor

Weyland, mit kokett zurückgeworfenem Köpfchen zu ihm aufsehend. Sie hat einen blauen Theatershawl umgeworfen, deffen Enden hinter dem Kopfe flattern.)

Weyland: Sie wissen, das bin ich immer. Das rentirt sich am besten.

Bertha: Gräulich, so ein praktischer Mensch! Aber eigentlich gar nicht dumm! Sie machen wohl nie Komplimente? (Sich umsehend): Also so sieht es in Ihrem Atelier aus? Hübsch still müssen Sie es hier haben.

Weyland: Ja, der Lärm der Straße dringt nicht bis her. Darf ich jetzt fragen, was mir den Vorzug verschafft?

Bertha (ihren Shawl wie unwillkürlich ablegend): Gott, wie komisch Sie sich ausdrücken! Es ist doch ganz einfach, ich suche Tante.

Weyland (verwundert): Haben Sie die denn nicht draußen auf dem Hof getroffen? Sie müssen sich doch beinah begegnet sein.

Bertha: Wie Sie auch fragen! Dann würde ich doch nicht nach ihr suchen.

Weyland: Allerdings, das leuchtet ein. Also hier finden Sie Ihre Tante nicht.

Bertha: Die besucht Sie wohl ziemlich häufig?

Weyland: Danke, es geht.

Bertha: Haben Sie sich jetzt von Ihrem Erstaunen erholt, mich hier zu sehen?

Weyland: So einigermaßen.

Bertha: Sie thun gerade so, als wenn es ein Verbrechen ist, einen jungen Mann in seinem Atelier zu besuchen.

Weyland: Nach meinen Anschauungen nicht.

Bertha: Gott, nach meinen Anschauungen eigentlich ja. Aber wir sind doch nicht in Graudenz. Ich bin doch jetzt Berlinerin.

Weyland: Berlin kann sich gratuliren. (Er geht nach vorne.)

Bertha (ebenfalls nach vorne, in verändertem Ton): Was haben Sie gegen mich, Herr Weyland? Warum sind Sie so schroff?

Weyland: Ich? Nicht im Mindesten! Im Gegentheil, ich wollte Sie gerade einladen, heut' Abend bei mir Ihre Verlobung zu feiern.

Bertha (mit dem Fuße aufstampfend): Verlobung! Was kann ich dafür, daß Herr Ebert solche Geschichten macht! Soll er's meinethalben haben. Ich mag ihn einfach nicht! Ich nehme ihn auch nicht! (Sie setzt sich resignirt auf das Sopha.)

Weyland (halb verblüfft, halb lachend): Was ist denn das für eine tolle Geschichte?! Weshalb verloben Sie sich denn mit ihm?

Bertha (sehr gereizt): Ich hab' mich ja garnicht mit ihm verlobt!

Weyland: Ja, wer denn?

Bertha: Er hat sich mit mir verlobt!

Weyland: Ich dächte, das käme auf dasselbe heraus!

Bertha: Für mich nicht. Ich werde mich doch nicht an einen Mann binden, den ich gar nicht liebe?

Weyland: Ja, in aller Welt, man sagt mir doch gerade, daß Sie ihn so wahnsinnig lieben?

Bertha: Ich? Fällt mir ja gar nicht ein!

Weyland (macht ein paar Schritte durchs Atelier, lachend): Ich wunderte mich auch, wo das plötzlich bei Ihnen herkäme.

Bertha (ihn pikirt anschauend): Wieso?

Weyland: So etwas kann Ihnen doch nicht passiren. Ich kenne doch Ihre kühle Art.

Bertha: Wer sagt Ihnen das, vermuthlich Tante, nicht?

Weyland: Zum Theil.

Bertha: Tante bringt nette Sachen über mich auf! Wissen Sie auch, daß das der reine Neid von ihr ist? (Sie steht auf und geht zu Thür.)

Weyland: Weshalb denn?

Bertha: Weil ich Eroberungen mache und sie keine. Das ist doch sehr einfach. (Sie dreht den Thür-Schlüssel um.)

Weyland (sich umwendend, sehr erstaunt): Was machen Sie denn da an der Thüre?

Bertha: Sie sehen ja, ich schließe ab. (Sie kommt wieder zurück.)

Weyland: Wozu soll das?

Bertha: Sie können sich doch denken, daß es mir nicht angenehm sein kann, wenn mich hier jemand bei Ihnen trifft.

Weyland: Dabei finde ich nichts.

Bertha: Aber ich. Ich muß an meinen Ruf denken. Ihr Männer habt's besser. Ihr habt Alle keinen Ruf.

Weyland: Hm ... Und wenn nun jemand kommt?

Bertha: Dann werden Sie sich hoffentlich ver=läugnen, bis ich weg bin. Ist denn kein anderer Ausweg?

Weyland: Leider nicht.

Bertha (nach links hinüberdeutend): Was ist das für eine Thür?

Weyland: Die führt in mein Schlafzimmer.

Bertha (den Kopf wegdrehend): Ach so!... Es wird schon Niemand kommen.

Weyland: Das weiß ich doch nicht!

Bertha: Dann antworten Sie einfach nicht! Dann geht er wieder fort. Jedenfalls muß ich mit Ihnen sprechen. (Sie setzt sich wieder an den Tisch.)

Weyland: Ich stehe zu Ihrer Verfügung. (Er rückt einen Drehstuhl heran und setzt sich vor sie hin.)

Bertha: Sie haben eine ganz falsche Meinung von mir, Herr Weyland. Sie halten mich für kalt und gleichgiltig. Das bin ich gar nicht.

Weyland (kühl): Also um so besser für Sie, mein Fräulein!

Bertha (den Kopf senkend, demüthig): Nein, nein! Sie müssen nicht so mit mir reden, Herr Weyland. Das verdiene ich nicht von Ihnen. Ich sage Ihnen, ich kann sehr heiß sein, wenn ich will.

Weyland: Sie? Ach nee!

Bertha: Es muß natürlich ein Mann darnach sein. Ich muß zu meinem Mann aufsehen können. Wenn ich das nicht kann, verlieb' ich mich lieber gar nicht.

Weyland: Aber das können Sie doch bei Ebert. Er ist ja mindestens einen Kopf größer als Sie.

Bertha (ohne auf ihn zu achten): Nein, ich habe mir das lange überlegt. Ich könnte keinen Mann gebrauchen, den ich womöglich alle acht Tage retten müßte.

Weyland (kopfschüttelnd): Ebert! Ebert! Armer Kerl!

Bertha: Und aus was für einem Sumpf!

Weyland (lächelnd): Ach, das ist ja gar nicht so schlimm. Er thut ja nur so.

Bertha: So? Dann um so schlimmer, wenn er nur Komödie spielt.

Weyland (aufstehend): Weshalb wenden Sie sich an mich, Fräulein Bertha?

Bertha: Sie sollen mir helfen!

Weyland: Wie kann ich das?

Bertha (leise): Sie wissen ganz gut, wie viel ich von Ihnen halte. Ich brauch's Ihnen nicht erst großartig auseinanderzusetzen. Ich kann Ebert nicht heirathen.

Weyland: Dann sagen Sie es ihm doch einfach!

Bertha (aufspringend): Sie sollen's ihm sagen.

Weyland: Ich? Wie komm' ich dazu?

Bertha (fast weinend): Nein, ich kann's ihm nicht sagen! Er ist kapabel und schießt mich tot.

Weyland: Ach, er wird sich hüten.

Bertha: Sie müssen mir den Gefallen thun, liebster Herr Weyland. Wenn ich Sie recht bitte ...

Weyland: Ei, wenn er dann auf den Einfall kommt, ich will Sie ihm abspenstig machen?

Bertha (dicht vor ihm, verschämt zu ihm aufsehend). Das wäre wohl recht beleidigend für Sie?

Weyland (ruhig): Das nicht, aber vielleicht könnte er mich dann totschießen.

Bertha: Ich denke, um den Besitz einer Dame schießt sich ein Mann gern?

Weyland: Sehr freundlich! Wenn er sie dafür haben kann, vielleicht.

Bertha (seltsam): Ihrem Ritter kann doch eine Dame nichts abschlagen.

Weyland (sie scharf fixirend): Es kommt darauf an, was er fordert.

Bertha: Selbstverständlich wird er nichts Un= ehrenhaftes fordern, dafür ist er ja ein Ritter.

Weyland: Selbstverständlich! ... Gut, ich will's übernehmen! Mir scheint, ich verrichte ein gutes Werk, wenn ich Ebert aufkläre.

(Draußen starkes Klopfen.)

Bertha (flüsternd, entsetzt): Um Gott, es hat geklopft!

Weyland (laut): Wer da?

Bertha (flüsternd): Jetzt haben Sie geantwortet! Sie sollten doch still sein.

Weyland (ebenfalls flüsternd): Es nützt ja nichts! Man sieht ja Licht. (Laut): Wer da?

Ebert's (Stimme von draußen): Ich! Ebert! Ich bin verlobt! Mach auf! (Thürrütteln.)

Bertha (entsetzt): Um Gotteswillen, Ebert! Liebster Fritz! Retten Sie mich! (Sie sieht sich hilfesuchend um.)

Weyland (halblaut): Jetzt können Sie's ja Ebert gleich sagen.

Bertha: Doch jetzt nicht? Was soll er sich denken! (Sie läuft zur Thür links.)

Ebert's (Stimme von draußen): Ist ja verschlossen! Mach' doch auf!

Weyland: Gleich! Einen Moment! (Zu Bertha, mit Geste nach dem Schlafzimmer): Dann werden Sie wohl dran glauben müssen.

Ebert's (Stimme von draußen): Ich friere ja.

Bertha (hat die Schlafzimmerthür geöffnet): Um Gottes= willen, sagen Sie ihm nicht, daß ich hier drin bin! (Sie schlüpft hinein. Sich schüttelnd.) Hu! Ist das hier eine Eisekälte! Wer weiß, wie lang ich jetzt hier sitzen muß! Gott bewahr' mich! Und noch obendrein im Dunkeln!

Weyland: Setzen Sie sich auf mein Bett und halten Sie sich ruhig.

Bertha: Mäuschenstill! Was Sie sich denken! Daß Sie mir Ebert von nichts sagen! Sonst sind wir Freunde gewesen!

Weyland (die Thür schließend): Gute Nacht! . . . Du sollst mir mürbe werden! Mit Frost fang' ich an. (Er geht nach hinten zu.)

Ebert (von draußen): Wird's bald? Ich friere ja an!

Weyland: So! Jetzt magst Du kommen! (Er öffnet.)

Ebert (erscheint im Winterüberzieher, mit Cylinder, Glacehandschuhen und Spazierstock): Was ist denn los? Warum läßt Du mich nicht rein?

Weyland (ihn musternd): Donnerwetter! Der Cylinder!

Ebert (verwirrt): Den trag' ich doch prinzipiell!

Weyland (macht sich an dem hinteren Werktische zu schaffen.)

Ebert (näherkommend): Was hast Du denn da in der Hand?

Weyland (hat Berthas Shawl, ben sie auf dem Werktisch liegen gelassen hat, scheinbar unwillkürlich aufgenommen, wie um ihn bei Seite zu legen, nebenbei): Ich? Nichts Besonderes! Einen Damenshawl.

Ebert (verblüfft): Was?

Weyland (ben Shawl noch in der Hand haltend): Du siehst ja, einen Damenshawl.

Ebert: Wie kommst Du dazu?

Weyland: Frage! Wie man immer zu so was kommt. Hübsches Pfand, was? (Er zeigt Ebert einen Moment den Shawl, zieht ihn dann wieder zurück).

Ebert (sich umsehend, unruhig): Du hast mich so lange warten lassen. War das vielleicht der Grund?

Weyland: Wie gut Du rathen kannst!

Ebert: Also stör' ich?

Weyland: Sag' nur erst ruhig Dein Sprüchlein her! So lange hat's Zeit.

Ebert (mit Geste nach links): Wohl nebenan?

Weyland: Schon möglich! (Er setzt sich rittlings auf den Werktisch, läßt die Beine herunterhängen.)

Ebert (kopfschüttelnd): Toll, wo Du die Abenteuer herbekommst! Sie müssen Dir doch sozusagen in den Schooß fallen?

Weyland: Thun sie auch.

Ebert: Und Andere darben! Das ist die un= gerechte Gütervertheilung!

Weyland: Ja, die herrscht nun mal in der heutigen Welt. Uebrigens darfst doch Du Dich nicht mehr beklagen. Du hast doch jetzt Dein Theil.

Ebert: Ja, das dürfte ich jetzt haben. Ich kann sagen, ich bin grenzenlos glücklich. Gratu= lire mir!

Weyland: So? Das ist Alles? Weiter nichts?

Ebert: Was soll das heißen? Ist das noch nicht genug, wenn ich Dir sage, daß ich meine Lebensergänzung gefunden habe?

Weyland: Also wirklich verlobt? Endgiltig, vollständig, unwiderruflich?

Ebert (aufbrausend): Was ist das für ein Ton? Den Ton verbitte ich mir! Ueberhaupt, wie kommst Du mir vor?!

Weyland: Na, wie denn?

Ebert: Herzlos! Mit einem Wort! Erst läßt Du mich so und so lange bei der Hundekälte draußen antichambriren, daß Einem alle Stimmung und Laune im Halse einfriert und nachher bietest Du mir nicht mal einen Stuhl an, und das einem

Jugendfreunde, der Dir seine Verlobung anzeigen kommt.

Weyland (lachend): Aber, lieber Freund, bedenke die Situation!

Ebert: Ach, komm' mir nicht mit der Ausrede! Schlimmsten Falls konntest Du mir sie vorstellen.

Weyland (lachend): Und dann habe ich doch an Alles eher gedacht, als an Deine Verlobung.

Ebert: Du hast mir diese Energie natürlich nicht zugetraut?

Weyland (vom Tisch herunter, ernsthaft): Hast Du gar keine Angst, Dich so früh zu binden?

Ebert (mit großen Geberden): Nicht im Mindesten. Für mich bedeutet die Ehe den Garten des Paradieses. Es wird mir wie ein Weg über lauter Blumen sein, wenn ich zum Standesamt gehe.

Weyland: Ich weiß nicht, ich hätte Angst, mich zu binden nach dem, was man überall sieht.

Ebert: Das ist eben bei mir nicht der Fall! Denk' an meine Eltern! Was die für ein muster= haftes Familienleben geführt haben! Mein Vater muß ein idealer Ehemann gewesen sein.

Weyland: Armer Kerl! Daß Du gerade die Seite der Ehe sehen mußtest!

Ebert: Warum? Schadet das was? Das wird sich jetzt bei mir wiederholen!

Weyland: Bist Du denn über Bertha's Ge= fühle genau orientirt?

Ebert: Selbstredend! Wie über mich selbst. Das dürfte doch wohl das Erste sein, ehe man sich verlobt.

Weyland: Und Du glaubst nicht, daß Du Dich getäuscht hast?

Ebert: Wie kommst Du darauf, Unglücksmensch, Du? Das ist ja grade das ungeheuer Wohlthuende für mich bei der Geschichte. Ihr alle habt Bertha für kalt gehalten und ich bin der Einzige gewesen, der sie richtig beurtheilt hat. Ach, ich sage Dir, wie sie allmählich warm wurde, wie das Eis schmolz und wie sie mir schließlich an der Brust lag, ganz hingegeben, ganz aufgelöst! Ach, beschreib' Dir's selbst! Ich bin's nicht im Stande! (Er geht erregt auf und nieder.)

Weyland (kopfschüttelnd, halb gerührt): Was mußt Du für Augen haben!

Ebert (ohne auf ihn zu achten, in innerem Jubel): Berthchen, Berthchen! Meine blonde Braut! (Vor Weyland hin): So hab' ich's mir ausgemalt. Ein schönes Weib! Schön ist sie! Das kannst Du nicht bestreiten. Eine Blondine hab ich mir überhaupt immer gewünscht! Und dann das Familienleben! Das hat mir immer gefehlt. Ich hab' meine Eltern zu früh verloren! Hätte meine selige Mutter das doch noch gesehen! Jetzt wird Euer verkommener Sohn doch noch ein brauchbarer Mensch! (Er setzt sich hin und athmet tief auf): Wunderleicht ist mir!

Weyland (kommt zu ihm, legt ihm die Hand auf die Schulter): Lieber Freund, ich sehe, ich muß ernsthaft mit Dir sprechen.

Ebert: Das freut mich, daß Du anfängst, die Frage ernsthaft zu behandeln! Gieb' mir Deine Hand!

Weyland (ihm die Hand schüttelnd): Hier hast Du meine Hand, daß ich's ernsthaft mit Dir meine.

Ebert: Ich kann Dir sagen, ich hab' schon manchmal innerlich an Dir gezweifelt. Aber jetzt bitte ich es Dir ab. Dir geht's eben genau so wie meiner Braut. Man verkennt Dich leicht, weil Du äußerlich kühl bist. Von Herzen meinst Du's gut.

Weyland: Also, wir halten fest?

Ebert: Wir halten fest!

Weyland (mit erhobener Hand): Was auch kommen möge?

Ebert: Was soll denn kommen?

Weyland: Gut, also dann rathe ich Dir, über= lege Dir die Verlobung zweimal! Nimm' Dich mit Bertha in Acht! Hör' auf mein Wort!

Ebert (aufspringend): Plagst Du mich wieder da= mit? Kannst Du mich nicht verschonen?

Weyland: Nein, leider nicht! Ich habe allen Grund, Dich zu warnen!

Ebert: Warum?! Was willst Du damit sagen?

Weyland: Ganz einfach, daß Du Dich ver= heddert hast.

Ebert: Was ist das wieder für ein Ausdruck?! Willst Du damit etwa meine Verlobung bezeichnen?

Weyland: Allerdings. Ich will damit sagen, daß Du Dich mit der Geschichte grenzenlos übereilt hast. Das Beste wird sein, Du entlobst Dich so rasch, wie möglich, oder noch probater, Du erklärst die ganze Verlobung für einen Wiß von Dir.

Ebert (wutschnaubend): Bist Du von Sinnen? Ich lasse meine Braut nicht beleidigen! Auch nicht von Dir!

Weyland: Sei ruhig, ruhig! Es ist ja gar keine Beleidigung für Deine Braut.

Ebert: Die höchste, die es gibt!

Weyland: Nicht im Mindesten, denn erstens ist Bertha gar nicht Deine Braut, wenigstens hält sie sich nicht dafür ...

Ebert: Mach' mich nicht rasend, sag' ich Dir!

Weyland: Und zweitens mag sie Dich wirklich nicht! Beweis, frage sie selbst!

Ebert (stürmisch hin und her, mit heftigen Geberden sich vor den Kopf schlagend): O, ich Rindvieh ich! Das nicht zu durchschauen. Ha! Jeßt fang' ich an, klar zu sehen! (Vor Weyland hin): Meinst Du, ich weiß nicht, daß Du selbst auf Bertha spekulirt hast?!

Weyland: Laß Dich doch auslachen! Wenn ich das wollte, könnte ich sie wahrhaftig haben!

Ebert (außer sich): Nein, das kannst Du nicht! Dazu reicht Deine Macht denn doch nicht aus! Und das ist eben Dein Schmerz! Daß ein Anderer mehr hat, als Du, das hast Du nie vertragen, schon auf der Schule nicht! Du bist ein Egoist! Ich kenne

Dich durch und durch! Darum ist Dir meine Ver=
lobung ein Dorn im Auge.

Weyland: Wer hat Dir denn das Märchen
aufgebunden?

Ebert: Du selbst! Du hast Dich oft genug
verraten. Meinst Du, ich bin blind? O, ich sehe
die Dinge um mich herum sehr gut, besser als Du
denkst. Bilde Dir nur ja nichts auf Deine Ueber=
legenheit ein! Diesmal bin ich Dir zuvorgekommen.
Das wurmt Dich! Darum säest Du jetzt Mißtrauen
zwischen mich und Bertha. Aber die Falle ist zu
plump. Ich steige darüber weg. (Er geht mit mächtigen
Schritten durch das Atelier, greift plötzlich nach seinem Cylinder):
Leb wohl!

Weyland: Adieu!

Ebert: Ich will Dich nicht länger stören! Du
hast Besuch.

Weyland: Und hast Du Dein Herz jetzt voll=
ständig ausgeschüttet?

Ebert: Du bist Schuld! Warum hast Du mich
gereizt! Ich mußte mich erleichtern.

Weyland (nachdenklich): So hab' ich doch mal
erfahren, wie Du wirklich über mich denkst. Ich
danke Dir.

Ebert (verwirrt): So? Was hab' ich denn ge=
sagt? Ich habe keine Ahnung mehr!

Weyland: Aber ich desto mehr! Ich werde es
wohl bewahren!

Ebert: Ich weiß wirklich nicht! Was war es
denn Großes? Dann rück' doch raus damit!

8*

Weyland: Wenn Du Deine Worte so schnell vergißt, solltest Du vorsichtiger damit umgehen!

Ebert: Dann treibe die Dinge nicht auf die Spitze! Jedenfalls habe ich die Wahrheit gesagt! (Er wendet sich zum Gehen, plötzlich): Apropos, ich habe davon läuten hören, daß wir heute Abend hier Verlobung feiern sollen.

Weyland: Kommst Du also?

Ebert: Das werde ich mir nach dem Vorgefallenen noch sehr überlegen. Ich begreife nicht, wie Du meiner Braut überhaupt noch ins Gesicht sehen willst.

Weyland (muß lachen): Du bist doch unverbesserlich! Ich gebe Dich auf! Verlobe Dich nur! Meinen Segen hast Du!

Ebert: Du siehst also ein, daß Du Unrecht hast?

Weyland: Ich fange allmählich an.

Ebert: Und nimmst zurück, was Du gegen meine Braut gesagt hast?

Weyland: Alles! Habt einander! Seid glücklich! Jeder findet die Frau, die er verdient!

Ebert (abwehrend): Ohne zu weit zu gehen! Jedenfalls werde ich mich bemühen, Bertha zu verdienen. Natürlich revocire ich unter diesen Umständen gleichfalls, wenn ich Dich beleidigt haben sollte.

Weyland: Schon gut! Laß das!

Ebert: Was hast Du denn für heute Abend vor? Du planst doch nicht ein opulentes Mahl?

Weyland: Vielleicht.

Ebert: Das ändert die Situation. Gut! Es sei! (In der Thür): Also, dann Mahlzeit! (Mit mächtiger Geste): Auf Wiedersehen bei Philippi! (Ab.)

Weyland (ihm nachsehend, halb lachend, halb resignirt): Geh' hin! Dir hilft kein Gott! (Er geht zur Thür links, öffnet sie, ruft hinein.) Bitte, es ist gut! (Geht dann nach hinten zum Ofen, öffnet das Guckloch und schaut in die Gluth.)

Bertha (steckt vorsichtig zuerst den Kopf durch die Thür-öffnung, dann ganz herauskommend): Gott sei Dank! Ist er weg? Das hat ja eine kleine Ewigkeit gedauert!

Weyland (roth beleuchtet): Es war wohl ziemlich kalt nebenan?

Bertha: Fürchterlich! Wissen Sie auch, daß ich beinahe zu Tode gefroren bin?

Weyland: Das schadet Ihnen gar nichts! Jetzt fühlen Sie auch mal, wie Kälte thut!

Bertha (ihre Finger reibend, am ganzen Leibe zitternd): Sie haben wohl gar kein bischen Mitleid mit mir?

Weyland: Nicht im Mindesten. Sie haben ja auch kein Mitleid mit Anderen.

Bertha: Darf ich mich einen Augenblick an Ihrem Ofen wärmen kommen?

Weyland: Eigentlich nicht. Sie sollten mit derselben Ruhe gestraft werden, mit der Sie den armen Ebert martern.

Bertha: Womit denn? (Sie kommt dicht zum Ofen.)

Weyland: Mit Kälte!

Bertha: Wenn ich mir's überlege, ist es eigent=lich schändlich, wie Sie mich behandeln. Mich in eine eiskalte, dunkle Stube einzusperren und eine halbe Stunde auf dem Fußboden sitzen zu lassen!

Weyland: Das hatten Sie doch nicht nöthig! Es stand ja mein Bett darin!

Bertha: Ich werde mich doch nicht auf Ihr Bett setzen.

Weyland: Sie konnten sich ja auch hineinlegen.

Bertha: Ach, Sie sind unverschämt! .. Wissen Sie auch, daß Sie sehr interessant aussehen in der rothen Beleuchtung?

Weyland: Selbstverständlich weiß ich das. Deshalb thu' ich's ja!

Bertha (mit dem Fuß aufstampfend): Sie sind schreck= lich! Ich glaube, Sie verachten mich! Was haben Sie denn mit Herrn Ebert so lange verhandelt?

Weyland: Heute Abend wird Verlobung ge= feiert!

Bertha: Verlobung? Das glauben Sie ja selbst nicht.

Weyland: Das glaube ich sehr. Ich habe mich überzeugt, daß es für Ebert das Beste ist, wenn er Sie nimmt.

Bertha: So? Und für mich? Auf mich kommt's wohl garnicht an?

Weyland: Für Sie ist es gleichgiltig! Sie können mit jedem Mann leben. Sie werden bei Jedem kalt sein.

Bertha (mit den Zähnen knirschend): Ich könnte weinen!

Weyland: Sie weinen ja doch nicht! Und wenn Sie es thun, hilft es Ihnen nichts! Sie werden darum nicht anders!

Bertha (zur Thür): Nein, ich werde auch nicht weinen! Ich werde etwas Anderes thun!

Weyland: Und?

Bertha! Ich werde Sie hassen! Ich werde Ihnen beweisen, daß Sie sich in mir täuschen.

Weyland: Aber verloben werden Sie sich darum doch!

Bertha (schon in der Thür): Ich werde mich nicht verloben!

Weyland: Sie werden sich verloben!

Bertha: Ich werde mich nicht verloben! Wenigstens nicht mit Herrn Ebert! (Sie hat ihren Shawl umgeschlungen, schnell ab.)

Weyland (steht noch einen Augenblick, dann geht er in die Nische, öffnet das Feuerloch und beginnt langsam wieder Kohlen in die Gluth zu schaufeln.)

(Vorhang.)

Fünfter Aufzug.

Eine Stunde später. Weyland's Atelier wie vorher. Es ist nichts verändert. Jahnke steht vorn am Tisch und packt aus einem Korb, den er auf den Boden gestellt hat, Flaschen aus. Weyland sitzt rittlings auf dem Stuhl daneben.

———

Jahnke (in Schlafrock, Pantoffeln und buntem Großvaterkäppchen, behaglich schmunzelnd): Kennen Sie bet?

Weyland (das Etiquette der Flasche lesend): Château Léoville 74. Nein, habe nicht die Ehre.

Jahnke: Müssen Sie mal probiren. Das ist meine Sorte. Leicht und bekömmlich! Von die Nummer hab' ick heut' schon 'n drei, vier Fläschken im Leibe. Ist zu empfehlen. Ick setze mir! (Er sieht sich nach einer Sitzgelegenheit um.)

Weyland: Bitte, hier. (Er schiebt ihm den Stuhl hin.)

Jahnke (sich fallen lassend): Auf die Beine hapert's! Verdeibelt hartes Pflaster! Eiderdaunen sind's nicht!

Weyland: Wollen Sie lieber auf das sogenannte Sopha?

Jahnke: Ne, nu nich mehr! Wo ick sitze, sitz ich! Mit so'n ollen Wanst macht man keene jroßen Umziege mehr. Nu heeßt bald an'n letzten jroßen Umzug denken, wo sie Einem die Möbel nicht mehr abpfänden können.

Weyland: Sie werden doch nicht, Herr Jahnke. Sie sehen ja aus wie das liebe Leben.

Jahnke: Zu jut, junger Herr! Das ist mein Schmerz. Ick gehe auf wie'n Pfannkuchen. Ick sehe mir schon eines scheenen Morgens platzen. Aber denn versäumen Sie ja nicht und schöpfen sich Ihr Portiönken von ab. Die Bestandtheile sind jut, ick übernehme die Garantie. Alles prima Material, da hab' ick für gesorgt. Ae! (Er pustet und streckt die Beine von sich): Da verließen sie ihn, heeßt et in det Lied. Ne, nu kucken Sie bloß mal. Ist doch wat Apartes, so'ne Batterie Flaschen. (Er betrachtet prüfend die Flaschen): Der Punsch, der ist für die jungen Leute, der Rothspohn ist für'n ollen Papa, und der Malaga, det ist der Damenwein. Wat Süßes! Das lieben sie ja! Die kleenen Zuckermäuler. Ne, es sind doch zwei zu nette Geschöpfe, das Fräulein Olja und das Fräulein Bertha. (Weyland auf die Schulter tippend): Sie oller Schwede, Sie! Na, nu thun Sie man nicht so! Wer war denn der kleene Besuch, den ick vor'ne Stunde in Ihre Thiere ringehen sah?

Weyland: Weiß ich nicht. Was für ein Besuch?

Jahnke: Wat for'n Besuch! Der mit'n blauen Shawl! Werd' ick doch kennen! Ick war jrad auf'n obersten Treppenabsatz, da seh' ich auf eenmal wat über'n Hof huschen, flink wie'n Wiesel und'n blauen Shawl um'n Kopp. Det Persöneken kennst Du doch, denk' ick mir, da hör' ich sie ooch schon bei Ihnen parterre anklopfen, und nach 'ne Weile wird aufgemacht und Ihre Stimme und 'ne gewisse andre Stimme reden zusammen. (Eine Rothweinflasche zwischen den Knieen haltend, mit dem Pfropfenzieher beschäftigt) Haben Sie nicht vielleicht ein paar Gläserken über=flüssig?

Weyland: Solche vielleicht? (Er stellt ein paar Wassergläser auf den Tisch.)

Jahnke: Wassergläser? Pfui Deibel! Aber besser wie jarnischt! (Die Gläser vollschenkend): Na, kommen Sie her, Weylandeken, lassen Sie jut sein! Stoßen Sie mit mir an! Fräulein Olja soll leben!

Weyland (hat ebenfalls getrunken): Was hat sie denn eigentlich mit Ihnen verhandelt? Das würde mich doch interessiren.

Jahnke: Na, wat sagen Sie zu den Droppen? Doll, wat? Da hab' ick natürlich meine Quellen ... Ja, was ich sagen wollte ... Ach ja, det liebe Oljaken! Det kleene Herzeken! Na, kleen ist sie ja eigentlich nicht! Eher groß und üppig! Grad so mein Geschmack! 'n Bisken wat Handfestes! (Schnalzend und trinkend): Die Andre, die Bertha, die ist mir noch'n Bisken zu junges Jemiehse. Die is wat für Sie oder für'n Herrn Ebert. Wer hat sie denn nu eegentlich? Nu rücken Sie mal raus, Fritzeken. Ick nehme ja ooch, wat ick kriege. (Er blinzelt über das Glas, das er an die Lippen setzt, zu Weyland hinüber.)

Weyland (sich vor ihn hinsetzend): Ja, ja, die alten Herren!

Jahnke: Wollen ooch leben, Sie junget, ruppiget Huhn! Man hat ja das Vergniejen bloß eenmal! Die Polizeistunde schlägt schon früh genug... Nachher haben Sie immer noch Zeit lang zum Ausschlafen.

Ne, aber man kriegt bloß nischt mehr. Früher, da hängten sich Einem die hübschen Mächens an den Hals. Damit ist es nu rum. Nu, Schlauheit, nu kommst Du an die Reihe. Nu heeßt, die Geschichte vom andern Ende anfassen. (Er füllt schmunzelnd sein Glas und macht eine handgreifliche Geberde): Sich wat Reelles zulegen, wat for't Herz auf seine ollen Dage! Hat ooch seine Reize! Sagen Se nischt. Ne, aber auf wat ick anstoßen wollte, auf Ihre Erfindung. Also, Sie haben 'n Stein der Weisen entdeckt?

Weyland: Ohne Umschweife, Herr Jahnke. Wollen Sie mir das Geld geben, und zu welchen Bedingungen? Ich muß klaren Wein haben. So oder so.

Jahnke: Den sollen Sie schon kriegen. Et muß sich doch erst setzen. Hat'n Oljaken nich mit Ihnen gesprochen?

Weyland: Ja, aber ich bin nicht klug draus geworden. Hat Fräulein Olga irgend was damit zu thun? Ich führe meine Sachen am liebsten selbst.

Jahnke. Wat sie mit zu dhun hat? Na, nu seien Sie so jut. Wat meine Zukünftige mit zu dhun hat? Doch 'ne Frage!

Weyland (aufspringend): So also liegt die Sache?! Das genügt mir!

Jahnke (sich langsam aufrichtend): Kommen Sie, Weylandeken, helfen Sie mir 'n Bisken auf die Beine. Aller Anfang ist schwer. Wenn ick stehe, denn steh' ick.

Weyland (ist hinzugekommen, faßt ihn unter die Arme):
So? Geht's?

Jahnke (schnaufend): Die Balance hab' ich! Nu
halt' ich mir schon! Danke scheen! Das ewige
Sitzen ist ooch nischt. Ae! (Geheimnißvoll): Ick will
nischt gesagt haben, Fritzeken. Aber et könnte
doch sind.

Olga (mit zwei Lampen und zwei Leuchtern im Arm, ist
schnell eingetreten, ruft noch von hinten): Kinder, der erste
Schnee! Jetzt kommt der Winter.

Jahnke (ihr entgegenhumpelnd, sehr belebt): Oljaken,
nu können Sie mir nischt mehr vorwerfen! Weiß
sind Se nu ooch!

Olga: Nehmen Sie mir lieber die Leuchter ab,
seien Sie galant! Alt genug sind Sie dazu!

Jahnke: Werden Sie ooch noch, reden Sie
nischt! Wo stellen wir sie denn hin?

Olga: Sehen Sie, Weyland, der Schnee ist
schon weg.

Weyland: Es war nur ein Reif. (Sie stehen in
der Mitte des Ateliers.)

Olga: Aber mein Haar ist naß! Da fühlen
Sie mal! (Zu Jahnke, der dicht bei ihr steht): Was wollen
Sie denn?

Jahnke (mit den Leuchtern in der Hand, sie musternd):
Nehmen Sie sich doch das eklige Tuch ab, Herzeken!
(Er nestelt an ihrem Umschlagetuch.)

Olga (seine Hand wegstoßend): Erst mach' ich Licht,
dann zeig' ich mich, Kinder!

Jahnke: Ick jloobe, et giebt 'ne Ueberraschung! Man rasch! Kommen Sie, Oljaken! Ick helfe Ihnen! (Er humpelt zum hinteren Werktisch mit seinen Leuchtern.)

Olga (folgt ihm mit den Lampen. Beide sind hinten mit dem Anzünden beschäftigt.)

Ebert (ist gleich hinter Olga eingetreten, wieder mit Cylinder und Stock, hat sich so lange zurückgehalten, tritt jetzt auf Weyland zu, mit plötzlichem Ruck): Ich danke Dir! Gieb mir die Hand!

Weyland: Wofür dankst Du mir?

Ebert: Gieb mir Deine Hand, sag' ich Dir!

Weyland (erstaunt): Was meinst Du damit?

Ebert: Ich weiß jetzt, was es Dich gekostet hat! Du hast Bertha selbst geliebt.

Weyland: Alles Andere eher als das!

Ebert: Rede nichts! Ich weiß es! Du hast mir zu Liebe entsagt! Das wurmt mich. Du hast mehr gekonnt, als ich!

Weyland (halb gerührt): Du Schwärmer, Du!

Ebert: Ich hätte das nicht gekonnt! Gegen Dich war ich der Egoist! Gieb mir Deine Hand!

Weyland: Noch einmal?

Ebert: Ja, noch einmal!

Weyland: Also, zum letzten Mal! (Er reicht sie ihm.)

Ebert: Jetzt kann uns nichts mehr trennen! (Er wischt sich über die Augen.)

Weyland: Guter Kerl, Du!

Olga (die mit Jahnke die Lampen und Leuchter angezündet und dazwischen seine Lieblosungen abgewehrt hat, von hinten rufend): Ebert, seien Sie doch so gut, ja. (Sie hält die brennenden Leuchter in der Hand.)

Jahnke: Uff'n Dogenblickchen, junger Herr, ja!

Ebert (nach hinten zu, militärisch): Zu Befehl, mein Fürst!

Olga (ihm die Leuchter übergebend): Da auf den Schrank und da auf's Wandbrett! (Sie zeigt nach links hinüber.)

Jahnke: Mitten mang die Gipsköppe! (Er humpelt hinter Ebert her zur linken Wand.)

Olga (ist nach vorn gekommen, zu Weyland, der am Tisch steht, gedämpft): Sind Sie einig?

Jahnke (zu Ebert): Warten Sie, ick halte Ihnen den Stuhl!

Weyland (erregt): Olga, was haben Sie vor?

Olga (weich): Lassen Sie mir doch meinen Willen, Fritzchen! Ich thu's ja für Sie.

Weyland: Ich nehme kein Opfer an! Ich weiß Alles!

Olga: Sie wissen nichts! Ich habe Ihnen nichts gesagt!

Weyland: Sie thun's umsonst, Olga! Ich helfe mir selbst!

Olga: Das können Sie nicht, Fritzchen! Ich muß Sie retten!

Weyland: Lieber nichts als so!

Olga: Fritzchen, Sie müssen mir versprechen...

Weyland: Nichts! Auf Ihren Kopf, was geschieht!

Olga (sich abkehrend): Ich thu', was ich muß!
(Ebert hat indeß die Leuchter an die zugewiesenen Plätze gestellt, indeß Jahnke ihm den Stuhl hielt. Jetzt ist alles an-

geordnet, die Leuchter auf dem Bücherschrank und dem Wandbrett, die Lampen auf den beiden Arbeitstischen, vorn Wey-
lands Lampe.)

Jahnke (ist in die Mitte des Ateliers gehumpelt, mit be-
friedigtem Schmunzeln): Wollen sich nich mal umdrehen,
Oljaken? (Da Olga es thut): Na, wat sagen Sie nu?
Det ist der Feenpalast, wie er im Buch steht! Alles
een Licht! Een Licht!

Olga: Und mitten drin die Fee. (Sie hat ihr Tuch
abgeworfen und steht im Gesellschaftskleid, hell beleuchtet da.)

Jahnke (keuchend): Kinder, 'n Stuhl! 'n Stuhl!
Ick bin geblendet!

Ebert (ihm einen Drehbock hinschiebend): Nehmt hier
den Ehrenplatz, mein Fürst!

Jahnke (auf dem Bock niedersinkend): Det war zu
viel auf einmal! Mir ist schwach!

Ebert (zu Bertha, die soeben in ihrem blauen Shawl, mit
einem großen Korb am Arm, eingetreten ist): Berthchen, meine
Sonne, gehst Du auf? (Er geht mit ausgebreiteten Armen
auf sie zu.)

Bertha (den Schnee abschüttelnd, ohne Ebert zu beachten):
Ich bringe den Eßkorb, Tante. Die Gläser sind auch
drinnen.

Ebert (die Arme sinken lassend, zerschmettert): Den Freß-
kober? Das mir in diesem Augenblick! (Beide packen
hinten aus.)

Olga (hat unbeweglich dagestanden, halb verträumt, halb
mit verschleiertem Blick zu Jahnke hinüber, jetzt mit halber
Kopfbewegung): Stell' nur hin. (Zu Jahnke.) Haben
Sie sich jetzt satt an mir gesehen?

Jahnke: Satt? Nie! Kann ick jar nich! Kommen Sie an mein Herz, Oljaken! Betrachten Sie mir als Ihren Vater!

Olga (seltsam): Sie alter Sünder, Sie!

Jahnke: Und vor so'n ollen Krauter haben Sie Angst? (Er küßt ihre Hand.)

Olga: Die Jahre haben Sie, aber nicht die Besserung!

Jahnke. En zwanzig Jährken früher, Oljaken! Et hätt 'n Paar jejeben!

Olga (trällernd, mit seltsamem Ausdruck in der Stimme): Es hat nicht sollen sein!

Jahnke: Nee, nee, woll nich! Aber wat nich is, kann ja heite noch werden! Ick wünschte, Sie hätten mir gesehen, in meine jungen Jahre!

Olga: Waren Sie da auch schon so dick?

Jahnke: Ick? Wie 'ne Tanne, so schlank! Nach= gelaufen sind se mir!

Olga: Ein schöner alter Mann sind Sie ja jetzt noch!

Jahnke (beglückt in die Höhe fahrend): Oljaken!

Olga: Himmel! Die Butterbröde! (Sie geht nach hinten zu Bertha und Ebert.)

Weyland (bringt einen großen Kessel mit kochendem Wasser von dem Ofen her nach vorn, zu Jahnke): Das heiße Wasser wäre fertig!

Jahnke (hinter Olga her, nach hinten zu): Gleich Fritzeken, gleich! Blos mal sehen, wat Oljaken hinten hantirt.

Bertha (kommt nach vorn, in der Rechten ein Tablett mit Gläsern, in der Linken eine Schüssel mit belegtem Brot. Sie stellt

Alles auf den Sophatisch. Ihr Shawl ist ihr auf die Schultern ge-
glitten): Guten Abend, Herr Weyland!

Weyland (hat den Wasserkessel auf den Tisch gestellt, halblaut): Warum haben Sie denn den Shawl nicht zu
Hause gelassen? Müssen Sie absolut mit dem Feuer
spielen?

Bertha: Laß Herr Ebert doch merken, soviel
er will! Ich laß' es eben darauf ankommen.

Weyland (drohend): Spielen Sie nicht mit mir,
Bertha! Ich bin desperat.

Bertha: Ich vielleicht auch.

Ebert (nach vorn kommend, zwischen die Beiden, halb komisch):
Wie sagtest Du, mein Schatz?

Bertha: Zu Ihnen nichts.

Ebert (pikirt): Was habt Ihr beide denn?

Weyland (geht ohne zu antworten, nach hinten zu).

Bertha (vorn am Tisch beschäftigt): Ich habe Sie doch
gebeten, Sie sollen mich nicht Du nennen. Ich duze
Sie ja auch nicht!

Ebert: Schlimm genug. Ich finde es eine
merkwürdige Zumuthung, daß Brautleute sich siezen
sollen.

Bertha (mit dem Fuße aufstampfend): Wir sind keine
Brautleute!

Ebert (aufgebracht): Das wollen wir sehen! Meinst
Du, ich bin der Schweinehund, der sein Wort bricht?
In zehn Minuten wird es feierlich proklamirt.

Bertha: Ich kann es abwarten.

Ebert: Berthchen, was hast Du auf einmal gegen
mich? (Er will sie umarmen.)

Halbe, Lebenswende.

Bertha (sich losreißend): Ach, lassen Sie mich doch!

Ebert (außer sich): Wer hat mir das angethan! (Er läuft erregt hin und her.)

Olga (nach vorn kommend, mit einer zweiten Schüssel voll belegtem Brot): So, Kinder, setzt Euch! Jetzt wird gegessen und getrunken.

Jahnke (hinter ihr her, mit Tellern und Bestecken, zu Ebert): Wat loofen Sie denn rum, wie der Tiger im Zoologischen?
(Alle setzen sich, die Damen auf das Sopha, Olga rechts, daneben, auf den Stuhl Jahnke, Bertha links, neben sie Ebert. Weyland sitzt auf einem Drehbock, dem Sopha gegenüber. Er ist schweigsam und finster. Er ist der Einzige, der nicht ißt.)

Bertha (essend): Herr Ebert ist gereizt wie gewöhnlich. Wollen Sie sich nicht auflegen, Herr Weyland?

Ebert (außer sich mit der flachen Hand auf den Tisch schlagend, gegen Bertha): Weshalb bietest Du mir nichts an? Ersuche um Aufklärung!

Bertha: Sie haben sich ja schon selbst genommen. Und wie!

Ebert: Das ist kein Grund! Soll ich etwa hungern?

Bertha: Das ist mir doch egal.

Ebert (offiziell): Unter diesen Umständen sehe ich mich allerdings bis auf Weiteres gezwungen, Dich wieder zu siezen!

Jahnke (kopfschüttelnd): Gemiethlich, Kinder! Gemiethlich! So jung kommen wir nicht wieder zusammen. Auf'n juten Erfolg, Fritzeken! (Er erhebt sein Glas und stößt, mit Weyland anfangend, der Reihe nach mit jedem

an.) Et klingt jut, Ebertken! Nu, man nich unge=
miethlich werden! (Zu Bertha): Stoßen Sie hübsch
mit Ihrem Bräutigam an. Denn ist er wieder zu=
frieden! Prost, Oljaken, Herzeken! Und wenn Sie
nu hübsch artig sind, spiel' ick Ihnen wat. (Er erhebt
sich schwerfällig, humpelt langsam nach hinten.)

Olga: Kinder! Jetzt kommt's! Jetzt paßt auf!
(Mit dem Glas in der Hand, aufspringend): Soll ich Ihnen
Gesellschaft leisten?

Jahnke (hat hinten in der Nische so lange gekramt, auf=
sehend): Na und ob! Mit Handkuß! Zehnmal!
Oljaken! Sießestes!

Olga (läuft nach hinten): Da haben Sie mich!

Jahnke: Hurrah! In die Luft mit dem ollen
Kadaver!... Haben Sie'n Sprung gesehen, Oljaken?..
Kinder, hier steht Eener, der immer uff't Janze je=
jangen is in seinem Leben! Nu kann ick mit ruhigem
Gewissen sagen: Ende gut, Alles gut! Ick habe
meine Schuldigkeit gethan! Oljaken, singen Se mit!
(Er steht in der Nische zwischen Schrank und Ofen, hält mit
der Linken Olga umfaßt, während er mit der Rechten an
einem Leierkasten dreht. Er spielt die Melodie: Schier dreißig
Jahre bist Du alt...)

Bertha (sich zurücklehnend): Ach, ein Leierkasten!
Das hör' ich gern.

Olga (singend): Hast manchen Sturm erlebt . . .

Ebert (Bertha verschlingend): Bertha, Ihr Haar!

Bertha: Ach, das dumme Haar! Laß es fallen!
(Ihr Haar hat sich aufgelöst und fällt in goldblonden Wellen um
Kopf und Schultern.)

9*

Ebert (auffpringend): Lorelei! ... Ich geh' zu Grunde! (Er läuft in das Atelier hinein, wirft fich auf eine Kifte und ftarrt von da unbeweglich zu Bertha hinüber.)

Olga (hat erft leife, dann lauter die Melodie mitgefungen): Haft mich wie ein Bruder befchüget ...

Jahnke (fekundirt, während er den Leierkaften dreht.)

Olga (fingend): Und wenn die Kanonen ge= blitzet ...

Bertha (zu Weyland): Wie gefall' ich Ihnen mit offenem Haar?

Olga (fingend): Wir Beide haben nicht gelebt!

Weyland (fchweigt.)

Bertha: Sehen Sie jetzt, daß ich nicht fo kalt bin, wie ich fcheine?

Weyland: Ich weiß es nicht.

Bertha! Fritz! ... Mein Gott, was ift denn das? Wo kommen denn die Pfropfen her? Herr Ebert, find Sie das?

Ebert (hat zu Anfang der Scene mechanifch die Pfropfen vom Tifch gefammelt und in die Tafche gefteckt, fchleudert jetzt wuthfchäumend einen nach dem anderen gegen Bertha): Ich haffe Dich! Ich haffe Dich! Schlange! Schlange!

Bertha (die Hände vorhaltend): Herr Ebert! Ich verbitte mir das! Au! Au! Sind Sie verrückt?

Weyland. Ebert! Wer wird denn mit Pfropfen werfen!

Ebert: Ich will aber mit Pfropfen werfen! Da haft Du den letzten! (Er will nach Weyland fchleudern.)

Weyland (ift aufgefprungen und entwindet ihm den Pfropfen): Laß das! (Er wirft ihn fort.)

Ebert (knirschend): Du!

Weyland (ihn scharf fixirend): Mäßige Dich! (Er setzt sich wieder.)

Jahnke (hat indeß den zweiten Vers der Melodie gespielt, den Olga leise mitgesummt hat, kommt jetzt langsam nach vorn. Er schwankt etwas und stützt sich auf Olga): Na, Kinder, wie war et? Scheenet Lied, wat? Et stimmt! Et stimmt! Hast manchen Sturm erlebt! Hab' ick ooch! . . . Halten Sie mir, Oljaken, ick bin janz drehkatrig im Kopp! . . .

Olga: Stützen Sie sich nur auf, Papachen! Ich führ' Sie schon!

Jahnke: Sie nennt mir Papachen! Oljaken, Sie sind 'n Engel! Ick setz' Ihnen als meine Universal-erbin ein! Kinder hab' ick keene! So wat hat mir nich jeblieht! Kinder, nu seid Ihr meine Kinder! Nischt geht doch über junge Leute! Fritzeken, wollen Sie 't Geld haben?

Weyland (sich erhebend, sehr ruhig): Sie sind sehr freundlich, Herr Jahnke. Ich danke Ihnen.

Jahnke (in zunehmender Heiterkeit): Reden Se nischt! Ick geb's Ihnen!

Weyland: Ich wiederhole nochmals, Herr Jahnke! Jetzt danke ich!

Jahnke (läßt sich auf's Sopha niederfallen): Danken Sie, wenn Sie wat haben! Wieviel soll's denn sein? Dreitausend, Viertausend. Bis Fünftausend können Sie haben!

Weyland (in heftigem Kampf mit sich, schweigt.)

Olga (haftig, halblaut): Nehmen Sie, was Sie kriegen! Wer weiß, wie's morgen ist!

Jahnke (höchst gemüthlich): Nehmen Sie die Gelegenheit wahr, Fritzeken! Et kommt nich wieder, det sag' ick Ihnen gleich!

Weyland (in furchtbarer Zerrissenheit vor sich hin): Es kommt nicht wieder! (Er geht gegen seinen Ofen zu, nach einem Augenblick zurückkommend): Nein! . . . Nein! . . . Nein! . . .

Olga (traurig): Es wird Ihnen leid thun, Fritz.

Weyland: Unter diesen Umständen, nie!

Jahnke (ist halb eingenickt, erwacht wieder): Na, wollen Sie't nu oder nich? Thun Sie mir 'n Gefallen, ja? Kommen Sie, Oljaken, setzen sich an meine jriehne Seite! (Da Olga sich neben ihn setzt): Kinder, det is der scheenste Tag meines Lebens! Und nu Verlobung feiern, wat, Oljaken? (Er sieht sie zärtlich an.)

Olga (wie um auszuweichen, zu Ebert): Na, Sie schüchterner Liebhaber?

Jahnke (zwischen Schlaf und Wachen): Sie haben woll 'n Haar in die Suppe gefunden?

Olga: Ach, Ebert! Ebert! Lassen Sie sich auslachen!

Ebert: Was?! Jetzt hat's geschnappt! (Aufspringend): Meine Damen und Herren! Geehrte Anwesende! Ich proklamire hiemit meine Verlobung mit Fräulein Bertha Schmidt!

Bertha: Darüber werde ich wohl auch noch zu befragen sein.

Ebert: Du bist befragt! Ich lasse mich nicht blamiren!

Olga: Ebert ist vollständig im Recht! So benimmt man sich nicht!

Bertha (ihr Tuch um den Kopf nehmend): Ich gehe, Tante! Ich weiß ja glücklicherweise noch, wo ich hingehöre. (Sie steht auf und macht sich zum Gehen bereit.)

Jahnke (im Halbschlaf): Gemiethlich, Kinder, gemiethlich!

Ebert (ihre Hand packend, fast weinend): Berthchen, geh' nicht! Mein Glück geht ja fort, wenn Du gehst!

Bertha: Lassen Sie meine Hand los, Herr Ebert! Wenn Sie auch Alle sagen, ich bin kalt und herzlos und dies und das, so tief bin ich noch nicht gesunken, daß ich einen Mann nehmen werde, den ich gar nicht mag.

Ebert (auf das Sopha sinkend): Hab' ich denn geträumt?

Bertha: Wahrscheinlich. Sie träumen ja immer.

Olga: Trösten Sie sich, Ebert! Sie ist es nicht werth!

Weyland (näher kommend, weich): Siehst Du's jetzt endlich? Erkennst Du jetzt die Welt, Ebert?! Bis heute warst Du ein Kind! Sei jetzt ein Mann! Die Zeit ist da, glaube mir! Die Zeit ist da.

Ebert (aufspringend): Ich will aber nicht! Gebt mir meine Ideale zurück!

Bertha (sich zum Gehen wendend): Ich gehe jetzt, Tante. Morgen früh reise ich zu meinem Papa. (Sie streift mit ihrem Tuch über Jahnke's Gesicht.)

Jahnke (erwachend): Det Tucheken! Det Tucheken! Det kommt mir so bekannt vor!

Ebert (mit weitaufgerissenen Augen, stößt einen gurgelnden Schrei aus, taumelt): Das Tuch! Das Tuch!..

Jahnke (lallend und nickend): Det kommt mir verdeibelt bekannt vor! Nu sagen Sie mal, Fritzeken!

Ebert (auf Bertha losstürzend): Warst Du vorher bei Weyland oder nicht? Keine Lüge! Ich ermorde Dich!

Weyland (dazwischen springend): Laß' Du Bertha los und mach' keinen dummen Streich!

Ebert (gegen Weyland): Und Du! Und Du! Kanaille, die Du bist!

Weyland: Schäme Dich! Wir sind fertig! (Er wendet sich ab.)

Ebert: Bravo! Bis zum letzten Augenblick spielt er den Ueberlegenen, den großen Mann! Kanaille, die Du bist! Jetzt schieße Dich mit mir!

Weyland: Ich schieße mich nicht mit Wahnsinnigen! Wenn ich einen Selbstmord begehen will, brauch' ich Dich nicht!

Ebert (sich gegen Bertha wendend): Das Tuch! Das Tuch! Das redet ja Bände! Blut! Blut! Das schreit nach Blut! (Er sieht sich wild um, packt Bertha beim Arm.)

Bertha (schreiend): Fassen Sie mich nicht so an, sag' ich Ihnen! Uebrigens fühle ich mich absolut rein. Das ist mir die Hauptsache!

Ebert: Metze! Elende! (Er stößt sie von sich und taumelt zu einem Stuhl.)

Olga (hat die Situation allmählich begriffen, in wild ausbrechendem Schmerz gegen Weyland): Also das ist die Erkorene!

Weyland: Wollen Sie jetzt auch noch anfangen? Hören Sie doch erst meine Erklärung!

Olga (die Hände vor das Gesicht pressend): Was bin ich auch! Ich bin ja alt vor der Zeit!

Weyland (sich resignirt abwendend): Gegen Natur= gewalten bin ich ohnmächtig.

Olga: Warum sind Sie hergekommen?! Warum haben Sie mir nicht meinen Frieden gelassen?.. Ach, Robert! Mein Robert! (Sich vor den Kopf schlagend, in plötzlichem Begreifen): O, Du barmherziger Gott! War ich denn wahnsinnig?

Weyland: Sehen Sie, Olga, jetzt kommen Sie zur Vernunft!

Olga: Fritz! Sie haben mir ein Stück von meinem Leben weggenommen. Verzeih's Ihnen Gott! (Sie geht schnell ab.)

Ebert (hat Olga's letzte Rede mit angehört, springt auf): Siehst Du jetzt, wohin Dein System geführt hat, Du Unmensch, Du! Alle fallen von Dir ab!

Weyland: Rede Du nicht! Mit Dir bin ich aus!

Ebert: Ich will aber reden! Lang genug hab' ich mich von Dir ducken lassen! Jetzt sag' ich Dir in's Gesicht, was Du bist! Ein Unmensch bist Du, ein krasser Egoist, der nur an sich denkt, keinen Anderen neben sich aufkommen läßt! Gehaßt hab' ich Dich, da ist es heraus, von der Schulbank an, all' die grauenvollen Jahre durch, gehaßt wie meinen

Todfeind! Da hörst Du's! Aber jetzt imponirst Du mir nicht mehr! Mit nichts mehr! Bilde Dir nur ja nichts ein! Auch nicht mit Deiner sogenannten Erfindung! Das ist ja Alles blos Sand in die Augen gestreut! Auf Deinen ganz gemeinen Rebbach bist Du aus! Geld willst Du schlucken, Du Hoch=stapler! Das ist Dein ganzes Geheimniß! Von höheren Zielen hast Du keine Ahnung.

Weyland: Du armer Tropf! Du thust mir leid!

Ebert: Mitleid auch noch?! Du Dieb, Du! Gieb mir mein Glück zurück! Bestohlen hast Du mich! Schieße Dich mit mir, sag' ich, oder ich knalle Dich nieder wie einen tollen Hund!

Weyland: Laß doch solche Späße! Es lohnt ja die Revolverkugel gar nicht.

Ebert: Das ist der Schluß von zwanzigjähriger Freundschaft!

Weyland:. Ein schöner Schluß! Strich durch die ganze Rechnung! Schad' um die Zeit! Jetzt geh', verdirb mir nicht den Abend!

Ebert (zusammenbrechend): Bankrott! Bankrott mit Allem! (Plötzlich aufspringend): Ich weiß, was ich thu'! (Er stürzt ohne Hut und Mantel hinaus, schlägt die Thüre hinter sich zu.)

(Pause.)

Weyland (sich langsam aufrichtend): Weshalb das nur Alles auf mich einstürzt? Ich bin ja unschuldig. Wär's nicht so furchtbar geheimnißvoll, es wäre un=sagbar lächerlich! (Dann zu Bertha, die am hinteren Arbeits=tisch lehnend, der ganzen Scene unbeweglich zugehört hat): Bei allen Göttern, sind Sie immer noch hier? Was wollen Sie von mir?

Bertha (ist nähergekommen, steht dicht vor Weyland, mit gesenktem Kopf): Fritz!

Weyland: Sie sind mir theuer zu stehen ge= kommen, Bertha. Jetzt bin ich ein armer Mann!

Bertha (leise): Sehen Sie denn nicht, daß ich Sie lieb habe, Fritz?

Weyland: Und deshalb ruiniren Sie meine Existenz? Jetzt frage ich Sie, was können Sie mir als Entgelt bieten? Jetzt zeigen Sie doch mal, was Ihre Liebe kann!

Bertha (leidenschaftlich): Ich will nicht so durch's Leben gehen! Ohne eine Seele, die an einem hängt! Ich habe ebenso warmes Blut wie Tante Olga und alle die Anderen! Ich zeige es nur nicht so. Mich an den Ersten, Besten wegwerfen, das kann ich freilich nicht. Es muß ein Mann danach sein!

Weyland: Und da verfallen Sie auf mich?

Bertha (an seiner Brust): Fritz, lassen Sie mich nicht im Stich! Ich will keine alte Jungfer werden, die bloß an ihre Katzen und Hunde denkt. Ich will mich nicht so als ein unnützes Stück Möbel von Haus zu Haus herumdrücken lassen und dummen Göhren den Kopf volltrichtern! Ich will auch zu was da sein auf der Welt!

Weyland: Wissen Sie auch, daß ich nicht heirathen werde?

Bertha: Das sagt Jeder, so lange er noch nicht das Richtige gefunden hat. Das hab' ich auch gesagt.

Weyland: Es giebt aber auch Leute, die es durchführen. Ich habe kein Talent zur Ehe. Frei zusammenleben und auseinandergehen, wenn das Gefühl vorbei ist, das ja. Dazu könnte ich mich entschließen, aber zur Ehe nicht.

Bertha (sich aufrichtend): Fritz, ist das ihr letztes Wort?

Weyland: Das ist mein letztes Wort! Wenn Ihre Neigung so groß ist, daß Sie das können, gut! Entscheiden Sie sich!

Bertha (zurücktretend): Ihre Frau, ja! Ihre Maitresse, nein! Dazu bin ich zu gut erzogen!

Weyland (sich auf dem Absatz umdrehend, fast lachend): Sehen Sie, ich hab's Ihnen ja auf den Kopf gesagt! Zur That reicht's nicht aus!

Bertha: Ich bin eben ein anständiges Mädchen! Damit haben Sie nicht gerechnet.

Weyland: Damit habe ich von Anfang an ge= rechnet. Es freut mich, daß ich mich nicht ge= täuscht habe.

Bertha: Warum verlangen Sie dann so etwas von mir?

Weyland: Weil ich die Probe auf das Exempel machen wollte.

Bertha (schluchzend): Ich kann nichts dafür, daß ich so bin.

Weyland: Nein, Sie können nicht dafür! Sie tragen Ihr Unglück in sich selbst.

Bertha (sich zum Gehen wendend): Leben Sie wohl!

Weyland: Jetzt gehen Sie wahrscheinlich zu Ebert?

Bertha: Vielleicht.

Weyland: So, wie ich Sie kenne, sicher!

Bertha: Warum nicht? Dann habe ich doch wenigstens einen Menschen, auf den ich mich verlassen kann.

Weyland: Ich denke, Sie mögen ihn nicht?

Bertha: Was wäre dabei? Ich mache es wie Mama! Adieu!

Weyland: Adieu!

Bertha (sich in der Thür noch einmal umwendend): Und vergessen Sie, daß es eine Bertha gegeben hat. (Ab.)

(Kurze Pause.)

Weyland (steht in tiefen Gedanken, geht einige Schritte auf den schlafenden Jahnke zu, bleibt wieder stehen): Da schnarcht das alte Thier! ... Das weiß von nichts! ... Glück und Unglück sind ihm gleich! ... (Plötzlich fällt sein Blick auf den Ofen, aus dem soeben ein Strahl intensiven, rothen Lichts herausleuchtet. Er stürzt auf das Gußloch zu, reißt die Bretter weg, die darüber gelegt sind und fängt an, die in die Tiefe versenkte Figur herauszuheben.)

Heyne (ist während dieser Arbeit eingetreten, kommt näher, tippt Weyland auf die Schulter): Was graben Sie da aus der Erde?

Weyland (auffehend, ohne besondere Ueberraschung): Meine Zukunft!

Heyne: Die liegt bei uns allen in der Erde! Ist das der Guß, von dem Sie sprachen?

Weyland: Ja, jetzt werd' ich erfahren, ob ich ein Narr war. Jetzt muß sich's ja zeigen, ob ich auch nur geträumt habe, ebenso wie Ebert.

Heyne: Ich sage Ihnen, der Guß ist gelungen.

Weyland: Woher wissen Sie das? Ich muß doch erst den Mantel abschlagen.

Heyne (lächelnd): Ja, sehen Sie, ich blicke jetzt durch den Mantel durch.

Weyland (arbeitend): Was heißt das?

Heyne: Ich glaube jetzt an Sie.

Weyland: Warum haben Sie das nicht schon früher gethan?

Heyne: Weil ich nicht früher konnte. Ich sagte Ihnen ja gleich, Sie sind zu rasch. Vergessen Sie nicht, daß ich zehn Jahre älter bin als Sie! Ich glaube nicht mehr so schnell.

Weyland: Wie sind Sie denn jetzt dazu gekommen?

Heyne: Ich komme von Fräulein Olga. Wir haben uns ausgesprochen. Mir ist die Sache ziemlich klar geworden, besonders, was Sie anbetrifft. Ich gestehe ganz offen, daß mir mein Mißtrauen da einen Streich gespielt hat. Ich habe Sie sozusagen überschätzt.

Weyland: Ich danke Ihnen! In wiefern?

Heyne: Sie sind nicht der Mann, der sich mit Frauen aufhält. Das war mein Irrthum.

Weyland: Also waren Sie doch auch zu rasch.

Heyne: Deshalb bin. ich auch noch einmal wiedergekommen. Ich wollte mich doch noch verge= wissern, ehe ich für immer über's Wasser zurückging. Ich konnte mich ja wirklich übereilt haben.

Weiland: Also jetzt reisen Sie nicht?

Heyne: Nein. Ich werde wohl hier bleiben.

Weyland: Wann ist die Hochzeit?

Heyne. Vielleicht nie. Sie sitzt vor dem Bilde ihres Toten und weint.

Weyland (zu Ebert, der soeben eingetreten ist): Was willst Du noch hier? Mit Dir hab' ich nichts mehr zu reden.

Ebert: Nur meinen Stock und Cylinder holen. Im Uebrigen nehme ich zurück, was ich gesagt habe. Meine Braut hat Alles aufgeklärt!

Weyland: So? Hat Deine Braut Alles auf= geklärt?

Ebert: Jawohl! Es war ein Mißverständnis.

Weyland: Aber eines, das sich nicht mehr gut machen läßt.

Ebert: Dann ist mir das ein Beweis, daß Du nichts für mich empfunden hast.

Weyland: Was weißt Du davon! Vielleicht mehr, als Du Dir hast träumen lassen.

Ebert. Versuch' es noch einmal mit mir, Fritz! Du sollst sehen, ich werde jetzt ein anderer Mensch.

Weyland: Du? Niemals! Besser wir trennen uns heute. Wir haben keine Berührung mehr mit einander!

Ebert: Das siehst Du jetzt auf einmal?

Weyland: Einmal muß man es eben sehen! Erinnerst Du Dich, was ich Dir vorher gesagt habe? Die Zeit ist da zum Mannwerden. Du hast den Augenblick versäumt.

Ebert. Dann condolire mir wenigstens! Meine Tante hat ausgelitten! Eben kam das Telegramm!

Weyland: Ich gratulire!

Ebert (schon im Gehen): Jetzt bin ich wirklich der letzte meines Stammes! Hab' doch Mitleid mit mir!

Weyland: Du brauchst mein Mitleid nicht. Lebe glücklich! . .

Ebert: Ich sag' ja, ich bin zum Unheil ge=boren! (Schließt langsam die Thür hinter sich.)

Weyland (in tiefen Gedanken, ihm nachsehend): Wissen Sie auch, Herr Heyne, was da hinausging?

Heyne (nach einem Augenblick, achselzuckend): Ein ewiges Kind.

Weyland (langsam vor sich hinsprechend): Meine Jugend ging da zur Thür hinaus. (Dann abschüttelnd): So, und jetzt wollen wir den Mantel abschlagen. (Beide heben die Figur aus der Gruft und setzen sie auf den Boden. Weyland schlägt den Mantel mit einem Hammer ab.)

Jahnke (von dem Geräusch erwachend): Oljaken! Herzeken!

Weyland (aufsehend): Erwacht der auch noch mal?

Jahnke (sich verschlafen umsehend): Wat is'n los?

Heyne (lächelnd zu ihm hin): Sie haben Ihr Glück verschlafen, alter Herr, das ist Alles.

Jahnke: Wat hab' ick? Wat hab' ick?

Weyland (vor der enthüllten Figur): Heyne! Heyne! Kommen Sie!

Heyne (schnell hin, mit kurzem Blick). Ich wußte, daß es gelingt! (Nachdenklich): Der borghesische Fechter. (Mit erhobenem Finger, lächelnd): Ein kämpfender Mann!

Weyland (ihm in die Arme fallend): Sieg! Sieg!

Vorhang.

Olga Hensel, dreißig Jahre alt. Hoher, voller Wuchs. Kühner Gesichtsschnitt. Blauschwarzes Haar. Brünette Hautfarbe. Ihre Augen blicken fast immer verschleiert wie in weite Ferne. Ihr Wesen wechselt zwischen sprunghafter Unruhe und melancholischer Zerstreutheit. Auch in ihrer Kleidung äußert sich diese Neigung zum jähen Umschlagen. Sieht man sie heute in eleganter Toilette, so erscheint sie morgen im einfachsten Hausrock und fast vernachlässigt. Eine der Anlage nach sorglose und kühne Natur, die Leben und Schicksal vor der höchsten Blüthe gebrochen haben.

Bertha Schmidt, eine zwanzigjährige, zierliche Blondine mit einem feingeschnittenen Madonnenköpfchen und kühlen blauen Augen, die in's Dunkelgrau hinüberspielen. Sie hat etwas Verwundertes, fast Pikirtes in ihrem Wesen, wie Jemand, der nicht nachläßt, vor seiner Tugend Wache zu stehen und sich dieser Mühe bewußt ist. Manchmal zittert durch ihre Stimme ein Ton wärmeren Gefühls, der an diesem kühlen Persönchen fast wie verhaltene Leidenschaft anmuthet. Ihre Erscheinung wirkt noch beinahe backfischhaft. Auffallend an ihr ist das volle, goldblonde Haar, das sie in wechselnden Frisuren, u. A. auch im Mozartzopf, geflochten trägt.

Ebert, gegen Ende zwanzig. Er ist groß, kräftig, hat braunes welliges Haar, braune Augen und starken Schnurrbart, den er sorgfältig gedreht trägt. Alles an ihm ist auf einen gewissen Effekt zugeschnitten, als habe die Natur in ihm einen ihrer Höhepunkte gewollt, sich aber im entscheidenden Moment besonnen und ihn sozusagen unfertig als Torso in's Dasein hinausgeschickt. Ein Genialischer, mit unterstrichener Sprechweise und den Alluren eines Großkonfusionarius, der die Welt in einem wunderlichen Spiegel sieht und doch in dunkler Tiefe sich seiner Unzulänglichkeit bewußt ist.

Weyland, gleichaltrig mit Ebert, groß und wohlgebaut. Röthlicher Schnurrbart, blondes Haar, das energisch, wie in der Bürste aufsteht, kurze, präcise Sprechweise. Ein verschlossener, sich selbst lebender Charakter, der nie die Zügel verliert und mit der Heiterkeit des schaffenden Menschen eine Portion Schwermuth verbindet. Sein Aeußeres ist einfach, aber sorgfältig.

Heyne steht Mitte dreißig. Sein Haar ist vorn gelichtet. Sein röthlicher Vollbart ist spitz zugeschnitten. Er trägt einen Zwicker. Seine Augen sind grüblerisch und fragend. Er hat die Neigung, Menschen, mit denen er spricht, stark zu firiren. Ueber seinem Gesicht liegt ein gewisser Skepticismus. Sein Aeußeres ist wohlhabend, doch ohne Sorgfalt.

Jahnke, Anfang sechzig, dick und behäbig, jovialer, redseliger Großpapa, der den Rothwein und die jungen Mädchen liebt, ein Diesseitsmensch, der für alle Fälle so viel wie möglich vom Leben genossen haben will. Kein widerlicher alter Tropf, sondern ein liebenswürdiger, wenn auch aus den Fugen gegangener Schäker.

Druck von R. Boll, Berlin NW., Mittelstr. 20.

Digitized by Google

Meinem Freund Ludwig Scharf!

MAX HALBE.

FREIE LIEBE.

MODERNES DRAMA.

GUBEN.
Verlag von F. Krollmann.
1890.

Den Bühnen gegenüber als Manuskript gedruckt.

Alle Rechte vorbehalten.

Menſchen:

Ernſt Winter.

Frau Winter, ſeine Mutter.

Luiſe Horn, Stütze der Hausfrau beim Geheimrath Becker.

Franz Binder, Photograph, früher Student.

Ludwig Lutz.

Fritz Hagen, Maler,
Alice Hagen,
Franziska Hagen, }
        Geſchwiſter,
Kinder des Kaufmanns Hagen.

Frau Riedel, Klavierlehrerin, Hausfreundin bei Hagens.

Hedwig Rabe, Confectioneuſe.

Frau Borchardt, Portiersfrau.

Wilhelm Boretius, Hilfsprediger.

Ein Schutzmann.

Zeit: Gegenwart.
Ort: Berlin.

Erster Aufzug.

Wintersonntag. Gleich Nachmittag. Kalter klarer Sonnenschein. Behaglich möblirtes zweifenstriges Zimmer. Grüne Plüschgarnitur. Schreibtisch am Fenster. Bücherrepositorium. Landschaftsphotographien an den Wänden. Eingerahmtes Familienbild über dem Sopha.

——————

Winter (zunächst allein). Winter ist mittelgroß, blond, nervös beweglich. Graublaue Augen. Scharfer Ausdruck. Schnurrbart. Sorgfältige Kleidung. Zwicker. — Winter sitzt lang ausgestreckt in einem der grünen Sessel und liest. Legt plötzlich das Buch weg und horcht. Da er nichts hört, lehnt er den Kopf hinten auf die Sessellehne und streckt sich noch behaglicher und zwangloser aus. Lautes Gähnen: A—a—a- ah! Es schellt draußen. Man hört Thüren gehen und Stimmengeräusch. Es klopft an Winters Thür.

Winter. Herein! . . . Herein!!

Binder (tritt ein). Binder ist hoch gewachsen, schlank. Braunes Haar. Gleicher Schnurrbart. Im Gesicht Mensurnarben. Rothe gesunde Farbe. Hastig zerstreute Bewegungen. Alter Mitte Zwanzig, wie auch Winter.

Binder. Guten Tag! Ich komm' wohl 'n bischen spät. Entschuldige! Aber im Geschäft . . Luise kommt wohl gleich.

Winter (ziemlich gleichzeitig). Mahlzeit! Spät? Dach wo! Is ja erst drei . . Nein, Luise kommt heut' nich vor fünf. Armes Kind! Kann nich eher ab. Scheußlich! Selbst die paar lumpigen Sonntage! Ae!!

Binder (steht nachdenklich an einem Sessel, Hut noch in der Hand).

Winter. Na leg ab, Mann! Mach' Dir's bequem! Na, aber bitte doch, das is ja ungemüthlich!

Binder (legt ab, noch immer nachdenklich, setzt sich in einen der grünen Sessel).

Winter (im andern grünen Sessel). Na, wie geht's sonst? Was macht's Geschäft? Viel Aufnahmen gehabt?

Binder. Ach, das is ja die reine Goldgrube. Ich weiß nicht, wenn der Mann nich in Kurzem 'n reicher Mann wird. Na, das Geschäft möcht' ich auf 'n paar Jährchen ..

Winter (ironisch). Ach, wirklich? .. Gemüthsmensch!

Binder (eifrig). Ja, da wär' mir geholfen. Da hätt' ich für mein Leben genug. .. Ja. Wie ich jetzt lebe .. das wär' vollkommen genügend. Da könnt' ich mich ganz ruhig in die Kunst stürzen.

Winter. Na, wer weiß, vielleicht kommt's noch mal.

Binder. Ja, Kuchen!

Winter. Uebrigens, das. kannst Du jetzt doch auch ..

Binder. Was?

Winter. Dich in die Kunst stürzen. Ich denk', das thust Du doch auch.

Binder (resignirt). Nettes stürzen! Das bischen Zeit, was einem vom Geschäft übrig bleibt .. Na, die drei Wochen, wo Du jetzt weg warst ..

Winter. Und doch 'ne größere Sache zu stande gebracht .. Um so verdienstvoller also.

Binder (verlegen abwehrend). Ach,. Unsinn! Woher weißt Du denn .. Wie kommst Du überhaupt darauf?

Winter. Na, mein Lieber, Du bist ja gestern Abend schon auf dem Bahnhof in die Falle gegangen. Mit einer Sicherheit übrigens ..

Binder (unschuldig). Welche Falle?

Winter (komisch entrüstet). Welche Falle!

Binder. Scheußlicher Mensch!

Winter. Na also .. Was hast Du denn nu modellirt? Wieder Akt?

Binder. Na ja, ich glaub', es is ganz gut geworden. Is übrigens noch nicht fertig. Was ganz Modernes! Nein, kein Akt ..

Winter. So, also was ganz Modernes? Also z. B. .

Binder. Was ganz Modernes! Ein Stück sociale Frage ..

Winter. Ein Stück sociale Frage .. Ei, ei. Na ja, das war ja immer Dein ..

Binder. Ja .. Na, Du wirst ja sehen, wenn's fertig is.

Winter. Eher nicht?

Binder. Nein, eher nicht.

Winter. Also ein Stück sociale Frage? Was ganz Modernes . . Ja, ja . .

Schweigen.

Binder (seufzend). Ach, was hilft das Alles! Man kommt ja doch zu nichts. Is ja zu spät . . Ja, wenn ich früher angefangen hätte! Die schönste Zeit meines Lebens verbummelt! Schmählich vergeudet . . Ja, ja, das sind die Consequenzen eines verbummelten Lebens . .

Winter (achselzuckend). Ja . .

Binder (eifrig). Ich bin an meiner Erziehung zu Grunde gegangen. Am Gymnasium und am Studententhum . .

Winter. Unsinn! Du bist eben nicht zu Grunde gegangen.

Binder. Na, sag' doch selbst. Was für Aussichten hab' ich denn? Bestenfalls ein mäßiger Retoucheur mit 150 Mk. monatlich, allerhöchstens 200, der in seinen Freistunden 'n bischen 'rummodellirt und 'rumdilettirt . . Und abhängig mein Lebenlang —! (verbissen) Und man muß noch froh sein, daß man überhaupt . . Man hätte ebensogut im Rinnstein . ▪ Ja, ja . .

Schweigen.

Winter. Unsinn, alter Kerl! Du siehst die Sache ganz schwarz. Zur Abwechslung mal wieder. Gestern Abend sprachst Du ganz anders. Nein, Du bist nicht zu Grunde gegangen. Höchstens auf den Grund. Aber Du wirst wieder auftauchen, ich habe die feste Zuversicht.

Binder. Ich nicht . . Ich bin vollständig verunglückt.

Winter. Gut, Du bist also vollständig verunglückt. Seh' ich doch mal, wie'n vollständig Verunglückter aussieht . . O je!

Binder (muß lachen). Na ja, is doch wahr. Ich bin nichts geworden, was ich werden sollte . .

Winter. Ich auch nicht.

Binder. Wie so?

Winter. Na, das weißt Du doch ebenso gut wie Ich.

Binder. Ja, das is ja richtig. Du bist weder Richter,

noch Lehrer, noch Professor geworden, oder dergleichen. Aber Du bist geworden, was Du werden mußtest.

Winter. Hm — manchmal kommt mir das zweifel-haft vor.

Binder. Mir nicht.

Winter. Das Leben ist sehr vielgestaltig. Glücklicher-weise —! Die Kunst ist nicht das einzige. Glücklicherweise! Thun, Handeln, Schaffen . . . . . na kurz, Leben ist auch etwas. Manchmal kommt mir's vor, als ob über dem Schreiben das Leben zu kurz käm'. Das sind so Stunden . .

Binder. Launen! Wo fehlt's Dir denn am Leben? Du hast es ja . . Du hast es . .

Winter. Meinetwegen Launen! Aber sie sind. doch da. Sie sind und sie kommen wieder. . . Uebrigens, Du hast recht. Es sind Launen. Ich hab' wirklich keine Veranlassung, mich zu beklagen. Ich fühl' mich eigentlich riesig behaglich in meiner Haut. . . Augenblicklich . .

Binder. Na also.

Winter. Das Leben is doch eigentlich 'ne famose Er-findung.

Binder (achselzuckend). Ja, warum nicht!

Winter (nachahmend). Warum nicht! Das sagst Du mit einer Grabesmiene . . der reine Todtengräber!

Binder (unwillkürlich lächelnd). Na ja.

Winter. Mann, sei doch vergnügt! Sei doch lustig! Sieh doch blos mal auf die Straße runter! Sieh doch blos mal den famosen Sonnenschein! Der is doch allein werth, daß man lebt.

Binder. Jetzt kann ich sagen, Du hast auch nicht immer so gesprochen. . .

Winter. Meinst Du? Hm . . ja, ja, mag wohl sein. Oder vielmehr eigentlich sicher. Na jedenfalls, dann sprech' ich jetzt so. Is mir ganz egal, was ich mal gesagt hab'! Ganz egal!

Binder. Auch was Du noch mal sagen wirst?

Winter. Ja, auch, Du Unglücksrabe . . Allerdings! Ganz egal! Tout égal! Egaler als egal! Noch 'n paar Steigerungen? Also kurz und bündig! Ich scheer' mich den Teufel drum, was ich mal gewesen bin oder vielleicht mal sein werde. Vielleicht wird man überhaupt nichts sein .. also .. na jedenfalls bin ich jetzt was. Aus Rand und Band bin ich!

Binder. Ja, Du hast gut lachen. Heut Nachmittag .. wann, sagst Du, kommt Luise?

Winter. Ja so .. natürlich! Hab' keine Angst, Du wirst sie nicht treffen.

Binder. Ich könnte ja so lange hier bleiben. Is doch eigentlich doll, daß ..

Winter (kühl). Wenn Du willst .. ich kann Dich natürlich nich hindern. Aber ich glaub' nich, daß Luise gerade sehr .. Du kannst mir glauben, ich hab' ihr schon oft den Vorschlag gemacht. Aber sie will nichts davon wissen. Sie meint, sie will keinen von meinen Freunden sehen.

Binder. Ja, aber warum denn nicht?

Winter. Ja, Gott! .. Vielleicht weil sie fürchtet .. oder .. na ja, sie genirt sich vielleicht. Nein .. geniren eigentlich nicht .. oder .. na kurz, es is ihr eben unangenehm.

Binder. Ja aber ..

Winter. Man kann nich wissen. Der eine oder der andre könnte vielleicht doch aus der Rolle fallen .. Redens= arten machen .. es is ja blos meine Geliebte .. Hä! Da kann man sich schon was rausnehmen. Und das könnte sie nicht vertragen, und ich auch nicht. . .

Binder. Ja gewiß, das erkenn' ich vollkommen an. Aber ich dächte, bei mir wärst Du doch sicher. Ich dächte, da ist doch jeder Zweifel ausgeschlossen.

Winter. Gewiß .. Ja, ja .. . Aber ..

Binder. Du solltest wirklich demnächst mal so'n kleinen Abend arrangiren .., so'n Sonntag Abend. Hier auf Deinem Zimmer. Wir drei .. Ein gemüthliches Abendbrot .. Nachher 'n Glas Bier oder Punsch oder so was .. Gemüthliche Unter= haltung .. Reizt Dich das gar nicht?

Winter (halb wider Willen lächelnd). Gewiß .. Ja, ja .. aber wenn Luise doch nicht will ..

Binder. Ach, sie wird schon wollen. Sag' ihr nur, ich nehm' ihr sehr übel, daß sie für den nächsten Freund ihres Geliebten so wenig Interesse zeigt.

Winter. Bitte sehr, das ist nicht wahr. Wir sprechen

11

oft genug von Dir. Sie ist ziemlich genau über Deine Lebensgeschichte orientirt.

Binder. Ja, leider! Ich kann mir denken wie .. Das wird wohl der Hauptgrund sein, warum sie .. Scheusal Du! *Schweigen.*

Winter. Sag' mal, Kerl .. Was hast Du nu eigentlich von der Bekanntschaft mit Luise?

Binder. Meinst Du, ich will meine Sonntage immer allein durchbringen? In der Oedigkeit wie jetzt .. Ne, das kannst Du doch nich verlangen.

Winter (lacht laut auf). Na, das is ja wirklich großartig!

Binder (mit erstauntem Lächeln). Na ja, da lachst Du. Is doch wahr! Du hast gut Lachen! Ich sag' ja .. Du bist in jeder Beziehung ein beneidenswerther Mensch.

Winter (wider Willen lächelnd). Wie man's nimmt ..

Binder. Nein, nicht, wie mans nimmt. In jeder Beziehung! Unabhängig ..

Winter. Na, das doch aber eigentlich erst seit gestern. Das kommt doch noch gar nicht recht in Betracht. Ich weiß noch gar nicht recht, wie das thut.

Binder. Is doch ganz egal. Du hast es doch jetzt. Ferner die Hauptsache, Luise ..

Winter. Ja, unangenehm ist der Gedanke grade nicht. Ich meine, von Niemandem abhängig sein .. Ne, (aufathmend) ich sag' Dir, man athmet so bis in den Bauch hinein auf .. So tief und frei! Ah! (streckt sich) So'n unsägliches Behagen! Ich sag' Dir, man fühlt das ordentlich körperlich .. So 'ne Weltumarmungsstimmung! Berlin is doch 'ne famose Stadt .. Da draußen aber ist's fürchterlich!

Binder. Wo?

Winter. Na, da draußen .. Da, von wo ich hergekommen bin. Na, wo ich jetzt die drei Wochen war. Zu Hause .. Ich meine nicht speciell zu Hause .. Aber so die ganze Stimmung da oben!

Binder. Ja, interessant wär' es mir auch mal wieder, da nach oben zu kommen, wenn man so Jahre lang nicht mehr da war .. Wirklich Jahre lang! Ja, ja, die Heimath .. Siehst Du, das hast Du auch vor mir voraus.

Winter. Ich sag' Dir, eine Atmosphäre da oben, man

begreift gar nicht, wie man's mal da hat aushalten können .. Gegen Hause speciell hab' ich ja nichts. Nein, aber die ganze Stimmung so da oben .. So schwer, so dumpf! Lauter verbrauchte Luft! Ah! Man athmet hier ordentlich auf .. es geht doch ein freierer Luftzug durch dies Berlin. Wenigstens schon so'n Ahnungsfächeln von was Neuem, was Frischem. 's is freilich auch noch sehr Zukunftsmusik, aber bei uns is alles Vergangenheit .. Alles! Lauter alter Schutt und Moder! Lauter Kellerwürmer! Man begreift wirklich nicht, wie man's mal hat aushalten können.

Binder. Wie stehst Du jetzt eigentlich mit Deinen Eltern?

Winter. Gut! Wie soll's stehen .. Gut! Du kannst Dir's doch schon denken, wenn sie mir das aus freien Stücken anboten .. die Rente.

Binder. Is es hoch? Eigentlich indiskret.

Winter. Na, es reicht jedenfalls. Bei mäßigen Ansprüchen .. Also .. Und dann hab' ich ja auch noch meine Feder. Darauf kann ich mich doch auch einigermaßen verlassen. Vor 'nem halben Jahr konnt' ich das noch nicht sagen. Aber jetzt ..

Schweigen.

Binder. Warst Du schon bei Hagens?

Winter. Nein, ich geh' vielleicht heut' Abend noch hin. Eventuell. Oder morgen Nachmittag. Das is ja nicht so eilig. Warum?

Binder. Früher wär's Dir vielleicht eiliger gewesen.

Winter. Na das is ja wirklich wunderbar! Gestern Abend spät gekommen. Heut' Vormittag mit dem Auspacken natürlich zu thun gehabt u. s. w. Wie sollt' ich da eher hinkommen? Ich weiß nich, wie Du so was .. Ich dächte, meine Freundschaft mit Hagens steht doch 'n bischen fester. Is doch auch nich erst von gestern. Wie steht's da übrigens?

Binder. Von der Freundschaft red' ich auch nicht. Aber .. Aber .. Gott, wie soll's stehen? Wie immer. Alles beim Alten. So weit ich das beurtheilen kann. Leider!

Winter. Na, sag' mal, Franz, was meintest Du eigentlich mit dem vorher .. Mit Deinem verdammten .. Na?

Binder (unschuldig). Womit?

13

Digitized b

Winter. Apropos, trinkst Du 'ne Tasse Kaffee?

Binder (behaglich). Ja, warum nich. Is mir gar nich so unangenehm. Mach' Dir übrigens keine Umstände!

Winter (beschäftigt sich mit dem Spiritusapparat). Durchaus nicht! Bin schon dabei. Das Ereigniß vollzieht sich hier gewöhnlich sehr schnell auf dem Apparat. Also bitte! Aufrichtig!

Binder. Was?

Winter (noch immer beschäftigt). Na, nu thu' doch nich so .. Au! Verdammte Geschichte! Na, brenn', dämliches Thier! Na, endlich. (Setzt sich wieder.) Du meinst doch jedenfalls mit Alice?

Binder (halb lächelnd). Na ja, selbstverständlich!

Winter. Selbstverständlich!

Binder. Winter, Winter, es hat Zeiten gegeben ..

Winter. So, meinst Du? .. Ach wo! Hm ..

Binder. Wer Dir damals gesagt hätte, daß Du noch mal so gleichgültig von ihr reden würdest .. Es war doch schon manchmal nahe dran ..

Winter (hastig). Gleichgültig? Durchaus nicht! Im Gegentheil. Ich hab' sie noch immer sehr gern. Natürlich freundschaftlich. Aber anders war's früher auch nicht.

Binder. Na, na, Du warst doch arg verliebt ..

Winter. Ach wo! .. Uebrigens is sie doch auch ein famoses Weib.

Binder. Ich hab' manchmal wirklich Angst gehabt für Luise.

Winter. Na, siehst Du .. Und unsere beiden Wege gehen noch immer zusammen .. Trotzalledem! Ich meine mit Luise .. Und Alice .. Hm! .. Uebrigens war das immer ganz was Andres mit Luise .. Unbedingt ganz was Andres! Wie ja der Erfolg auch beweist.

Schweigen.

Winter (fortfahrend, schwermüthig). Aber Du hast recht. Ich hab' Alice mal sehr gern gehabt. (Kleine Pause.) Na, entschuldige mal eben! Will blos den Kaffee mal mahlen lassen. Es is gleich so weit. Und Tassen besorgen .. Entschuldige (ab.

Binder (sitzt in tiefen Gedanken im Sessel, stützt den Arm auf's Knie und den Kopf in die Handfläche. Tiefe Stille. Man hört das Singen und Summen des kochenden Wassers. Pause.).

14

Digitized by

Winter (tritt wieder ein, in den Händen Untersatz mit Kaffeepulver und zwei geblümte Tassen). So, das wäre. Nu noch 'n Augenblick. Gleich fertig. (Gießt das kochende Wasser auf das Kaffeepulver, löscht die Flamme aus, bringt den Apparat in Ordnung. Währenddeß) Aber die Freundschaft ist doch geblieben! Und ich denke, wir wollen sie uns auch nicht nehmen lassen, was meinst Du ..

Binder (fährt aus seinen Gedanken auf). Wie, was meinst Du? .. Ich hab' nicht verstanden ..

Winter (kommt an den Tisch, gießt Kaffee in die Tassen). Ach, ich meinte nur so mit Hagens .. So, na da können wir ja so langsam loslegen.

Binder (trinkend). Wie nett wär' das nu z. B. wenn wir drei jetzt so zusammen Kaffee trinken könnten. Luise als Hausfrau und wir beide ..

Winter (hat ebenfalls getrunken, nachdenklich zerstreut). Man merkt doch schon, wie der Tag zunimmt. Aber nu wird's doch Zeit. Erlaub' mal 'n Augenblick. (Zündet die Lampe an und schließt die Vorhänge. Es schellt draußen.)

Winter (zusammenfahrend, nervös). Na nu, sollte das schon Luise ..

Binder (seine Kaffeetasse leerend, erhebt sich schnell). Da will ich nich länger .. gieb mir doch das Buch. Hätt' ich beinah' vergessen .. Den Hauptgrund vergißt man immer. (Zieht seinen Ueberzieher an und greift nach dem Hut. Draußen Thürenklappern, Stimmengeräusch.)

Winter (horcht nervös, während er zum Bücherrepositorium geht und mechanisch sucht. Dazwischen) Wer Donner mag das .. Ach hier. (Giebt Binder das Buch.)

Binder. Danke! .. Na .. (es klopft).

Winter (sehr laut). Herein!

Binder (fast gleichzeitig). Adieu! Auf Wiedersehen!

Lutz (tritt ein). Guten Tag! — (Lutz hoch, schlank, mageres, sehr längliches Gesicht. Ungewöhnlich hohe, breite Stirn. Schlichtes, blondes Haar. Leicht gebogene Nase. Tiefliegende Augen. Etwas Zurückhaltendes in seinem Aeußern. Kleidung anständig, aber nicht gesucht. Hält beim Sprechen den Kopf sehr hoch.)

Winter (in höchstem Erstaunen). A .. a .. a .. a .. Aber ..

Lutz. Wie geht's? Guten Tag, Herr Binder! (Reicht Binder die Hand.)

Binder. Guten Tag, Herr Lutz! Ich denke, Sie sind in Köln?

Winter (noch immer erstaunt). Na nein, aber das .. das ..

Lutz (gleichzeitig). Ja, bis gestern. Jetzt bin ich hier, wie Sie sehen. (Zu Winter). Na, is das so wunderbar? Nu reich' mir doch mal Deine männliche Tatze. Wenn Du gestattest, mach' ich's mir bequem. Verdammt gelaufen! (Legt ab.)

Winter (schüttelt Lutz kräftig die Hand). Mahlzeit! Sei gegrüßt! S e l b st verständlich! (Bemüht sich, um Lutz beim Ablegen zu helfen.) So, bitte hier! Also Du bist wieder .. Na ich muß sagen. —

Binder. Na ich will nicht länger ..

Lutz. Stör' ich?

Winter. Aber durchaus nicht. Wenigstens ..

Binder (gleichzeitig.) Nein, Herr Lutz, ich wollte so wie so. .. Also auf Wiedersehen! Adieu Herr Lutz! (Reicht ihm die Hand.)

Lutz (kühl). Adieu, Herr Binder!

Binder. Na, wir sehen uns wohl mal.

Lutz. O ja, warum nicht? Solang' ich dableib' ..

Binder. Mahlzeit, Ernst! Und grüß! Unbekannterweise.

Winter. Dank' schön! Werd' bestellen. Also bis morgen!
— (Winter und Binder verabschieden sich, Lutz verbeugt sich zurückhaltend. Binder ab. Winter kommt von der Thür zurück, setzt sich, ebenso Lutz.)

Lutz. Du erwartest wohl ..

Winter (schnell). Ja, aber es hat noch 'n Augenblick Zeit. Ich denk' so um Fünf rum, Luise ..

Lutz. Aha! Nu, Du wirst Dich nich abhalten lassen. Sag' mir bitte, wenn's soweit is. Ich hab' auch nich viel Zeit. Wollte blos mal 'n Augenblick vorbeikommen. Hagen sagte mir, Du sei'st schon zurück.

Winter. So, so, Hagen? Ja, der muß meine Karte heut' morgen bekommen haben.. So, so, der sagte Dir .. Du warst also schon da, natürlich ..

Lutz. Ja, gestern. Hörte, daß Du vor'n paar Wochen verreist sei'st. War ziemlich erstaunt. Was Schlimmes doch nich? Briefe bekommt man ja nich ..

Winter. Ja, entschuldige, Mann! Ja, ich bin Dir noch'n ganzen Berg schuldig. Scheußlich! Aber es war mir wirklich nich .. Es ging wirklich nich diesmal ..

Lutz. Bitte! Bitte! Stürz' Dich nicht in Unkosten.

16

Winter. Ja . . alſo . . ne, nichts Schlimmes. Im Gegentheil. Finanzielle Regelung, weißt Du . . Auseinander= ſetzung. Bin jetzt ſo ziemlich unabhängig. Ueberhaupt. . .

Lutz. Kann man alſo gratuliren?

Winter. Dach . . Gott, wie man's nimmt. Danke! Aber abgeſehen davon. . . Das is hier Nebenſache. Nu ſag' mal Kerl, w a s hat Dich nu eigentlich . . Ne, ich bin noch immer ganz erſtaunt.

Lutz. Na, beruhige Dich nur zunächſt.

Winter. Alſo was hat Dich nu eigentlich hergeſchleudert? Ei, ei, ſollte da nicht . .

Lutz. Gar nichts. Ich war's ſatt. . . Zu Hauſe.

Winter. So? Hm . . Na ja . .

Lutz. Ich war's e i n f a ch ſatt. Ich hab's meinem Vater vorgeſtern Abend geſagt. (Gegen Abend . Und geſtern früh war ich hier.

Winter. Ja, aber ſag' mal . .

Lutz. Na, wir ſind in allem Guten auseinander ge= gangen . . Sobald werden wir uns ja wohl nicht wiederſehen. Ich will irgend was anfangen . Irgend was!

Winter. Ja, und Dein Doktor?

Lutz. Den mach' ich nicht. Da liegt's ja. Das hatt' ich eben ſatt. Und noch verſchiedenes Andre außerdem . . Ich will mich auf eigene Füße ſtellen. Meine Brüder ſind längſt alle ſelbſtſtändig, (bitter) das ſind ja auch K a u f l e u t e . ., das is ja auch was andres. Ein S t u d e n t muß bis zum dreißigſten Jahr unter der Fuchtel ſtehen . . Ich hab' keine Luſt dazu. Ich kann arbeiten.

Winter. Denkſt Du irgend eine literariſche Beſchäftigung . . Journaliſt oder ſo was?

Lutz. Mir ganz egal! Wenn's nichts Literariſches is, mir um ſo lieber. Ich bin durchaus nicht wähleriſch . .

Winter. Alſo Du haſt vollſtändig auf Deinen Doktor verzichtet?

Lutz. Ja, vollſtändig! Das is ja alles Krimskrams . . So antimodern! So . .

Winter. Ja, das is richtig. Unſer altes Deutſchland! Titel! Titel! Titel! Aber Menſchen! M e n ſ ch e n!

Lutz. Es iſt mir überhaupt zuviel Stickluft hier. Aus

Berlin bin ich 'n Bischen rausgekommen. Das will ich grad' probiren. Aber dieses Köln! dieses Philisternest!

Winter. Du denkst in Berlin zu bleiben?

Lutz. Weiß ich noch nicht.

Winter (ironisch). Na, na ..

Lutz. Na, was grinsest Du? Toller Knochen bist Du doch!

Winter. Lutz! Du wirst ganz roth .. Aber ganz roth!

Lutz (mit halb verlegenem Lächeln). Was Du Dir für Phantasien machst! Raubthier Du!

Winter. Was sagten denn Hagens dazu? Was sagte Alice? Hat's ihnen nicht sehr imponirt? Was? Alice muß das doch imponirt haben .. Ich kann mir denken!

Lutz. Hör' mal, mit Deinem Grinsen! Du scheinst die ganze Sache ganz falsch aufzufassen. Absolut falsch!

Winter. O bitte, durchaus nicht, im Gegentheil! Ich glaub' es ganz richtig aufzufassen.

Lutz (sieht nach der Uhr). Du, jetzt muß ich aber gehn. Es ist fünf. Schon 'n paar Minuten drüber. Was macht denn Deine ..

Winter (kühl). Danke, es geht ja so.

Lutz. Also das Verhältniß besteht noch immer?

Winter. Ja natürlich. Was dachtest Du?

Schweigen.

Lutz (erhebt sich).

Winter. Ja, Mann, wenn ich Dir also irgend wie .. ich bin jetzt ja grade .. na, Du verstehst .. Du kannst Dich auf mich verlassen.

Lutz. Ja ich weiß, ich weiß ja .. Du warst ja schon immer so 'ne Quelle. Nein augenblicklich .. und mittlerweile hoffe ich auch was zu finden, irgend was, wie gesagt ..

Winter. Na ja .. aber wenn nicht ..

Lutz. Dann werd' ich mich nicht geniren. Verlaß Dich darauf.

Winter. Gut, ein Wort!

Lutz. Bis nächstens!

Winter. Bis nächstens! Auf Wiedersehen! (Lutz ab.)

Winter (einen Augenblick allein, geht nachdenklich zum Fenster, trommelt an den Scheiben. Es schellt draußen, Thürenklappern und Stimmengeräusch. Es klopft.) Herein! nur immer herein!

Luise (tritt ein, Blumenstrauß in der Hand). Guten Tag, Ernst!
— Luise, wenig kleiner als Winter. Ovaler Gesichtsschnitt. Dunkelbraunes Haar. Tiefe, braune Augen. Leichte Stumpfnase. Sehr zarte weiße Haut. Backen leicht geröthet. Ebenmäßiger, kräftiger Wuchs. Einfache aber geschmackvolle Kleidung. Dunkles Jaquet. Weißer Schleier. Breitrandiger Hut. Etwas Sinnendes in der gewöhnlichen Haltung ihres Kopfes. —

Winter (vergnügt). 'Tag, Kind! Na, wie gehts?

Luise. Ach gut, ganz gut. Ich komm' wohl viel zu spät? Aber ich konnt' nicht eher, 's Mittag hat so lang gedauert. (Hat so lange nachdenklich mit leicht gesenktem Kopfe vor Winter gestanden, legt jetzt den Schleier ab.

Winter. Na, so nachdenklich, Kind? Leg' doch ab, ja?.

Luise (reicht ihm den Strauß).

Winter. Potz Tausend! Sind das schöne Rosen! Kind, was machst Du Dir für . . aber, aber! das sind ja wahrhaftig . .

Luise. Auf's gute neue Jahr! Nachträglich . . (leiser) Und daß wir über's Jahr noch zusammen sind!

Winter. Ach, Du lieber Esel Du! Na ja, darauf hin! . Aber'n Kuß. . . (Kurze, innige Umarmung).

Winter. Na, nu lege aber auch ab. (Hilft ihr beim Ablegen des Jaquets. Riecht wieder an den Rosen.) Nein, die sind ja aber auch wirklich . . ein Duft! Riech' mal!

Luise (riecht, athmet den Duft tief ein). Ja, die sind schön.

Winter (steht hinter ihr, zupft sie am Ohr).

Luise. Au! Au!! Wart' Du! Schlechter Mensch!

Winter. 'Siehst Du, das ist die Strafe. Warum bringst Du mir solche wundervollen Rosen? Das verdien' ich gar nicht. Ach, ich sag' Dir, ich bin vergnügt!

Luise. Ja, ich seh' schon . . mein Brummbär! Ich hab' schon gedacht, wie der heut wohl gelaunt sein wird.

Winter. Na hör' mal! bin ich denn so'n Menschenfresser?

Luise (leise). Manchmal . . (Sieht ihm voll in die Augen.)

Winter. So?! das is ja recht feierlich!

Luise (leise). Ach Du . . (Legt den Arm um seinen Hals, schneller Kuß.)

Winter (macht sich sanft los). So, Kind . . na, hast Du aber kalte Backen!

Luise. Ja . . meinst Du, es ist nicht kalt draußen?

Winter. Kalt? Ne . . find' ich eigentlich gar nicht. Gott, es is ja nich warm . .

Luise (schauert zusammen). Ah . . ah!

Winter. Herrjeh! Is das ein verfrorner Schneider! Komm, ich werd' Dich 'n bischen wärmen.

Luise. Ist gar nicht nöthig. · Dazu ist der Ofen da. (Geht zum Ofen.)

Winter. So?! auch gut! Na ja, wärm Dich! Du alte Mutter!

Luise (vom Ofen her). Das ist Deine Schuld.

Winter (zerstreut, betrachtet die Rosen). Was denn?

Luise. Du hast alle meine Hitze genommen.

Winter. Na wart', ich werd' sie Dir wiedergeben. (Geht auf den Ofen zu.)

Luise. Bleib' nur da! Ich will sie gar nicht haben.

Winter (wieder am Tisch). Weißt Du, das is eigentlich die verkehrte Welt.

Luise (noch am Ofen). Wie meinst Du?

Winter. Daß Du mir Rosen bringst . .

Luise. Du bringst mir ja keine. —

Winter (gekränkt). Na hör mal! Na wart, das nächste Mal!

Luise. Ach, ich mach ja blos Spaß. Mach man nicht gleich 'n Gesicht . . ich will gar keine haben.

Winter. Na ja, is doch wahr.

Luise. Ich hab' an Dir genug.

Winter. Ich hab' übrigens auch was für Dich da . . Du brauchst nicht zu denken . . Oho! Na rath mal. . .

Luise. Pralliues?

Winter. Ja allerdings, Du Süßmaul! Wie sie das gleich trifft! Na, wo sind sie denn? (Sucht auf der Spiegelconsole unter Luisens Hut).

Luise. Weißt Du, in Deinem Zimmer sieht's noch grad' so aus wie vor vier Wochen. Noch immer dieselbe Unordnung!

Winter (hat die Düte gefunden, bringt sie Luisen an den Ofen). Unordnung? Na hör' mal! Ich find' es hier sehr ordentlich. Außergewöhnlich ordentlich sogar!

Luise. Na ich danke, der Schreibtisch hu!

Winter. Na ja, der Schreibtisch! das muß auch so

sein. Das versteht ihr Weiber nicht. Da Majestät . . (legt die Düte zu Luisens Füßen nieder).

Luise (hebt sie auf). Schäfchen Du! (Oeffnet die Düte und kostet). Du, die schmecken gut! Cremefüllung!

Winter. Ja? Na, das freut mich. Hab' auch extra Cremefüllung verlangt. Das haben wir also mal getroffen.

Luise. Da! (will ihm einen Praline in den Mund stecken.)

Winter. Ja, giebst mir einen?

Luise (zweifelhaft). Eigentlich . . na, ausnahmsweise!

Winter (kauend). Na ja, ausnahmsweise.

Luise (will ihm noch einen geben).

Winter (abwehrend). Nein Kind, mehr nicht! Iß nur, die sind für Dich. Siehst Du, das is nu Dein ganzes Weihnachtsgeschenk. Wenigstens vorläufig . .

Luise. Ist auch vollkommen genug. Wenn Du mir gar nichts schenkst, bin ich auch zufrieden. Du weißt das doch. Ich hab' Dir ja auch noch nichts geschenkt.

Winter. Ich hatte die besten Absichten. Aber es war absolut unmöglich heut Vormittag. Na, heut in vierzehn Tagen . . da wollen wir denn unser Weihnachten nachfeiern.

Luise (sanft). Wie Du willst . . da kann ich meine Arbeit vielleicht auch noch fertig machen. Ich hatte was für Dich an= gefangen, 'ne kleine Stickerei . . aber man kommt da ja zu nichts. (seufzt).

Winter. Wie steht's denn jetzt da? Wie stehst Du mit Frau Becker?

Luise. Ach . .

Winter. Na sag' doch, Kind! Is was vorgefallen? Du machst mir ja ordentlich Angst . .

Luise (schweigt und senkt den Kopf).

Winter (vorwurfsvoll, nervös). Du?!

Luise. Ach, die Frau hat ja kein Einsehen.

Winter (aufgeregt). Ja, was is denn? Is denn was vorgefallen?

Luise. Ach nichts. Reg' Dich nur nicht gleich auf! Vorgefallen ist nichts.

Winter (ruhiger). Ja, aber was denn? Es is und es is nichts. . . Was nu?

Luise. Man kann Dir auch gar nichts erzählen. Du

Digitized b

bist immer gleich so .. Hu! Du solltest blos Deine Augen
dabei sehen.

Winter (muß lachen, fährt ihr scherzend mit der Außenfläche der
Hand über's Gesicht). So geht's runter und so geht's rauf.
Weißt Du jetzt?!

Luise (lacht mit). Na ja ...

Winter. So, nu erzähl' aber auch. Ich bin auch ganz
ruhig. Also vorgefallen is nichts, aber ..

Luise. Ach, sie is so schlecht zu mir ...

Winter. Ja, inwiefern?

Luise. 'n kranker Mensch kann doch nich so ...

Winter. Krank? bist Du denn krank? (ängstlich) Kind!!

Luise. Aber das weißt Du doch. Jetzt nicht mehr, aber
ich schrieb Dir doch .. gleich als Du fort warst ..

Winter. Na ja, das weiß ich freilich. Aber ich dachte
jetzt auch noch .. Also jetzt bist Du wieder ganz gesund?
Oder nicht?

Luise. Ja, jetzt fühl' ich mich wieder recht wohl. Eigentlich
viel frischer wie vorher.

Winter (erleichtert). Na also, das is doch wenigstens
was! Also vergnügt! Potz Tausend! was fehlt Dir denn!
gesund! und im Uebrigen kann uns die ganze Frau Becker ge=
stohlen bleiben, die Frau Rath! Hä!

Luise. Weißt Du, eigentlich schon seit 'm Jahr lag mir
das immer so in 'n Gliedern .. so schwer .. so .. ach, ich
mußt' mich wirklich manchmal schleppen.

Winter (erstaunt). Aber hör mal, und das hast Du mir
gar nicht gesagt?

Luise. Weißt Du, ich glaubte, ich hatt' die Schwind=
sucht ..

Winter (entsetzt). Was .. wer ..

Luise. Ja, ich hab' mir das wirklich eingebildet.

Winter. Na, das is doch wirklich .. die Schwind=
sucht! O.. o.. o.. o.. Du .. dafür verdienst Du wirklich ..
Was hat denn der Arzt gesagt? Natürlich Unsinn?

Luise. Ja, er meint meine Lunge ist ganz gesund. Ich
muß mich aber schonen, ich soll mich ausruhen, mehr in die
frische Luft raus. Ach, daran ist ja gar nicht zu denken ...

Winter. Ja, warum denn nicht?

Luise. Ach, Du weißt ja nicht, wie sie is. Ich war doch so schwach .. ich konnt' mich ja kaum von der Stelle rühren. Meinst Du, sie hat den Kopf danach hingedreht?! Man verlangt ja nichts, .. aber wenn man sieht, daß so gar nichts .. so gar kein Mitleid!

Winter (finster). Ja ja, is schrecklich.

Luise. Sie hat ja kein Herz. Bei Allem mußt' ich dabei sein. Ich hab' mich manchmal kaum auf den Füßen halten können. Die Frau hat ja kein Einsehen. Alles war ihr zuviel .. wenn ich zum Arzt ging, war's ihr schon zuviel, daß ich die paar Stunden rauskam, zweimal wöchentlich. Und der Arzt hat doch gesagt, ich soll raus. (achselzuckend) Ja ..

Winter (ballt die Fäuste). Na, vielleicht kommt da auch nochmal 'ne Vergeltung.

Luise. In's Gerede hat sie mich auch noch gebracht. In unsern bekannten Familien hat sie erzählt, ich bin krank, und wer weiß wovon das ist, .. die haben's mir nachher wieder erzählt. Das hab' ich mir aber nicht gefallen lassen. Ich hab' sie dafür zur Rede gestellt. Wie 'n Frauenzimmer behandeln laß' ich mich nicht!

Winter. Bravo! Das war recht! Recht so, nichts gefallen lassen! Was sie verlangen kann, ja, aber mehr nicht! Immer energisch! Schau, schau, das hätt' ich Dir gar nicht zugetraut.

Luise. Ja Du! Du traust mir überhaupt nichts zu. Du meinst, ich kann überhaupt gar nichts. (Schmollt.)

Winter (belustigt). So? ei, ei! na wollen mal sehen .. Was macht denn die Geographie? Was? (Luise läßt den Kopf hängen.)

Winter. Aha! .. Na übrigens vergnügt, Kind! Lustig! Wollen die Frau Becker Frau Becker sein lassen, das alte Rhinoceros! Man lebt ja blos einmal .. ach, ich bin so froh, daß ich wieder hier bin.

Luise Und ich! Ach ich sag' Dir ..

Winter. Na aber ich! wie ich das hinschrieb: Ich komme morgen Abend und erwarte Dich übermorgen .. na, ich war froh!

Luise (leise). Ich hab' schon geglaubt, Du kommst gar nicht wieder.

Winter. Unsinn! Ich hab' doch von vornherein gesagt . .

Luise (eigensinnig). Ja, aber . .

Winter. Schaf! . . Kuß! (Kurze Umarmung.)

Winter. Ja siehst Du, da hält man sich nu wieder im Arm, und vor vier Wochen, als ich abfuhr ... da war das noch so weit.

Luise. Du, kurz war's aber auch nicht . .

Winter. Jetzt wollen wir uns das Alles möglichst vernünftig einrichten. Also die Rente hab' ich. . .

Luise. So?

Winter. Ja, ich bin jetzt mein eigener Herr. Großartiges Gefühl! Und siehst Du deswegen . .

Schweigen.

Luise. Denk' blos, mein Vater will wieder heirathen. . .

Winter. So? Na, das war doch aber lang schon . .

Luise. Aber jetzt wird's wohl Ernst werden. (Seufzt).

Winter. Na ja, das lag ja schon lang' in der Luft. Also immerzu! was kommen muß, das komme bald.

Luise. Ja, Du hast gut Reden! Aber ich! (Läßt den Kopf hängen).

Winter (herzlich). Aber Kind?! (Streicht ihr die Backen).

Luise. Dann hab' ich niemand mehr.

Winter. So? Und ich bin wohl gar nicht da, was?

Luise. Lieber Ernst! (Legt den Arm um seinen Hals. Kurze Pause.)

Winter. Ach Kind! Du siehst das Alles viel zu tragisch an. Heiter! Heiter! . . Nu wollen wir mal 'n vernünftiges Wort reden. (Geht zum Tisch.)

Luise (noch am Ofen, wo das Vorhergehende gesprochen wurde). Na?

Winter. Vorerst will ich mir aber 'ne Cigarre anzünden, so 'ne richtige Nachmittagscigarre . . recht gemüthlich machen. . . Also . . na, setz' Dich hierhin, Kind.

Luise (kommt zum Tisch, lächelt.)

Winter. . So, hierhin, in diesen Sessel, und ich hierher. (Rückt seinen Sessel neben ihren). So, ganz nahe bei einander. Also —

Luise (komisch). Na, was wird da raus kommen?

Winter (hat die Cigarre abgeschnitten und angezündet, stößt den

24

Rauch aus, lang ausgestreckt.) Fein, was? (Bläst ihr den Rauch in's Gesicht.)

Luise. Na, wo wirst Du nicht. . .

Winter (bläst ihr den Rauch stärker entgegen).

Luise (muß husten). Pfui! Abscheuliche Cigarre! (Rückt ein Stückchen weg.)

Winter (rückt den Sessel wieder näher) Nein, das gilt nicht. Also wie steht's nun mit der Geographie?

Luise (entsetzt). Was?!

Winter. Mit der Geographie . . Geographie von Asien. Du solltest sie Dir zu heut ja noch mal ansehn.

Luise (bittend). Aber Du! Heut doch nicht!

Winter. Warum denn nicht? Grad' heute. Voriges Mal ging's noch nicht recht.

Luise (gekränkt). So? Du sagtest doch, es war ganz gut. . .

Winter. Na ja, aber z. B. wie heißt die Hauptstadt von Hinterindien?

Luise. Ach, Du bist schlecht! dann setz' ich mich gleich wieder fort. Ueberhaupt . .

Winter (leicht gereizt). Ach, Du hast blos keine Lust!

Luise (schmollt).

Winter (gereizter). Nein, Du hast auch keine Lust. ——

Luise. Geh! Du kannst auch 'n freundlicheres Gesicht machen, rauch lieber Deine Cigarre.

Winter (noch gereizter). Ich will aber nicht rauchen, ich will jetzt grade wissen, wie die Hauptstadt von Hinterindien heißt. . . (Herzlicher.) Nein wirklich, Kind, Du hätt'st mir auch den kleinen Gefallen thun können. Du hast wirklich kein Interesse, Kind.

Luise (bittend). Aber Ernst, ich konnt' ja doch nicht. Ich konnt' doch wirklich nicht, ich war wirklich krank, ich konnt' nicht. Und sie läßt einem ja so wie so keine Ruhe.

Winter (besänftigter). Na ja, das is ja wahr. Aber Du hast auch sonst kein Interesse . .

Luise. Ach ich geb' mir ja alle Mühe. . Aber ich kann doch nicht alles auf einmal . . und ich will ja gern lernen. Aber Du mußt auch nicht immer so aufgeregt sein. Wenn ich das damals gewußt hätte . .

25

Dgitized

Winter. Wann?

Luise. Als ich Dich kennen lernte. Damals an dem Juni=Abend .

Winter. Daß ich Dich so plagen würde, was? Da hätt'st Du Dich schön gehütet . .

Luise (halb scherzend). Ja.

Winter (gekränkt). Na Kind, es is doch aber zu Deinem Besten, das mußt Du doch einsehen.

Luise (legt ihren Arm auf seinen). Ja, das seh' ich ja auch ein. Ich will mir auch alle Mühe geben Und ich hab' doch auch schon was gelernt, was?

Winter. Na ja, das is ja unbedingt richtig. Un= bedingt! Du bist 'n ganz anderes Mädchen geworden . . seitdem. Ach was warst Du für'n unwissender kleiner Esel. (Betrachtet sie nachdenklich.)

Luise (ebenfalls nachdenklich, plötzlich). Ich möcht' gern mal mit Dir in's Museum gehen. Ja, Ernst? Sei mir aber nicht böse . .

Winter (erfreut). Ja, aber warum denn Kind. Im Gegentheil! Höchst erfreulich und angenehm! (Belustigt) Schau, schau, ins Museum! . . Gelt, das is Dir wohl interessanter, als die Geographie, was? Als die Hauptstadt von Hinterindien?

Luise (nickt etwas zaghaft).

Winter. Is eigentlich 'n Skandal, daß wir noch nicht einmal dagewesen sind! In den dreieinhalb Jahren. . . Ja woher auch? die Paar Sonntag Nachmittage! Wenn Du mal 'n Vormittag abkommen könntest.

Luise (zuckt die Achseln). Du weißt ja, wie sie ist.

Winter. Ach was, Frau Becker hin, Frau Becker her! Wir müssen eben einfach Vormittags hingehen. 's is wirklich 'n Skandal! Ueberhaupt . . die ganze Geschichte gefällt mir schon lange nicht. Du warst noch gar nicht im Museum?

Luise (achselzuckend). Nein. . . Ich denk' mir das so schön, ich hab' mir das schon lang' gewünscht.

Winter. Haarsträubend! Nein, Du kannst ja nichts dafür, Kind. . . (Streicht ihre Backen, plötzlich entschieden) Ja, das muß anders werden! Zum 1. April mieth' ich mir 'ne Woh= nung, und wir zieh'n zusammen, hörst Du? Du mußt bei Beckers kündigen.

Luise (schüttelt erschrocken den Kopf).

Winter. Ja, ja, da ist nichts zu wollen. Wir ziehn zusammen. Das is mir ganz klar. Das is das einzig wahre. Das is wirklich 'n vernünftiger Gedanke. (Raucht vergnügt ein paar Züge.)

Luise (hat den Kopf tief gesenkt und manchmal mechanisch geschüttelt. Plötzlich umfaßt sie Winter, der neben ihr sitzt und drückt ihn krampfhaft an sich). Ach Ernst! .. Ernst!!

Winter (gerührt mit vollem Ton). Kind, Kind!? (erwiedert den Druck und streichelt ihr Haar).

Schweigen.

Winter (wieder vergnügt). Also hörst Du Kind, das wird gemacht. Wir zieh'n zusammen und dann wollen wir uns das Leben mal hübsch vernünftig einrichten. . . Donnerwetter noch eins! Das wird ja großartig! Dann kommen wir auch ins Museum, was? (Legt einen Finger unter Luisens tief gesenktes Kinn und hebt ihren Kopf etwas höher. Sieht ihr in die Augen.) Kind?! Du weinst?!

Luise (schluchzt krampfhaft auf.)

Winter (zärtlich). Ach Kind, Du mußt nicht weinen. (Vergnügt, eindringlich.) Also, was? Ja .. nicht?

Luise (sanft). Mach, was Du willst. . .

Vorhang.

Wohnung bei Hagens. Sehr geschmackvoll möblirter Salon. Eichenmöbel. Eindruck von Sicherheit und Solidität. Zeichnungen und Gemäldephotographien an den Wänden. Nicht überladen. 2 Bücherschränke mit Glasthüren. Elfenbeinstatuette. Alice und Franzista Hagen am Tisch. Alice auf dem Sopha, nachlässig angelehnt. Alice stark brünett, schwarzes Haar, graue Augen, gelblicher Teint. Stark ovales schmales Gesicht. Edler Schnitt. Etwas zurücktretendes Kinn. Schlanke, biegsame Gestalt. Mittelgroß. Zwanzig Jahre. Um die ganze Erscheinung ein Hauch von kühler Vornehmheit. Kleidung sehr einfach. Franzista dunkelblond. Große dunkelgraue Augen. Krauswelliges Haar. Leichter Anflug von Stumpfnase. Etwas größer und kräftiger als Alice. Eindruck von blasirter Langerweile. 17 Jahre, aber älter aussehend. Kleidung ähnlich wie die Alicens. Franzista sitzt im Lutherstuhl. Auf dem Tisch einige Bücher verstreut, Kartenspiel, Journale. Tag später. Montag Nachmittag. Schneegestöber draußen. Behagliche Stille. Von der Straße her dann und wann Pferdebahnklingeln, dumpfes Rollen und Hufetrapsen. Alice liest in einem gut gebundenen Buch, Franzista blättert mechanisch in den Journalen, dann und wann Blick zum Fenster. Verträumte Stimmung.

27

Digitized b

Alice (aus dem Buch aufsehend). Was mag die Uhr sein? Meine muß irgendwo liegen. Sieh doch mal.

Franziska (nach ihrer Uhr sehend, gelangweilt). Viertel 2 ier.

Alice. Ob's bald Kaffee giebt? Du könntest mal nach=seh'n, Fränze, ich hab' Hunger.

Franziska. Na, weißt Du, Alice, Du könnt'st auch mal selbst geh'n. Ich bin doch heut' schon genug gelaufen.

Alice (humoristisch, wie während der ganzen Unterhaltung). Aber Fränzchen! Ich kann doch das Liebespaar hier nicht allein lassen .. in dem dummen Roman. Jetzt sind sie gerade dabei, daß sie sich kriegen .. Dummes Buch das! Geh' schon!

Franziska. Du weißt ja, vor vier giebt's doch keinen.

Alice (gähnend, zerstreut). Ich hätte doch 'n bischen schlafen soll'n. Was mag Fritz machen?

Franziska (halb vorwurfsvoll). Na Alice, was wird er machen!

Alice. 's Fritzchen schläft! Das Jungchen!
Schweigen.

Franziska (kühl). Ob Winter heute kommt?

Alice (nach dem Fenster). Er ist ja schon da, Du siehst ja.

Franziska (muß lachen, komisch). Ach Alice!

Alice (zerstreut). Wie die Flocken tanzen. . . Man sollte spazieren gehen.

Franziska (ironisch). Du kannst ja warten, bis Lutz kommt.

Alice (noch immer zerstreut). Kommt er heute?

Franziska. Na Alice, er hat's doch extra zu Dir gesagt.

Alice (aufsehend). Ach ja, will er nicht das Buch von Fritz, die Familie Selicke?

Franziska. Ich wollt's eigentlich noch lesen.

Alice (humoristisch). Aber Fränzchen! Du darfst das noch nicht lesen. Du bist noch 'n Kind. Weißt Du nicht, Winter findet das auch ..

Franziska (gelangweilt lächelnd). Ja, ja Alicechen.
Schweigen. Träumerische Stille.

Franziska. Wenn Winter kommt .. willst Du ihm nicht den Vater Selicke vorspielen? Du kannst das ja so gut.

Alice (leicht geärgert). Natürlich! 's Fränzchen wird das nu wieder gleich auskramen, wenn jemand kommt .. Lutz oder Winter.

28

Franziska (hartnäckig.) Es is doch auch wahr . .

Alice (mit komischem Aerger). Man muß nicht alles erzählen, was wahr is, damit kommt man nicht weit. Du bist viel zu plapperhaft . .

Franziska (ebenfalls geärgert). So und Du? Was bist Du?! Du sprichst a u c h.

Alice (humoristisch). Aerger' Dich nicht, Fränzchen.

Franziska (eigensinnig). Ich erzähl's aber g'rade. Ich will's erzählen.

Alice. 's Kind ärgert sich, 's Blondchen!

Schweigen.

Alice. Hoffentlich giebt's bald Eisbahn.

Franziska. Da kannst Du ja mit Lutz laufen, er läuft ja so gut. (Ironisch.) Schade, daß Winter nicht auch läuft.

Alice (ebenfalls ironisch). Damit Du mit ihm laufen kannst.

Franziska. Nein D u!

Alice (humoristisch). Fränzchen! Fränzchen! Du kokettirst mir zu viel.

Franziska. Na sag' mal Alice, w e r kokettirt nu eigentlich?

Schweigen.

Franziska (bissig.) Das wird nett werden, wenn Du heute den Vater Selicke vorspielst. Winter wird sich sehr freuen.

Alice (eingehend). Das wird er auch. Wenn man so täuschend spielt wie ich. . . Wir können ja nächstens überhaupt mal so'n kleinen Abend arrangiren. . . Ich spiel' den Vater Selicke. Du spielst die Toni. . . Du bist ja so'n sanftes, weiches Gemüth. Winter sagt's ja. . . Na, und Winter kann dann ja den Wendt nehmen. . . Ihr kriegt Euch. Das heißt, erst n a c h dem Stück. Vorläufig bist Du ja auch noch ein Kind. . .

Franziska. Ach, laß mich in Ruhe!

Alice (fortfahrend). Winter is vielleicht gar keine so schlechte Partie . .

Franziska. Na ja, dann greif' doch zu! Er hängt ja schon immer an Deinen Augen. . .

Alice (komisch). Ich könnte ja auch Lutz nehmen. —

Franziska (bissig). Na nimm doch beide!

29

Alice. Lutz muß erst was verdienen. Das dauert mir zu lange... Ich muß 'n reichen Mann haben.

Schweigen.

Alice (beginnt mechanisch Karten zu legen).

Franziska (sieht gelangweilt zu, plötzlich). Du, ich muß immer lachen, wenn ich Lutz sehe...

Alice (Karten legend.) Ja, ich hab' mich r e c h t geärgert. Was muß Lutz denken... Und man muß schließlich mitlachen. (Komisch.) Man muß sich ja g e n i r e n.

Franziska lacht unwillkürlich). Ich kann doch nichts dafür. Ich hab' nichts gegen Lutz. Aber er is mir so komisch...

Alice. Ja Du wirst a u c h noch.. über'n fremden Menschen so zu lachen! Ich sag' ja, Du bist viel zu.. zu .. Du mußt noch sehr g e z o g e n werden, mein Fränzchen..

Franziska. Ja, Du wirst mich zieh'n..

Alice. Das werd' ich auch. Du bist viel zu g'rad' raus. Viel zu offen... Man muß keinem Menschen vertrauen. Wir müssen uns das ganz besonders merken in unserer Lage.

Franziska (schweigt).

Alice (Karten legend). Da hab' ich ihn ja!

Franziska (blasirt). Wen?

Alice. Den reichen Mann. Da .. da liegt er.

Franziska (blasirt). Na, sei doch f r o h!

Schweigen.

Alice (betrachtet interessirt die Karten).

Franziska. Gieb doch mal her!

Alice. Was willst Du denn?

Franziska. Ich will mir auch legen.

Alice (giebt die Karten, nimmt einen Bleistift und kritzelt auf einem Fetzen Papier.

Franziska (legt Karten).

Schweigen.

Alice (zeigt Franziska das Papier). Rath' mal, wer is das?

Franziska (lacht unwillkürlich). Der mit der Stubbsnase is Winter, und der Andere, der mit den Storchbeinen — das is Lutz.

Alice. Getroffen! Aber was machen sie da?

Franziska (zuckt die Achseln).

Alice (humoristisch). Sie erdolchen sich gegenseitig. Eifersucht.

30

Fritz Hagen (noch in der Thür des Nebenzimmers). Giebt's denn nich bald Kaffee, Kinder? Seh doch mal einer nach! (Kommt näher zum Tisch. Sehr verschlafen und kleinäugig. Fritz ist mittel= groß, kräftige, breitschultrige aber biegsame Gestalt. Massiver Schädel, während das eigentliche Gesicht klein erscheint. Schwarzes Haar. Braune Augen. Starker, dunkler Schnurrbart. Haar kurzgeschnitten. Geheimrathswinkel. Sammetjaquet. Nachlässige, leichte Bewegungen. Starke Familienähnlichkeit mit Alice und Franziska.)

Fritz (am Tisch). Legt Ihr schon wieder Karten? Ihr könnt wirklich was Bess'res thun.

Franziska. Hast Dich ausgeschlafen, Fritzchen?

Alice (beschäftigt sich wieder mit den Karten).

Fritz (verdrießlich). Ach die dumme Pferdebahn mit dem ewigen Gebimmel! .. Kinder, Ihr legt mir wirklich zu viel Karten .. Nu leg' mal die Karten weg, Alice! Ich glaub', Ihr bildet Euch wirklich ein, das trifft zu.

Alice (halb humoristisch). Gewiß trifft das zu. Meinen reichen Kahlkopf bekomm' ich sicher.

Fritz. Geübt hast Du auch noch nicht, heute .. Du mußt mehr üben und weniger Karten legen. Außerdem setzt Ihr Euch blos dumme Flausen in den Kopf.

Alice. Ich kann doch jetzt nicht spielen. Mama schläft doch.

Fritz. Na ja, Du hättest schon längst üben können. Kinder, laßt Euch doch nicht Alles und Alles sagen.

Franziska. Ja, ja, Fritzchen, Du hast immer Deinen Aerger. (Legt ihren Arm um Fritz, der neben ihr am Stuhl steht.)

Alice (hat sich nachlässig ins Sopha zurückgelegt, Arme gekreuzt).

Fritz. Is doch auch wahr! Wenn man nich immer dabei steht, wird nichts gemacht ..

Alice (gleichgültig). Was soll man denn in dieser Nach= mittagszeit anfangen, wenn man nicht gerade schläft? wie Du .. (Es beginnt zu dunkeln).

Fritz (gereizt). Kinder, redt doch nich solchen Stuß! Ueberlegt doch, was Ihr sprecht. Ihr blamirt Euch ja .. Wenn das 'n Fremder hört.

Franziska (zärtlich). Ja, ja, Du hast ja Recht, Fritzchen.

Fritz (zu Alice gewandt). Wenn ich so seh', was andre Mädchen zu thun haben .. Ihr müßt nicht denken, daß das

immer so bleiben muß. Ihr müßt Euch bei Zeiten dran ge=
wöhnen, was zu thun . .

Alice. Gieb uns doch was zu thun!

Fritz (aufgebracht). Gieb uns was! . . Thu' ich nicht,
was ich kann?! Red ich nich tagaus, tagein?! . . Aber es
sind ja alles taube Ohren. Besonders Du, Alice!

Alice. Ich thu' schon meine Pflicht.

Fritz (in zunehmender Erregung). Ja, Du thust Deine
Pflicht! Grad' über Dich muß ich mich jeden Tag ärgern!
Nicht genug, daß Du nichts thust . . nein, auch dieser Eigen=
sinn! Fränze is ja auch kein Engel . .

Franziska (lächelt).

Fritz (fortfahrend, noch heftiger). Aber sie sieht das doch auch
ein. Fränze is 'n gutes Kind! Du verdirbst sie höchstens. . .
Du reiz'st einen ja bis auf's Blut! Ich ärger' mich ja schon
Jahrelang über Dich! Jahrelang!! . . Ach, was sag' ich!
Jahrzehnte lang!!

Alice (erhebt sich und geht langsam zur Thür hinaus. Aus dem
Zimmer ist langsam das Tageslicht verschwunden. Tiefe Dämmerung.).

Fritz (auf und ab gehend). So! Geh' nur! Spiel' nur die
Beleidigte! Ihr werdet das noch mal einsehn, daß ich Recht
gehabt hab'. . . Wenn's nicht zu spät is. Ihr müßt Euch
dran gewöhnen . . ans Arbeiten. Helft doch in der Wirth=
schaft, wenn's nicht anders is.

Franziska. Aber Fritzchen, da sind doch die Mädchen —
(Die Thür öffnet sich. Heller Lichtschein. Alice mit der Lampe. Hinter
ihr Lutz.)

Lutz (Franziska begrüßend). Guten Abend, Fräulein Fran=
ziska! . .

Franziska (erwiedert den Gruß.)

Lutz. Guten Tag, Fritz.

Fritz. 'n Abend, Mensch! Na? . . Kinder, wo bleibt
der Kaffee? Es is ja schon Nacht!

Alice. Der Kaffee kommt gleich. Fränze, geh doch
mal!

Franziska (erhebt sich und geht).

Lutz. Das is ein Schneegestöber! Alle zehn Schritt
steckt 'ne Pferdebahn fest. Das kost't wieder Gelder!

Alice. In der Voß las ich, der letzte Schneefall hat

32

allein 15000 Mark gekostet. Bitte, setzen Sie sich doch, Herr Lutz!

Lutz (setzt sich in den Lutherstuhl, sehr gedrückt und ernst. Fritz ihm gegenüber. Alice wieder auf dem Sopha. Franziska bringt Tassen und Kanne nebst sonstigem Zubehör. Im Hintergrunde zeigt sich ein Dienstmädchen, dem Franziska die noch fehlenden Tassen, Teller u. s. w. abnimmt. Franziska und Alice ordnen gemeinsam den Kaffeetisch).

Alice. Bitte, bedienen Sie sich doch, Herr Lutz! Hier ist Brod, Butter. . . Wollen Sie mir Ihre Tasse reichen?

Lutz. Ich danke sehr, Fräulein Alice. Schon getrunken. Wollte blos mal 'n Augenblick vorbeikommen. Wegen des Buchs. . .

Alice. Wollen Sie nicht noch 'n Schluck trinken? . . Familienkaffee!

Fritz (eifrig beim Kaffee beschäftigt). Nanu, Mensch, so'n Kaffeefeind? Auf einmal? — Trink, iß und trink! Is ja noch das einzige, wo man hat.

Lutz. Danke! danke *wirklich*, Fräulein Alice! (Während des Folgenden eifriges Kaffeetrinken, außer Lutz, der den Arm auf das Knie stützt und den Kopf auf den Daumen, Kopf ziemlich hoch).

Lutz. Na, was treibst Du jetzt so? Gut bekommen gestern?

Fritz. Ach, man hat keinen rechten Mumm! . . Es war doch auch wieder ziemlich spät. Man sollte wirklich das Alkoholtrinken aufgeben . .

Lutz. Na, ich trank Selterwasser.

Fritz. Das Alkoholtrinken und das Rauchen. Ich werd' mir jetzt das Rauchen abgewöhnen . . (Zu Franziska.) Na, was grienst Du?

Franziska (die neben Alice auf dem Sopha sitzt). Wie lange Fritzchen?

Fritz (schmiert sich eine Stulle, vergnügt grinsend). Ich hab' heut schon nich geraucht. Ich werd' das jetzt durchführen . . Von heut ab. Reich' mir doch noch mal die Butter! Ich werd' überhaupt Vegetarier werden . . Pflanzenkost is das einzig Wahre.

Alice. Sie essen gar kein Fleisch, Herr Lutz?

Lutz. O doch! doch! Im Allgemeinen ja nicht . . Aber ich binde mich nicht. Ich will mich nicht binden. Ich halt's eben für gesünder keins zu essen . . Prinzipiensache is das bei mir nicht. Wenn ich seh', daß es mir nicht bekommt, steck' ich's wieder auf.

Alice (hat aufmerksam zugehört, antwortet aber nicht.)

Fritz. Ich werd' mir's jetzt zum Princip machen, nur noch lauwarm zu essen .. Mit dem heißen Essen verbrüht man sich blos den Magen. Man thut lang' nicht genug für seine Gesundheit.

Franziska (sieht ihn ironisch von der Seite an). Na, Fritzchen!
Schweigen.

Lutz. Was hast Du nu eigentlich in den letzten Monaten getrieben? Was macht denn nu die Malerei?

Fritz (zuckt die Achseln.) Ach Gott, man kommt gar nicht recht zu was .. Scheußlich, eigentlich! Is ja aber auch kein Wunder! Die Situation is auch nicht danach ..

Lutz (nickt.

Fritz. Du bist ja auch schon so'n bischen eingeweiht in die Verhältnisse. Du bist doch 'n verständiger Mensch .. Sag' doch selbst!

Lutz (düster). Ja, wo man hinsieht, Zerdrücktheit und Zerkrampftheit!

Fritz. Man weiß ja nicht mal, was der nächste Tag bringt. Jeden Augenblick kann's krachen. Da sitzt man da ..
(Schweigen.)

Alice. Haben Sie denn schon was gefunden, Herr Lutz?

Lutz. Nein, noch nicht. Ich weiß überhaupt nicht, ob ich hierbleibe. Vielleicht geh' ich b a l d ..

Alice. Vorgestern meinten Sie doch ..

Lutz. Ja, es war aber auch nicht ganz sicher.

Alice. Wohin, wissen Sie wohl noch nicht?

Lutz. Nein, wohin weiß ich noch nicht. Is mir auch ganz egal! Verloren gehen kann man ja nicht ..
(Man hört draußen Stimmen. Winter wird von Jemand in's Zimmer geschoben, der hinter ihm die Thür wieder schließt.)

Winter (trägt Blumentopf, Palme in der Hand, verbeugt sich mit leicht verlegenem Lächeln). Bums, da bin ich! (Geht auf die Anwesenden zu.)

Alice (sich erhebend). Guten Tag, Herr Winter! Wissen Sie, wir haben Sie eigentlich gar nicht kommen hören.

Winter. Ja, wie 'n Gespenst! Ich war auch ganz erschrocken. Ihre Frau Mutter .. Wo darf ich ihn hinstellen?

34

Digitized by

Alice. Ach, is das aber eine schöne Palme, Herr Winter! Sieh mal, Franziska!

Winter. Ja, ich hab' mir erlaubt .. Als kleines Weihnachtsgeschenk. Sehr nachträglich allerdings .. Aber von Herzen! (Ueberreicht Alice den Topf).

Fritz (grinsend). Hoffentlich nich mit Schmerzen ..

Alice (trägt den Topf zum Blumentisch, scherzend). Nu, wir nehmen's auch so an. Sie wissen ja, wir sind nicht so.

Winter (begrüßt sich mit Franziska und Fritz').

Alice (kommt vom Blumentisch zurück). Haben Sie Mama schon .. Mama wird sich sehr freuen über die Palme. Bitte, setzen Sie sich, Herr Winter!

Winter (steht einen Augenblick nachdenklich). Ja eben, Ihre Frau Mutter .. Ich sprach schon mit ihr draußen.

Alice. So? Wollte sie nicht auch reinkommen?

Winter. Ja, das dacht' ich auch. Plötzlich stand ich hier drin .. Ordentlich reingeschoben.

Alice (humoristisch). Aber, Herr Winter .. sich so zu uns schieben zu lassen, nein! .. Mama wird wohl noch nicht ganz fertig sein. (Kurzes Schweigen.)

Winter (plötzlich). Gott, da is ja auch noch Lutz! (Geht auf Lutz zu.)

Lutz (erhebt sich schweigend, erwiedert aber den Blick Winters).

Winter (vor Lutz). Oder hab' ich Dir schon die Hand gegeben, ne?

Lutz. Nein, Du warst noch nicht so gütig.

Winter. Wie steht's denn sonst? Was von Bedeutung nich passirt seit gestern, was?

Lutz. Danke für gütige Nachfrage, nein. (Ist stehen ge= blieben, zu Fritz.) Ja, ich will doch . . . Giebst Du mir das Buch?

Fritz. Ja, Mensch, gleich! Kommst Du in mein Zimmer? (Erhebt sich.) Ich hab' auch noch schnell 'ne Besorgung zu machen. Wir können ja zusammen .. (Zu Winter.) Auf Wiedersehn.

Winter (erhebt sich, zu Hagen). Wiedersehn! Na, so eilig?

Fritz. Ja, na wir sehn uns wohl nachher noch .. Atje!

Winter. Atje! .. Na, 's nächste Mal!

Fritz. 's nächste Mal!

Lutz (hat sich unterdeß schweigend von den Damen verabschiedet, reicht Winter die Hand. Die Beiden stehen sich einen Augenblick gegenüber und betrachten sich).

Winter (plötzlich). **Mahlzeit, Mensch!** (Lutz und Hagen ab, Alice, Franziska und Winter haben sich wieder gesetzt. Kurzes Schweigen.)

Alice. Trinken Sie vielleicht noch Kaffee, Herr Winter?

Winter. Danke sehr, Fräulein Alice! Bereits getrunken. Sehr liebenswürdig zwar.

Franziska. Sie seh'n aber recht wohl aus, Herr Winter.. Findest Du nicht auch, Alice?

Alice. Ja, Herr Winter, Sie haben sich sehr erholt.

Winter. Ich fühl' mich auch wirklich sau .. kreuz= wohl. Na, das solide Leben zu Hause! Und dann .. Na kurz, mir is wirklich großartig zu Muth'. Kann mich gar nicht entsinnen, jemals .. Wissen Sie .. so .. der Optimis= mus is doch das einzig Wahre! Es muß überhaupt viel mehr gelacht werden. Finden Sie das nicht auch, Fräulein Alice?

Alice. Ach, wir lachen genug .. Wir sind so glücklich veranlagt. Wir lachen eigentlich über Alles.

Winter. So? Thun Sie das wirklich? Das kommt mir gar nicht so vor. Ich halt' Sie gar nicht für so humoristisch ..

Alice (humoristisch). Doch! Ich bin sehr humoristisch. Sie kennen uns blos nicht ..

Winter (zweifelnd). Hm ..

Franziska (die sehr gelangweilt dasitzt). Ja, ja, Alice kann furchtbar albern sein.

Alice. Ja und's Kind erst!

Franziska. Du fängst doch immer an.

Alice (humoristisch). Fränze! .·. Soll ich Dir mal denken helfen? (Muß lachen.)

Franziska (muß ebenfalls lachen).

Winter (sieht beide zweifelnd an). Ja, aber .. (Plötzlich.) Wissen Sie, ich glaub's Ihnen nich so recht ..

Alice. Was glauben Sie nicht?

Winter. Ich glaub' Ihnen nicht, daß Sie wirklich so ..

Alice (ernster). Warum glauben Sie uns das nicht? Das können Sie uns schon glauben.

Winter (zweifelnd). Ich weiß nicht ... das kommt mir

36

gar nicht so .. 's mag ja sein .. aber ich hab' immer so das Gefühl, als wenn das innerlich gar nicht so recht .. Wirklich, Fräulein Alice, ich hab' das Gefühl, als wenn Sie innerlich ganz anders ..

Alice. Wenn Sie sich da man nicht irren ..

Winter. Als wenn Sie innerlich eigentlich viel tiefer wären, als Sie sich so geben. Uebrigens schließt sich das ja nicht aus .. mit dem Humor, mein' ich. Aber wissen Sie, so was .. (mit Geste) so was Unergründliches .. so was aus dem Abgrund herauf! Und dann außerdem .. (Schweigt plötzlich.) Ja.

Alice. Ich weiß nicht, ob Sie da nicht ..

Winter. Ich glaub', Sie müssen 'n viel stärkeres .. Und darum kommen Sie mir auch immer so sonderbar vor, wenn Sie lachen. (Plötzlich.) Als wenn Sie das Alles gar nicht so meinen, sondern ganz anders. So .. So .. Wissen Sie .. Sie haben was Melancholisches für mich, Fräulein Alice .. Trotz allem Lachen!

Alice (mit sonderbarem Ton). Und davon sind Sie fest überzeugt?

Winter (sieht sie voll an, dann plötzlich mit herzlicher Entschiedenheit). Ja. (Schweigen, von der Straße her ein abgetöntes leisestes Summen.)

Winter (leichter). Uebrigens gegen den Humor hab' ich gar nichts, wie gesagt .. Im Gegentheil. (Mit Bedeutung). Wenn's wirklich Humor is. Darauf kommt's ja an. Was meinen Sie dazu, Fräulein Alice?

Alice (zuckt die Achseln).

Winter. Der arme Lutz hat auch zu wenig Humor. Der is auch in 'ner fürchterlichen Krisis .. Ach, Gott sei Dank! Das hat man hinter sich. Den Sturm und Drang hat man hinter sich. Ja, ja, die Lehrjahre sind vorbei .. Nu müßten eigentlich die Wanderjahre kommen ..

Alice. Wie finden Sie den Entschluß von Herrn Lutz?

Winter (achselzuckend). O .. ganz .. ä .. es kommt ja drauf an ..

Alice. Ja, ich finde auch, es gehört viel Muth dazu. Viel .. Ja, es ist ein Entschluß ..

Winter. Ja, unbedingt, das is es. Man kann ja darüber streiten, ob es sehr vernünftig is .. Uebrigens für

37

meinen Geschmack hab' ich nichts dagegen. Im Gegentheil eigentlich . . Na, jedenfalls also . .

Alice. Sie halten auch viel von Herrn Lutz?

Winter. Ja, er is 'ne Persönlichkeit . . Darum wird er sich auch durchbeißen. So oder so . . Er hat den Muth der Persönlichkeit. Er is eben er . .

Alice (hört aufmerksam zu, ohne zu antworten).

Winter. Eine Persönlichkeit! Ja, da liegt das ganze Geheimniß. Sich ausleben . . Wissen Sie, Fräulein Alice, ich hab' das Gefühl, ich müßte noch viel in der Welt vor mich bringen . . Ich hab gar keine Angst. Ich hab' das Gefühl, ich steh' jetzt am Anfang meiner Laufbahn. Wohin's gehen wird, das weiß ich noch nicht . . Aber daß es gehen wird, das weiß ich.

Alice. Schreiben Sie jetzt etwas, Herr Winter?

Winter. Ja, ich hab' was vor . . Was Lebens= freudiges.

Alice (seltsam). Was Lebensfreudiges . .

Winter (in starker Bewegung). Ja, Fräulein Alice, was Lebensfreudiges! Was meinen Sie dazu?

Alice (zuckt die Achseln).

Schweigen.

Winter. Ja ja, das fehlt Ihnen . .

Alice. Finden Sie das so wunderbar?

Winter. Nein, wunderbar finde ich das nicht.

Schweigen.

Alice. Sie sind 'n Mann . . Sie haben was er= lebt . . Sie haben 'ne Vergangenheit. Wir haben keine Vergangenheit. Sie haben Erinnerungen . . Sie kennen was vom Leben. Möglich, daß man da lebensfreudig wird . . Bei uns is das Alles nicht. Wir haben immer zu Haus ge= sessen. Wir haben nicht mal 'ne Gegenwart . .

Winter (schwer). Ja . . ja . .

Alice (humoristisch). Wir haben eigentlich gar nichts.

Schweigen.

Winter (plötzlich). Na, Fräulein Alice . . aber Sie werden etwas haben. Sie haben eine Zukunft. Ja, das ist es, Sie haben eine Zukunft . .

Alice (achselzuckend). Wer weiß

38

Winter (begeistert). Ja, ich weiß das, ich kann Ihnen das prophezeien.

Alice (humoristisch). Nach den Karten, ja. Er kommt immer wieder .. der alte, reiche Herr!

Winter. Nach den Karten? So, so, Sie legen also Karten ..

Alice. Ja ja, man muß sich eigentlich schämen.

Winter (höflich). O, bitte sehr ..

Alice. Wir haben ja weiter nichts zu thun. Sie wissen ja, wie fleißig wir sind.

Winter. Also ein alter reicher Herr!

Alice. Ja, ein alter reicher Herr. Aber er muß schon s e h r reich sein .. So dumm! Wenn ich schon 'n alten nehme, dann muß er schon steinreich sein ..

. **Winter.** Also n e h m e n würden Sie ihn eventuell?

Alice. Ja, natürlich, wenn er so dumm is .. dann mag er doch sein Unglück haben. Aber Geld muß er haben. Ohne Geld nehm' ich ihn nicht.

Winter. Also das Geld is bei dem ganzen Rummel die Hauptsache?

Alice (humoristisch.) Ja, o h n e Geld heirath' ich nicht. Ist mir wirklich immer 'n sehr angenehmer Gedanke gewesen, reich zu sein .. Sie können Fränze fragen. Sie wissen ja, zum Arbeiten haben wir Alle nicht so recht Lust. Wir müssen nicht so recht dazu geboren sein. Finden Sie das nicht wunderbar?

Winter. Fräulein Alice! Fräulein Alice!

Vorhang.

39

Zweiter Aufzug.

Winters Wohnung. Erker=Zimmer. Einfache aber anheimelnde Ausstattung. Breites, graues Sopha. Zwei graue Sessel. Rohrstühle an den Wänden. Bücherrepositorium aus der vorigen Wohnung. Vor dem Sopha viereckiger, massiver Tisch. In der Erkerausbuchtung des Zimmers zweiter ebensolcher Tisch als Schreib= und Arbeitstisch benutzt, mit Papieren, Büchern u. s. w. überhäuft. Rechts vom Eingang Thür zum Nebenzimmer. In der Ecke links neben der Eingangsthür bunter, breiter kaminartiger Kachelofen. An den Wänden einige Zeichnungen und Studien. Zahlreiche Photographien nach Landschaften. Zimmer sehr hoch. Gegen den Erker zu sehr helle und scharfe Beleuchtung. Strom von Licht trotz des Spätnach= mittags. Fenster weit geöffnet. Blick gegenüber auf eine parkartige Anlage, in deren Hintergrund sich hier und da vierstöckige Häuser abheben: ehemaliger Friedhof, jetzt als Spielplatz benutzt. Hohe alte Bäume. Reste von Grab= gittern und Grabhügeln. Sonniger warmer Frühlingstag, zwei Monate später. Winter und Luise, beide in Hut und Mantel, noch winterliche Aus= rüstung, treten ein.

———◆———

Winter (sich vergnügt umsehend). So, da wären wir ja wieder! (Aufathmend.) A .. a .. h! dieses Licht! dieses Licht! Siehst Du Kind, hab' ich nich Recht? Is das nich viel mehr Licht .. Viel mehr Glanz .. Tausend m a l mehr Licht, als bei den meisten Landschaftsgemälden in der Nationalgalerie? (Legt ab).

Luise (ebenfalls ablegend, eifrig). Ja, Du hast Recht, Ernst. Es war Alles so dunkel .. auf den Bildern. So .. denk blos das eine, wo es Mittag sein sollte .. man sah ja kaum was. So dunkel war's.

Winter. Ja, und die Sonne mußte hoch am Himmel stehen. Fast ganz wolkenlos .. Doll! Alles eine braune

40

Sauce! Von Licht haben die Leute ja keine Ahnung. Von dem wirklichen L i c h t!

Luise (nachdenklich, noch halb im Jaquet drinsteckend). Du, einige waren doch aber .. Du hast doch a u c h gemeint.

Winter. Na ja, 'n Paar. Das war doch auch gleich ganz was and'res, nicht wahr?

Luise (nickt, noch immer nachdenklich. Will das Jaquet g a n z ab= streifen, verhakt sich dabei).

Winter (belustigt). Na, ich bin doch neugierig, wie Du da rauskommen wirst ..

Luise (sich noch immer abmühend, geärgert). Häßlicher Mensch Du! Du könntest mir lieber helfen. Früher hast Du mir immer geholfen. Ja, jetzt braucht er das nicht mehr. Wart!

Winter (belustigt). So? Früher hab' ich Dir immer geholfen und jetzt nicht mehr? Ach, was bin ich doch für 'n schlechter Mensch! Na wart! (Packt die beiden Aermel, in denen sie sich festgehakt hat, so daß sie ihre Arme nicht rühren kann und sich wehrlos von hinten einen Kuß rauben lassen muß).

Luise (sucht vergeblich mit dem Kopf auszuweichen). Pfui! Nich doch! Nich! Du! (Muß lachen.)

Winter (ebenfalls lachend). Siehst Du, was ich für'n schlechter Mensch bin! (Ihr von hinten über die Schulter in das zurück= gebeugte Gesicht sehend.) Das macht mir aber S p a ß, 'n schlechter Mensch zu sein .. Na, was machst Du jetzt?

Luise (sträubt sich von Neuem, während er ihrem Munde ganz nahe kommt.) Willst Du gleich los .. Das wollen wir doch mal .. (Sucht ihre Arme aus seiner Umklammerung loszuwinden.)

Winter (energisch festhaltend, ihrem Munde ganz nahe). Na ja, das woll'n wir doch mal seh'n. Na?

Luise (erregt). Du, ich beiß!

Winter. Na ja, beiß! Mein Schatz, beiß! (Küßt sie.)

Luise (lacht und erwidert herzhaft seinen Kuß).

Winter. Na Du beißt ja nich? Vielleicht noch'n mal?

Luise (sich an ihn lehnend, erschöpft). Ach Du! bitte Ernst, bitte! ..

Winter. Siehst Du, bist Du jetzt gezähmt? Du kleiner Panther! Was?.. Ein Panther bist Du! Wie sie geschmeidig is.

Luise (noch immer erschöpft). Nu laß mich aber auch los! Du bekommst auch 'n Kuß ..

41

Digitized

Winter. 'n Kuß? Den kann ich mir ja nehmen .. Wenn ich will. Ei die vorher?

Luise (geärgert). Ach, das waren keine ..

Winter (wieder fester zupackend, näher an ihrem Mund). Waren das keine?

Luise (schnell). Ja, ja, das waren welche.

Winter. Siehst Du, und wenn ich jetzt will, kann ich mir noch einen nehmen. Ich will aber nich. Ich bin gut. Oder will ich doch? Eigentl'ch .. Ja! (Küßt sie noch einmal schnell, im Begriff loszulassen).

Luise (schreit leicht auf). Du! (Reißt sich los und flüchtet an den Ofen). Abscheulicher Mensch bist Du! (Verbarrikadirt sich mit einem Stuhl, herausfordernd) Komm doch!

Winter (hat das Jaquet in der Hand behalten, betrachtet es mit komischem Ausdruck). Ein Schatten nur! Die Seel' entfloh .. (Humoristisch.) Trauriger Ueberrest einer einst stolzen Größe übrigens .. Weißt Du, Du brauchst auch bald 'n neues Jaquet ..

Luise (am Ofen). Ach, das is noch lang' gut für Dich. (Herausfordernd). Jetzt kannst Du kommen .. Jetzt hab' ich keine Angst ..

Winter (näher kommend). Siehst Du, das war die Strafe für vorher.

Luise (schon auf dem Sprunge). Ich bin überhaupt viel stärker als Du. Auch größer bin ich ..

Winter. Sieh blos, diese Katze! Hat noch nich genug! Na wart', jetzt aber! (Duckt sich, als wollte er mit einem Satze auf sie zuspringen).

Luise (will sich flüchten, lachend). Nein .. nein .. nein ..

Winter (belustigt). Aha! (Ernster.) Na, hab' keine Angst, Kind, ich thu Dir nichts. (Dicht vor ihr, durch den Stuhl getrennt, den sie vor sich hält). Ich kann Dich doch mal 'n bischen betrachten ..

Luise. Ja, wenn Du willst .. Kennst Du Deinen Esel nicht schon. Ich denk', Du kennst mich schon.

Winter (sie nachdenklich betrachtend). Ach, wer kennt euch Weiber?!

Luise. Und euch erst! Besonders Dich .. Ich hab' auch zu thun gehabt, bis ich aus Dir klug war.

Schweigen.

Winter. Du, Kind, weißt Du was?

Luise (neugierig). Na?

Winter. Du, Kind, ich find', Du bist heut so hübsch ..

Luise (sucht ihn in komischem Aerger weg zu schieben.) Ach, geh!

Winter. Ja, ja, unbedingt, Du b i s t heut auch hübsch!

Luise (schalkhaft. Das merkst Du jetzt erst? Du bist einer! Gieb mir lieber das Jaquet .. Wo Du hinkommst, sieht's gleich unordentlich aus.

Winter (reicht ihr mechanisch das Jaquet von einem der Sessel, auf den er es vorher geworfen hat. Noch immer nachdenklich.)

Luise. Und den Ueberzieher hat er auch irgendwo hin= geworfen! Das sah s o schön ordentlich vorher aus .. hier. (Nimmt die abgelegten Sachen und trägt sie auf den Korridor. Wieder hineinkommend.) Ach, das is doch wirklich 'n schönes Zimmer! (Sieht sich entzückt um.) Ernst, sieh doch! Sich blos die S o n n e da hinter dem Park .. Ach, is d a s schön!

Winter (aus seinen Gedanken auffahrend, geht mit Luise, die den Arm um ihn gelegt hat, in den Erker, tief aufathmend). Ah .. und die Luft! Diese warme, schmeichelnde Luft! (Tief.) F r ü h l i n g!

Schweigen.

Luise. Ernst?

Winter. Ja, Kind?

Luise. Ja, Ernst? Wir werden r e c h t .. recht froh sein in diesem Zimmer ..

Winter (voll). Ja, Kind, das denk ich! Das werden wir! ..

Luise (erschüttert). Du bist ja mein Einziges! Ich hab' ja Niemand!

Winter. Aber Kind?!

Schweigen.

Winter (leichter). Na, Schätzchen, was meinst Du zu dem Zusammenleben? Hast Du Dich nu schon 'n bischen ein= gelebt in den paar Tagen? War das nicht 'n famoser Gedanke?

Luise (senkt den Kopf und nickt).

Schweigen.

Luise. Du Ernst, weißt Du was?

Winter. Und?

Luise. Ich bin so froh, daß ich nicht mehr bei Beckers bin?

Winter. Siehst Du, ich auch. Wirklich, das ist 'n

43

Glück! Nich wahr, das is doch 'ne ganz andere Sache, auf seinem Eigenen zu stehen?

Luise (einfach). Ich fühl' mich so f r e i .. Man braucht sich von Niemand mehr ausschelten lassen.

Winter. Ja, frei! frei! Darüber geht nichts .. (Nachdenklich.) Nichts auf dieser Welt.

Luise. Blos von Dir ..

Winter. Was?

Luise. Ausschelten lassen ..

Winter. Ach, Du Schaf! Du schiltst .. Ich glaub', ich komm noch ganz unter'n Pantoffel.

Luise (komisch). Ja, Du!

Winter (sich geschwellt umsehend). Siehst Du, das gehört uns! Darüber haben wir zu sagen .. Da wollen wir uns nu einrichten, daß es 'n Spaß sein soll. (Plötzlich.) Warum setzt Du Dich nicht?

Luise (nachdenklich an seinem Stuhl stehend). Ach, ich dachte nur so ..

Winter. Woran dachtest Du?

Luise. Ich hab' gedacht, wie das Alles so (achselzuckend) gekommen ist .. so .. (zuckt wieder die Achseln). Ich weiß selbst nicht ..

Winter (träumerisch). Vielleicht wissen wir's beide nicht .. Ja, ja, wie die Jahre hingegangen sind! Wir haben doch schon manches mit einander erlebt .. Viel .. Viel!

Luise (trübe). Nach Hause komm' ich nu wohl auch nicht mehr. Die wird mich nicht haben wollen .. die ..

Winter. Deine Stiefmutter?

Luise (nickt, will sich neben Winter setzen).

Winter. Du, Kind, bleib doch 'n Augenblick! (Vom Park her fällt ein Sonnenstrahl über Luisens Gesicht).

Luise (aufrecht, hell beschienen). Was willst Du? Das blendet so ..

Winter. Kind, Du bist w i r k l i c h hübsch. Ordentlich schön warst Du in dem Moment!

Luise (stößt ihn leicht in die Seite). Du! (setzt sich) Du hast wohl noch gar nicht gemerkt, daß ich mein Haar jetzt aufgesteckt trag'?

Winter. O, bitte sehr, gewiß hab' ich das! das wär'
ja noch besser! Meinst Du wirklich, daß ich so was nicht seh'?

Luise. Bei Andern vielleicht . .

Winter (belustigt). So? z. B. . .

Luise (eifersüchtig). Ach! red' Du!

Winter (stichelnd). Bei Fräulein Alice Hagen z. B . .

Luise (schmollend). Ach, laß mich in Ruh! Ich will gar
nichts von Dir wissen. (Plötzlich.) Gefällt's Dir so? Sonst
mach' ich's anders.

Winter. Nein, nicht anders! Sehr hübsch so. Nein,
aber abgeseh'n davon . . Ganz abgeseh'n vom Haar. Ge=
fallen thust Du mir immer. Hübsch bist Du immer. Wenigstens
für mich . .

Luise (etwas eitel). Du, das haben auch schon And're
gesagt.

Winter (belustigt). So? Also auch schon Andere! Ei, ei,
da werd' ich ja ordentlich eifersüchtig . .

Luise (gekränkt). Du brauchst nicht eifersüchtig sein.

Winter. Nein, nein, Kind, Unsinn! Ich weiß ja, was
Du für'n unschuldiges naives Kind warst, als wir uns kennen
lernten.

Luise (mit zärtlichem Vorwurf). Du hast mich verdorben . .

Winter. Als Beweis dafür bitt' ich demüthigst um
einen Kuß.

Luise. Da! (kurzer, herzlicher Kuß).

Winter. Weißt Du, Kind, der schmeckt noch eben so
frisch wie der erste, den Du mir gegeben hast . . Erinnerst
Dich noch, im Grunewald?

Luise. Ja, ich wußt' gar nicht, was ich von Dir halten
sollte. Am liebsten wär' ich gleich weg . .

Winter. Und bist doch geblieben! . . Siehst Du, das
is es, weniger weil Du so hübsch bist . . das auch, aber die
Hauptsache! Du hast so was Frisches, so was Gesundes. So
einen Duft von Jugend und Gesundheit! Und jetzt wirst Du
erst recht aufleben . .

Luise. Du, ich bin gar nicht mehr so jung. Ich werd'
bald 22 Jahre alt

Winter. Und bist doch so jung wie am ersten Tage,
als ich Dich sah. Natürlich, Du hast Dich entwickelt. Du

bift gereifter geworden .. Innerlich. Sehr sogar. Das is keine Frage. Aber Du bist doch so jung .. Ich weiß nicht ..

Luise. Ich werd' bald 'ne alte Schachtel sein.

Winter. Na, das können wir in aller Ruhe abwarten. Vorläufig seh' ich noch nicht mal 'n Fältchen in dem Gesicht. 'n 20 Jahre hat das noch Zeit .. Schau mal da, jetzt geht sie unter. (Deutet aus dem Fenster.)

Luise (eilt ans Fenster). Da, da! jetzt wird sie gleich hinter den Bäumen weg sein .. Wie die Kinder schon auf dem Platz spielen!

Winter. Is ja 'n Frühlingstag! (Das Zimmer füllt sich auf einen Moment mit blendendem Licht).

Luise (entzückt). Ach! Ach!

Winter. Abendsonne! Und noch so blendend. (Das Licht verschwindet, Schweigen. Von draußen Kinderstimmen).

Luise (wieder neben Winter, plötzlich). Wo wirst Du da sein?

Winter (sieht sie einen Augenblick an, ohne zu verstehen. Dann) Nach 20 Jahren meinst Du?

Luise (nickt).

Winter. Ja. (Achselzuckend.) Wo wirst Du sein? Meinst Du nicht, daß wir zusammen sein werden?

Luise (schüttelt den Kopf).

Winter. Warum nicht? .. Gott, garantiren kann man natürlich nicht, das is ja richtig. Du kennst ja meine Ansichten ..

Luise (nickt).

Winter. Wir binden uns eben nicht .. Wir stehen frei nebeneinander. Aber grad' darum .. Warum sollten wir nach 20 Jahren nicht noch ebenso zusammen sein können? Das seh' ich nicht ein.

Luise (schüttelt den Kopf).

Winter (ungeduldig). Ja, aber warum nicht?

Luise. Ich kenn' ja meinen Ernst.

Winter. So? Und? Da bin ich doch neugierig ..

Luise (lehnt sich leicht an ihn). Du mußt immer was Andres haben. Was Neues .. Sonst is Dir nicht wohl.

Winter (halb wider Willen lächelnd). Dach! So schlimm is es doch aber nicht ..

Luise. Ich weiß ja .. Wenn wir uns früher mal

'n paar Tag' hinter 'nander geſeh'n haben .. Weißt Du, wie ich die Zeit damals im Geſchäft war .. Ach, Du warſt gleich ſo .. ſo .. 's war Dir ſchon langweilig! Ja, Du kannſt r e ch t ſchlecht ſein!

Winter (zärtlich.) Ach, Kind, das waren auch and're Zeiten .. Da waren wir beide noch .. Jetzt liegt die Sache ganz anders.

Luiſe (zweifelnd). Na, Du!

Winter. Ja, ja, glaub' mir das!

Luiſe (plötzlich). Ich glaub' Du mußt das auch haben ..

Winter. Was?

Luiſe. Du mußt immer was And'res haben. Du biſt ſo'n Menſch. Mit Dir is ſchwer umgeh'n .. Wie mit 'm roh'n Ei. Ich hab' oft meine Noth gehabt.

Winter (zärtlich. Du Alte!

Luiſe. Ihr Schriftſteller ſeid Alles ſolche Menſchen .. ſo .. hu! (Macht eine komiſch abwehrende Geberde.)

Winter (erſtaunt). Wie kommſt Du darauf?

Luiſe. Ja, Du meinſt immer, ich kenn' Dich nicht. Ich hab' mir genug den Kopf zerbrochen .. Aber man muß Dir ganz Deinen Willen laſſen. Nachher kommſt Du doch wieder.

Winter (ſehr erſtaunt.) Sich, ſieh, das kleine Kind! Was Du Alles! Hä! (Schüttelt ſehr erſtaunt den Kopf.)

Luiſe (fortfahrend, zuverſichtlich). Ich möcht' wiſſen, wie lang' Du's jetzt hier aushalten wirſt .. lang' doch nicht ..

Winter (beluſtigt). So? Und unſere Wohnung und das Alles? Ne, Kind, vorläufig ..

Luiſe. Das is Dir doch gleich, wenn Du Deinen An= fall haſt.

Winter (ernſter). Ne, ne, Kind, Du irrſt Dich. Die Sache liegt jetzt ganz anders. Ich fühl' mich pyramidal wohl hier! Was fehlt mir denn! Und dann kann ich auch mal ordentlich drauf los arbeiten. Ich hab' wirklich das Bedürfniß, mich mal tüchtig auszuſchreiben.

Luiſe. Kannſt Du das anderswo nicht auch?

Winter. Nein, nicht ſo gut. Da muß ich mich erſt ein= leben u. ſ. w., hier hab' ich Alles. Ich hab' doch alle meine Freunde hier. (Stichelnd.) z. B. Hagens .. Na, und dann die Hauptſache an Berlin .. na rath mal!

Luise (sieht ihn fragend an). Ich weiß nicht . .

Winter. Das weiß sie nicht! (Schüttelt sie ein paarmal herzhaft.) Du! Du! Du! Du! (Ernster.) Siehst Du . . Und deswegen allein kann ich ja schon nicht weg.

Luise. Du hast mir mein ganzes Haar zerzaust.. Nu machs mir wieder zurecht.

Winter (singend). Na ja . . (Ordnet ihr Haar, währenddes.)

Luise (mit gesenktem Kopf von unten herauf sprechend). Du, ich kann auch von Berlin weg.

Winter. Warum, wie meinst Du? (Hat ihr Haar geordnet, drückt einen Kuß darauf.)

Luise. Ich brauch' nicht immer hier zu bleiben. Mir liegt gar nichts an Berlin.

Winter (erstaunt). Sie will von Berlin weg? Na so was?

Luise. Ach, das weißt Du doch schon lang'.

Winter (sinnend). Ja, ja, ich entsinne mich so dunkel . . (Schüttelt den Kopf.)

Luise. Ich möcht' gern mal in die Welt raus . . Immer dies alte Berlin! Ich kann überall arbeiten . .

Winter. Ja, arbeiten kann man überall. Wenn's nothwendig is . .

Luise. Anderswo bekommt man vielleicht leichter Arbeit wie hier.

Winter. Ja, mag sein . . Warum?

Luise (zaghaft). Sei mir aber nicht böse Ernst!

Winter. Ja, was denn Kind?

Luise (zärtlich aber entschieden). Ich möcht' auch was thun. Du sollst nicht Alles allein machen. Ich will auch was ver=dienen . .

Winter (erstaunt und gerührt). Ja, aber Kind . .

Luise (sich an ihn schmiegend). Nein, das mußt Du mir versprechen . .

Winter (noch immer erstaunt). Ja, aber . .

Luise (schmollend). Nein, dann geh' ich von Dir weg. Dann bleib' ich nicht bei Dir . .

Winter. Ach Du bist nicht recht . .

Luise (eigensinnig). Hörst Du?!

Winter. Ja, aber warum denn?

Luise. Ich will auch was verdienen. Ich will nicht immer von Dir abhängig sein. Du meinst immer .. Ja, ich kann auch was.

Winter. Ja, was denn? Hast Du denn schon was? Erzähl' doch!

Luise. Ich sag's Dir noch nicht .. bis ich's kann. Sonst lachst Du mich aus.

Winter (kopfschüttelnd). Na, die Sache is doch wirklich .. Wenn ich nicht wüßte, daß Du nie so was gelesen hast .. (Es schellt draußen.)

Winter. Sollte das Binder ..? Ne, unmöglich! Du, Kind, ich hab' versprochen, den abzuholen. Erlaub' mal! (Geht auf den Korridor.)

Luise (hat sich erhoben, bringt die Stühle in Ordnung, sieht erwartend nach der Thür. Draußen Stimmengeräusch. Im Zimmer beginnt es während der folgenden Unterhaltung langsam zu dämmern).

Hedwig (tritt ein, ohne Luise zuerst zu bemerken).

Hedwig ist klein, brünett. Volle üppige Gestalt, lebhafte Bewegungen, Ponnyhaare, modischer Hut, wie auch die sonstige Kleidung.

Winter (hinter ihr, höflich). Bitte sehr, hier Fräulein! Du Kind, hier is 'ne alte Freundin von Dir .. 'ne alte Landsmännin .. Fräulein Hedwig.

Luise (erstaunt). Ach Hedwig, Du!

Hedwig (auf Luise zu). Guten Abend, mein altes Lieschen! Nein, wie freu' ich mich! (Begrüßung.)

Luise (zurückhaltend, wie während der ganzen folgenden Unterhaltung). Guten Abend, Hedwig! Wie geht's Dir?

Winter. Wollen sich nicht setzen, Fräulein? 'n Bischen ablegen, was? Bitte mich zu entschuldigen!

Hedwig (kokett). O, ich dank' sehr, mein Herr! Ich komm grad' vom Geschäft. Ich wollt' blos mal seh'n, wie's meinem Lieschen geht. Ich hab' gehört, daß Du jetzt hier wohnst, Kind. Nein, is das ein Glück! (Setzt sich, Sonnenschirm in der Hand, sieht sich neugierig im Zimmer um).

Winter. Also bitt' um Entschuldigung! Ich hab' noch'n Gang.

Luise ängstlich). Bleibst Du lang' weg, Ernst?

Winter. Ne, Kind, gar nicht lang' Is ja nicht weit bis zum Atelier. Hoffentlich is Binder nicht schon weg .. höchste Zeit!

Luise. Du, komm bald wieder! Ja, Ernst?

Winter. Natürlich, Viertelstunde bin ich wieder hier. Binder kommt wahrscheinlich mit. Adieu Fräulein.

Hedwig (sich erhebend). Adieu, mein Herr! Ich werd' Ihrem Lieschen so lang' Gesellschaft leisten . .

Winter. Adieu, Kind! (Reicht Luise die Hand).

Luise drückt seine Hand, sieht ihn bittend an).

Winter (verwundert). Was hast Du, Kind? . . Also Wiederseh'n! (Ab.)

Luise (begleitet ihn bis zur Thür, kommt dann zurück und setzt sich auf einen Stuhl gegenüber Hedwig).

Hedwig (schnell, etwas geheimnißvoll). Is das noch Dein altes Verhältniß? Mit dem Du so lang' gegangen bist . . Nein, hast Du 'n Glück, Mädchen!

Luise. Ach, Hedwig, er is so gut zu mir.

Hedwig. 'n feinen Geschmack haste, Mädchen! Den möcht' ich mir auch anschaffen! Und nobel seid Ihr einge= richtet! Nobel muß die Welt zu Grunde geh'n! Ich bin immer für's Noble gewesen . . Du Liese, er wird Dich doch heirathen?

Luise (zuckt die Achseln, senkt den Kopf).

Hedwig. Nein, was aus meiner Liese geworden is! Das sollt' Dein Vater wissen!

Luise. Ach!

Hedwig. Der hat nu auch seine im Haus. 's richtige Unglück! Was sagste nu eigentlich dazu? Ich war grad' zu Haus, wie die Hochzeit war.

Luise (neugierig). Hast Du sie geseh'n? Wie sieht sie aus?

Hedwig. Tie! So'n langes Laster! Deinem Alten wird's auch noch leid thun. Armes Lieschen! . . Na, Du hast ja nu Deinen. Siehste wie be biste! Was ich Dir immer gesagt hab'! Wie sie immer unschuldig gethan hat! Na, ich sag schon!

Luise. Bist Du noch auf Deiner alten Stelle . . in der Conditorei?

Hedwig. Na, ich werd' mir! So dumm! Was hat man davon! 'n ganzen Tag laufen und hinterher sein! Bis in die Nacht . . Ne, ich geh' jetzt als Confectioneuse. Ich sag' Dir, der alte Jud' hat sich um mich gerissen! Das is

50

'ne ganz and're Nummer! Das bischen Mäntelprobiren! Und nebenbei .. Hab' ich nich 'ne feine Figur? Na, was meinste woll?

Luise (zuckt schweigend die Achseln).

Hedwig. Weeßte, ich steh Modell .. bei die Bildhauer. Rasend Geld verdient man mit. Und 's Vergnügen hat man gratis .. Verrückte Bande is das!

Luise. Du, wirklich?!

Hedwig. Na, thu' man nich so! Brauchst nich so groß-kotzig zu thun! Du bild'st Dir wohl Wunder was ein .. Weil Du nu Deinen hast. Du bist auch noch nich durch. 's dicke End' kommt nach.

Luise. Du brauchst nicht so grob sein! Ich hab' Dir noch nichts gethan.

Hedwig (ruhiger). Na ja, Du thust immer so. Du hast schon immer so gethan. Schon auf de Schule hat so groß-schnäuzig gethan! 'n Menschen besuchen kommt se auch nie . 'ne alte Freundin! Ich bin Dir woll nich gut genug? Na weeßte!

Luise. Du kannst mich ganz in Ruh' lassen. Ich denk', Du kannst nich sagen, wie ich zu Dir gewesen bin.

Hedwig (besänftigt). Na ja, man red't doch mal 'n Wort! Alles, was Recht is! Ich will nichts gegen Dich sagen, Liese. Na, paß auf, vielleicht kommt's noch mal vom ver-kehrten End'... Mir kann's jar nich schlecht geh'n! Unkraut verdirbt nich! Wenn ich mal kein Geld im Portemonnaie hab'.. Einen schmeckert's auch mal nach 'n ordentlichen Abendbrot .. So'n Cotelette mit Spargel! Weeßte, das eß ich so gerne .. Na, rath' mal, was denn jemacht wird.

Luise (zuckt schweigend die Achseln).

Hedwig. Na, wir wissen doch, wo Neumann 's Bier holt! Uns kann doch keener! Denn wird auf de Friedrichstraße gegangen, so'n bischen langsamen Schritt .. Wutsch! Is auch schon so'n oller Krauter hinterher! Wie der schwitzt! Hoa! Der zieht doch de Spendirhosen an. Wenn er denn ganz verrückt is, un meint nu geht's mit ihm nach Haus un schon immer so jankert .. Ja, da kennste Hedwigen schlecht! Hast 'm nich geseh'n, wenn er auf de Toilette is, Hut und Schirm un raus! Ne, so was giebt's nich. Dafür haben wir doch unser festes Verhältniß . .

Luise (entrüstet). Weißt Du, Du bist so gemein, Hedwig!

Hedwig (aufgebracht). Pä! Und was bist Du?! Du bist wohl viel was bessers! Zimperliese! Unsereener brauch sich von Niemand aushalten lassen . .

Luise. Na, weißt Du Hedwig, mit mir hast Du's verdorben. Solche gemeinen Redensarten! Pfui!

Hedwig. Das is jar nich mal erlaubt . . Weißt Du jetzt! Das is gegen de Polizei! Paß man uff, wie se Dir noch kriegen werden . . Das is jar nich erlaubt mit 'n Mann zusammenleben . . Paß man uff, wie se Dir holen werden . . Mit 'n grünen Wagen!

Luise (in krampfhafter Empörung). Hedwig!! (Schlägt die Hände vor's Gesicht und schluchzt verzweifelt auf.)

Hedwig. Siehste, Du brauchst nich so großkotzig zu thun! Unsereener brauch keine Angst haben vor der Polizei . .

Luise (schluchzt krampfhaft).

Hedwig (milder). Na, laß man gut sein, Liese. Meinswegen kannste mit Deinem machen, was Du willst. Ich werd's nich auf's Revier bringen. Aber ich sag' blos. (Man hört draußen die Corridorthür schließen. Im Zimmer ist es fast dunkel geworden.)

Luise (horcht auf).

Hedwig. Da kommt Deiner wohl schon. Na, sei man ruhig, Lieschen! (Sucht zu trösten.)

Luise. Geh', sag' ich Dir! Sonst sag' ich's Ernst! (Stößt sie zurück.)

Hedwig (resignirt). Na ja, is schon gut . . ich geh' schon. Sei man still!

Winter (tritt ein, schnell). Binder nicht hier gewesen?

Luise (schüttelt den Kopf, ohne zu antworten).

Hedwig (schickt sich zum Gehen an).

Winter (der in der Dunkelheit nicht recht sehen kann). Du, Kind, bist Du hier? is ja so dunkel hier. (Stößt auf Hedwig). Ach Sie, Fräulein Hedwig!

Hedwig. Ja ich bin's, mein Herr. Ich will grad' . . Lieschen sitzt da am Tisch. Ihr is nich recht . . Ich hab' sie schon 'n bischen unterhalten.

Winter (erschrocken). Ja, was is denn?

Hedwig. Ach, sie is nur 'n bischen .. Aber jetzt muß ich doch .. Adieu Lieschen! Ich empfehle mich, mein Herr! (Schnell ab.)

Winter (gleichzeitig). Habe die Ehre, Fräulein. (Bei Luise.) Kind, was is Dir? Hast Du was gehabt?

Luise (schluchzt auf).

Winter. Herr Gott, was hast Du?! Was hat die denn gewollt?

Luise (umfaßt ihn leidenschaftlich und drückt ihn an sich). Mein Ernst! Mein Ernst!!

Winter (weich). Mein liebes Kind! (Erwiedert ihren Druck.) Kind, Du mußt nich weinen. Ich bin ja bei Dir.

Luise (leidenschaftlich). Ernst! Mein einziger Ernst!

Winter (streichelt ihre Backen). So Kind, nu beruhige Dich nur! Die Sache is vermuthlich gar nicht so schlimm. (Leichter.) Immer hübsch kalt Blut und warm angezogen. Was meinst Du, nich wahr?

Luise (schweigt, noch manchmal aufschluchzend).

Winter. Na, mein kleiner Engel! Na, erzähl' Deinem großen Bengel!

Luise (unter Thränen mit leichtem Vorwurf). Ja .. Du!

Winter (gerührt). So, nu lacht sie doch wenigstens schon wieder. Und die ganzen Augen voll Thränen! (Drückt sie an sich.) Liebste!

(Beide lehnen sich aneinander. Draußen ist der Mond aufgegangen. Vereinzelte Mondstrahlen fallen bereits auf die Grabgitter und Grabreste gegenüber. Im Zimmer wird es wieder etwas heller.)

Luise (gefaßter). Ach, sind das schlechte Menschen! Sind das schlechte Menschen!

Winter. Also schlechte Menschen .. Ja, ja .. Was hat sie denn nu gesagt, das Fräulein Hedwig? 's war doch jedenfalls mit der was. Was wollte sie überhaupt hier?

Luise (achselzuckend). Weiß ich? Ich weiß gar nicht, wie sie das erfahren hat. Ach, man is doch nirgendwo sicher!

Winter. Ja, hol's der Teufel .. In diesem großen Berlin! So'n olles Klatschnest! Man wird wirklich nächstens irgendwo in die Haide geh'n müssen .. 20 Meilen ringsum kein Mensch! Ah! Das wär großartig! .. Na, also ..

Luise. Ach, sie hat mich so schlecht gemacht! So schlecht!

Digitized by

Winter (erstaunt). Schlecht gemacht?! Hedwig Dich schlecht gemacht? Na, das is doch wirklich .. Warum denn? Warum hast Du sie nicht ordentlich abgefertigt? Du bist doch sonst nicht so ..

Luise. Ach, die hat ja solche gemeinen Redensarten! Wie 'n ganz gemeines Frauenzimmer hat sie mich behandelt!

Winter (aufgebracht). Hedwig Dich! (Muß unwillkürlich auflachen).. Na, das is ja allerdings .. Wenn Fräulein Hedwig anfängt, Moral zu predigen ..

Luise (zärtlich). Ich bin doch wirklich nicht so schlecht, Ernst, was?

Winter. Ach, red' doch nich solchen Unsinn, Kind!

Luise (mit komischem Eigensinn). Nein, Du mußt mir das sagen. Sonst glaub' ich's Dir nicht ..

Winter. Ach, Du Närrchen Du! Nein, also, Du bist wirklich nich so schlecht! (Muß lachen.)

Luise (komisch vorwurfsvoll). Ja!.. (Schwerer.) Ich hab' Dich viel zu gern .. Sonst könnt' ich das wirklich nicht Alles ertragen.

Winter (nervös). Noch was?! Na, was denn noch?! (Aufgeregt.) Ach Gott! Ach Gott!

Luise (in plötzlicher Verzweiflung). Wenn ich zur Polizei muß .. Ich spring ins Wasser ..!! (Schluchzt.)

Winter (erschroden). Aber Kind, was heißt denn das? Polizei?! (In plötzlicher Wuth.) Was hat denn das niederträchtige Frauenzimmer ..!

Luise. Ich laß mich nicht zur Polizei bringen! (Schauert zusammen.) Hoach!.. Schrecklich!!

Winter (in wilder Wuth im Zimmer auf und ab). Diese Niedertracht! Diese .. Herrgott! Herrgott! (Stößt an einen Stuhl, stößt ihn wild zur Seite.) Ach, man könnte gleich ..

Luise (leise, beschämt). Ich hab' das wirklich nicht gewußt, Ernst ..

Winter (vor Wuth beinah weinend). Horrjeh!.. Horrjeh!.. Horrjeh!.. Diese Gemeinheit! Diese .. Und das glaubt sie auch noch! Kind!! Bist Du denn ganz von Sinnen?! Deswegen?! (Ballt die Fäuste.)

Luise (zaghaft). Ja, ich weiß das doch nicht Ernst ..

Winter. Aber Kind! Is ja alles erstunken und erlogen! Is ja kein Wort wahr!.. Ja, allerdings, ein=

mischen kann sich ja die Polizei .. Dafür sind wir ja in unserm lieben Deutschland. Aber d a s doch nicht! D a s doch nicht! .. Nein! .. Horrjeh! Horrjeh!

Luise (steht auf, geht zu Winter an den Sophatisch. Sich an ihn schmiegend). Wenn Du bei mir bist, hab' ich keine Angst ..

Winter (mit starker Stimme). Nein, Kind, das b r a u c h s t Du auch nicht! Soviel kann man sich s c h o n auf sich ver= lassen! .. Wenn's h i e r nicht geht, dann geht's a n d e r s w o! Das wollen wir doch mal s e h 'n! .. Meine kleine Taube, Du! Ach, wie sie zittert! .. M e i n Liebchen! (Zärtliche Umarmung.)

Luise (an seiner Brust). Ach, Du bist so gut! .. Mein l i e b e r Ernst!

Winter (ruhiger). Na Kind, hat sich das Kind nu wieder 'n bischen erholt? Von d e m Schreck!

Luise. Du hast Dich auch erschrocken. Ich hab' das ganz gut gemerkt .. Red' man nich!

Winter. Na, da soll man nicht ..! Uebrigens war ich g a r nicht aufgeregt .. Die ganze Sache war ja Unsinn.

Luise. Ja, ja, mein Alterchen .. Komm her, und ruh' Dich 'n Bischen aus von Deinem Schreck!

Winter. Ja .. Ja .. (Legt den Kopf an ihre Brust. Luise hält ihn umschlossen.) Schweigen.

Winter (plötzlich). Kind, ich möcht' Dich was fragen.

Luise. Na frag, Schäfchen!

Winter. Thut's Dir leid, Kind, daß Du .. daß Du jetzt bei mir bist?

Luise (schüttelt den Kopf mit vollem Augenaufschlag). Du!

Winter. Hat's Dir auch nie leid g e t h a n?

Luise. Ach, sei nicht so neugierig!

Winter (dringender). H ö r s t Du, Kind?!

Luise (offen). Na ja, Du .. 'n Augenblick is mir so gewesen. Du mußt aber nicht böse sein. Ich hatt' nicht so an Alles gedacht. Von Anfang an .. Aber ..

Winter. Aber?

Luise. Mir is jetzt alles gleich .. Was kommt! Ich hab ja nichts zu verliere, wie Dich ..

Schweigen. Es schellt draußen.

Winter. Ah, das wird Binder sein. Du Kind, zünd' doch die Lampe an! (Geht auf den Korridor hinaus.)

Luise (zündet die Lampe an, man hört draußen Stimmen).

Binder (tritt ein, nachdem er Hut und Mantel draußen abgelegt hat). Guten Abend, Fräulein Luise!

Luise (etwas schüchtern). Guten Abend, Herr Binder! (Reicht ihm die Hand).

Winter (ist hinter Binder eingetreten). So, Mann, setz' Dich! Mach' Dir's bequem! Na Kind, wie steht's mit'm Abendbrot? Binder wird schon 'n Bärenhunger haben.

Binder (vergnügt). Glauben Sie ihm das nicht, Fräulein Luise! Er lügt! .. Nun, wie geht's Ihnen sonst? Wie is Ihnen das neulich bekommen? .. Was, Sie wollen schon wieder fort?

Luise (setzt sich den Hut auf). Ja, ich muß schon, sonst bekomm' ich Schelte von meinem Tyrannen. Seh'n Sie, wie er da schon steht?

Binder (eilfertig zuspringend). Darf ich Ihnen nicht behülflich sein? (Hilft ihr ins Jaquet).

Luise (leicht verlegen. O, ich danke Ihnen sehr, Herr Binder .. Ich danke! (Zu Ernst.) Also, ich bin im Augenblick wieder zurück ..

Binder. Wir sollten Ihnen wirklich die Mühe abnehmen, Fräulein Luise

Luise (abwehrend). Ach, das bischen Einholen! .. Und das versteh' ich auch besser, wie Sie.

Binder (zu Winter). Du bist auch gar nich 'n bischen galant .. Schrecklicher Mensch!

Luise. Ja, der! (Nickt Binder zu, wirft Winter einen komischen Blick zu. Ab).

Winter (wirft ihr eine Kußhand nach).
(Momentanes Schweigen).

Winter (zu Binder). Na, setz' Dich, Mann! (Setzt sich in einen der beiden Sessel am Sopha.)

Binder (sich in den andern Sessel setzend). Deine Wohnung is wirklich famos. Gefällt mir von Tag zu Tag besser, man merkt doch überall Luisens Hand.

Winter (in sich versunken, einsilbig). Na, siehst Du ..
(Schweigen.)

Binder. Warum kamst Du mich nicht abholen?

Winter. Ja entschuldige, Mann! Ich hatt' mich 'n bischen verspätet. Ich war da, aber Du warst schon weg.

Binder. Ich wollt' schon beinah' nich kommen.

Winter. Ach, Du bist ja .. Warum denn nicht? Ich hatt' Dich doch eingeladen.

Binder. Du kamst nicht .. Man kann ja nicht wissen ..

Winter. . Ach, was sind das für Umstände! Früher war das was And'res. Aber jetzt, wo Du Luise kennst . .

(Schweigen).

Binder. Du bist ja heut so .. Is was passirt?

Winter (verstimmt). Äe —!

Binder. Du bist auch nie zufrieden. Jetzt könnt'st Du doch wahrhaftig zufrieden sein.

Winter. Ja, das sagst Du so .. Verdammte Ge= sellschaft das!

Binder. Was is denn los? Is was gescheh'n?

Winter. Paß auf, wir werden noch viel Scherereien haben .. Jetzt hofft man so recht aufzuleben .. So recht lebensfreudig. Jetzt kommt das! Äe! (Stützt den Kopf in die Hand.)

Binder. Wieso? Was is nu eigentlich passirt?

Winter. Ach .. Alle diese moralischen Seelen! Die's wahrhaftig nich nöthig haben .. Da war vorher so 'ne Freundin hier .. So 'ne sogenannte .. Von Luise. 'ne alte Lands= männin. Was die ihr den Kopf heiß gemacht hat! Mit allerlei Redensarten, und schließlich ..'s is wirklich zum Kugeln, wenn man sich das so recht überlegt! Und dabei is die Sache bitterer Ernst. Das wird natürlich nich das Einz'ge bleiben .. Wenn einen die Leute doch blos ungeschoren lassen wollten!

(Kurzes Schweigen).

Binder. Warum heirathst Du Luise nicht?

Winter. Weil ich ni**ht** will .. einfach. Du mußt das doch wissen, dächt' ich.

Binder. Ja, aber ich glaub's Dir nicht. Ich glaub' nich, daß Du das durchführen kannst.

Winter (erregt). So? meinst Du? .. Na, wir werden ja seh'n! Qui vivra verra . .

Binder. Schon Luisens wegen nicht . .

Winter (hartnäckig). Na, wir werden ja sehn! Jedenfalls sag' ich Dir .. Wie's auch kommt, die Zwangsehe wird mich nie kriegen . .

Binder. Nie? . .

Winter. Nie! .. Nie, sag' ich Dir! Uebrigens, daß 'n Mensch wie Du, der doch wahrhaftig .. Ich dächte, Du bist doch auch nicht mehr so grün im Leben. Daß Du noch solche Vorurtheile.. Und da wundert man sich noch über And're!

Binder (heftig). Ich habe keine Vorurtheile, wenigstens hierin nicht. Ich verstehe Euer Verhältniß sehr wohl. Ich bin wahrhaftig derjenige, der das Andern gegenüber vertheidigt hat.

Winter (herzlicher). Na ja, eben darum .. dafür bin ich Dir dankbar. Um so mehr muß ich mich wundern ..

Binder Nein, grade darum! So lang ging's ja nicht .. Aber jetzt! Es is ja nich um der Moral willen .. Nein, ganz einfach .. Du siehst ja, einfach wegen der Menschen.

Winter. Auch 'n Standpunkt! (Geht mit großen Schritten im Zimmer auf und ab, dann und wann stehen bleibend. Plötzlich). Nein, Mann, thu mir den Gefallen! Wenn wir Freunde bleiben sollen .. Hierin keine Einwände! Keine Wenn und Aber! In allem Andern .. Na. Aber grade hierin .. Hierin! Grade weil ich weiß .. weiß! .. Nicht blos eingebildet, sondern aus eigenster Erfahrung .. Aus meinen eigensten Erlebnissen. Ich hab' Luise von vornherein gesagt, daß ich sie nicht heirathen will .. daß ich überhaupt nicht heirathen will .. Es war vollständiger freier Wille.

Binder Aber grade darum ..

Winter. Was?

Binder. Grade darum .. darum könntet Ihr Euch heirathen.

Winter. Das is mir zu hoch. Das versteh' ich nicht.

Binder. Ich meine, grade weil Ihr .. wie soll ich sagen, weil Ihr auf 'm höhern Standpunkt steht .. Na, das würde dann eben eine wirkliche echte Ehe geben. Grade darum solltet Ihr heirathen.

Winter (aufgebracht). Immer wieder das Alte! Wie oft soll ich Dir sagen! Ich hasse diese Zwangsehen .. Ja, allerdings, ich hasse sie gradezu! Jeder nach seinen Erfahrungen! Meine haben mich nu mal auf den Weg gebracht. Von frühster Jugend schon. Und nu soll ich nach all' dem .. 's wirklich zu lächerlich!

Binder (trübe). Bei Alledem bedaure ich nur Luise.

Winter (scharf). Dazu ist gar keine Veranlassung, mein Theurer. (Schweigen.)

58

Digitized by (

Winter (geht haftig auf und ab, bleibt plötzlich vor Binder steh'n. Ruhiger). Na, sag' mal selbst, Mensch! Du bist doch auch 'n moderner Mensch. Sag' selbst, würdest Du heirathen? Aber ganz aufrichtig!

Binder (mit sonderbarem Lächeln). Ja, gewiß würde ich heirathen.

Winter (schnell). Ich mein' natürlich nicht auf die Liebe verzichten .. auf's Weib. Aber h e i r a t h e n .. heirathen! Auf's Standesamt geh'n oder vor'n Altar .. das is ja dasselbe.

Binder. Ja, allerdings würd' ich das ..

Winter. Ich begreif' das nicht. Ein moderner Mensch!..

Binder. Ja, ich würde allerdings h e i r a t h e n .. Auf's Standesamt geh'n und vielleicht sogar vor'n Altar. Aber ich w e r d e nicht heirathen.

Winter (auf= und abgehend, zerstreut). Hm ..

Binder. Ja, Du wirst ja sehn.

Winter (auf= und abgehend, bleibt plötzlich vor Binder stehen). Ich kann einfach nicht für mich g a r a n t i r e n. Ich kann mich nicht b i n d e n. Ich weiß nicht, wie ich nach zehn Jahren denken werde .. Nicht mal nach 'm Jahr!

(Schweigen.)

Binder. Du, Ernst, ich hab' Dir was mitgebracht. Willst 's mal seh'n?

Winter (aufschreckend). Ja, natürlich, Mann. Was is es denn?

Binder (geht auf den Corridor, trifft dort Luise, die eben zurück= gekommen ist. Man hört ihre Stimmen).

Luise (eintretend, Packetchen in der Hand). Ach, das hat l a n g' gedauert, ja, Ernst? Ach, da war so'n Andrang.

Binder (hinter ihr, kleine aus Plastilin modellirte Figur in der Hand, verlegen lächelnd, stellt die Figur auf den Tisch vor Winter). Da! Nu lach' aber nicht.

Luise (im Ablegen begriffen, bewundernd). Ach, is das aber .. Nein, Herr Binder, is das schön! So natürlich .. So .. Ich weiß nicht.

Winter. Donnerwetter, der is fein! Natürlich Arbeiter, was?

Binder (mit hochrothem Gesicht dabeistehend). Ja, Du siehst ja. 'n bischen herausfordernd .. Die Stellung. Aber ..

59

Winter. Du, das is gut. Das paßt. So ford're ich mein Jahrhundert in die Schranken . . Kolossal naturalistisch! Gratulire! Aber wirklich von Herzen! (Schüttelt ihm die Hand.)

Binder. Gefällt's Dir? Na, das freut mich. Is ja noch manches d'ran auszuführen. Aber so im Großen . . Also Du meinst, ich hab . .

Winter. Ja, unbedingt! Ich kann Dir wirklich gratuliren.

Binder. Und Ihnen, Fräulein Luise?

Luise (noch immer davor, etwas verlegen). Ach, Herr Binder, ich . . (Sieht ihn mit einem verlegen bewundernden Blick an).

Binder (erröthend). Also es gefällt Ihnen, Fräulein Luise?

Luise (ebenfalls leicht erröthend). Ja, Herr Binder, sehr! (Schütteln sich herzlich die Hände.)

Binder (tief aufathmend). Das giebt einem wieder Muth auf lange . .

Winter. Also das war das Moderne? Das Stück sociale Frage . .

Binder (nickt).

Winter. Modern is es wirklich . . das läßt sich nicht anders sagen.

Binder (seufzend). Ja, man wird schon modern. Das lernt man.

Luise (ist ab- und zugegangen, kommt jetzt mit einem Tischtuch zum Sophatisch).

Winter (vergnügt). Ah, 's Kind will decken . . (Klopft sich auf den Bauch.) Thut mir sehr wohl, der Gedanke! Na, Mann, woll'n wir das vielleicht 'n bischen weg . .?

Binder (aufschreckend). Ja, natürlich . . Entschuld'ge! (Will die Figur wegtragen.)

Luise. Ach, Ernst . . Kann die Figur nicht noch hier bleiben? Bitte, Herr Binder, vielleicht da hin . .

Winter. Ja, ich seh' auch nich ein . . Setz' doch da hin!

Binder (hochroth). Ja, wenn's Ihnen . . (Setzt die Figur auf ein kleines Nebentischchen.)

Luise (deckt den Tisch, während Winter die Lampe hält).

Winter (neckend). Du, Kind, aber immer hübsch ordent=
lich! 's Tischtuch is nich ganz grade.

Luise (zieht es zurecht, leicht geärgert). Ach Du! Du meinst
wohl, ich seh' das nicht?

Binder (sieht lächelnd zu). Ja, Fräulein Luise, Sie haben
schon ihren Aerger . .

Luise. Hab' ich auch mit dem Menschen. (Bringt Teller.)

Winter (sieht grinsend zu). Nichts vergessen, mein Kind!
Nichts vergessen!

Luise (hat die Teller hingestellt). Raus mit Dir! Du hast
hier nichts zu suchen . . So lange . . (Sucht ihn in's Nebenzimmer
zu schieben.)

Winter (läßt sich schieben, schon halb im Nebenzimmer). Nu seh'
blos einer! Na, und Binder nich?

Binder. Da werd' ich doch wohl auch . . Is sehr
Unrecht von Ihnen, Fräulein Luise. (Verschwindet in's Nebenzimmer.)

Luise (nachrufend). Wenn's so weit is, ruf ich. Eh'r
darf keiner kommen.

Winter steckt den Kopf wieder hinein, grinsend). Wie meinst Du?

Luise (auf ihn zu. Willst Du wohl gleich . .

Winter (verschwindet wieder).

Luise (ordnet den Tisch an, summt während des Ab= und Zugehens
erst leise, dann lauter).

Einst im Januar! Einst im Januar!*)
Als wir Beide uns zuerst gesehen . .
Wie's doch seltsam war! Wie's doch seltsam war!
(Verstummt nachdenklich.)

Winter (steckt wieder den Kopf hinein).

In der Märzenzeit! In der Märzenzeit! . .
(Verschwindet wieder.)

Luise (sieht sich um, lächelt, summt leise).

In der Märzenzeit! In der Märzenzeit!
(Bricht plötzlich ab, betrachtet noch einmal den Tisch, dann zum Nebenzimmer.)
Fertig! Bitte schön!

Binder (tritt ein, kommt zum Tisch). Ah, Fräulein Luise!
Das haben Sie so hübsch angeordnet . .

Luise (sieht ihn dankbar an, senkt den Kopf).

Winter (kommt durch die große Eingangsthür vom Korridor her,

---

*) Komposition von Max Marschalk.

61

Digitized b

Weinflasche, Gläser, Veilchensträußchen in der Hand, wichtig). Na, was sagst Du jetzt?

Luise (erstaunt). Du, wo hast Du das alles her? Sieh mal an!

Winter. Alles im Corridor gewachsen! Ja, Du kennst die Eigenschaften dieses Corridors noch nicht. (Setzt Flasche und Gläser auf den Tisch.) Soll ich's Dir nicht anstecken, Kind?

Luise. Meinst Du nicht .. Wollen wir's nicht lieber auf den Tisch setzen .. Solang'? Nachher kann ich's ja ..

Binder. Fräulein Luise is uneigennützig. Wir Andern sollen auch was davon haben.

Winter (giebt ihr die Veilchen.) So, Kinder, nu wollen wir uns aber mal setzen. Bitt' schön, Franz, nimm Platz! Da, wenn ich bitten darf! (Setzt sich in den Sessel.)

Binder (im andern Sessel.) Ach, das is schön mollig.

Luise (auf dem Sopha). Bitte sehr, Herr Binder, wollen Sie sich nicht bedienen? Ich bitte sehr .

Winter. Kinder, nu greift jeder zu und nimmt, was ihm beliebt. Genöthigt wird nicht. Als moderne Menschen, die wir sind. Also Zunge gefällig? (Sich besinnend, belustigt). Ach so, genöthigt wird ja nicht.

(Während des Folgenden wird gegessen.)

Winter (dazwischen die Schüsseln betrachtend). Was haben wir denn da für feine Sachen? Sieh, sieh! Kind, Du verräthst Geschmack. Caviar is ganz vortrefflich. Hm, na die Sache is ja nicht Lukullisch, aber ich muß sagen .. Angesichts der socialen Frage .. (Wendet sich zum Nebentisch). Was sagt denn der dazu?

Binder (kauend). Du, ich eß', stör' mich nicht!

Winter. 'n finsteres Gesicht macht er Na, hol's der Teufel! Laßt uns essen und trinken, denn morgen sind wir todt .. (Wieder zum Nebentisch). Ja Du! Wenn Du so könnt'st! Ja, ja, man sieht ordentlich, wie er mit den Zähnen knirscht.

Binder. Du machst einen ja ordentlich stolz. Wenn Du schon Deinen Lachs drüber vergißt .. Du thust dem Mann ja viel Ehre an.

Winter. Verdient er auch. Hoho! Hochachtung vor dem Mann! Das is der Mann des 20sten Jahrhunderts!

Der is viel moderner, als wir alle zusammen .. Siehst Du nicht, wie dem das 20ste Jahrhundert aus dem Gesicht kuckt?! So was Versteinerndes! So was .. Ae! Reich mir doch mal den Schinken.

Luise (reicht ihm den Schinken, mit vollem Blick zu ihm).

Winter (streicht ihr zärtlich die Backen. Na, Kind, Du ißt ja gar nichts .. Das Kind verhungert mir noch.

Luise. Ach gewiß, Ernst, eß ich. Denk' Du nur gar nicht an mich!

Binder. Fräulein Luise denkt auch an den Mann da gegenüber.

Luise (senkt verlegen den Kopf).

Winter. Kinder, eßt! eßt! Laßt's Euch schmecken! .. Hol's der Teufel! (Summt.) Unsere Väter sind gesessen vor den vollen Humpen hier. Unsere Väter sind vergessen und vergessen werden wir .. Donnerwetter, da fehlen ja aber noch die vollen Humpen. Kind, Du denkst auch an gar nichts. (Sucht nach seinem Pfropfenzieher.)

Luise (gekränkt.) Ach, Du bist auch .. Weiß ich denn? Du brauchst ja blos sagen ..

Winter (scherzhaft hartnäckig). Nein, nein, Du denkst an gar nichts ..

Binder. Fräulein Luise opfert sich auf.

Winter (fortfahrend). Genöthigt hat sie auch nicht .. (Dreht langsam den Pfropfenzieher in den Korken.)

Luise (schüttelt den Kopf und sieht ihn an).

Binder. Scheusal Du! Erst verbittet er sich das Nöthigen und dann .. Grober Mensch! Ich glaub', Fräulein Luise, er thut blos so.

Luise (gekränkt). Ach, der!

Binder. Ich glaub', er thut blos so. Er will nicht zeigen, wie er unterm Pantoffel steht.

Luise. Ach nein, Herr Binder, Ernst steht nicht unterm Pantoffel.

Binder. Na, na, so'n bischen ..

Luise (schüttelt ernsthaft den Kopf). Ich möcht' auch nich mal, daß er unterm Pantoffel steht.

Winter (hat nachdenklich den eingedrehten Pfropfenzieher betrachtet, zieht den Pfropfen mit plötzlichem Ruck raus.) Bam! (Nachdenklich) Ja, so geht das. Man möchte gern modern sein und fällt doch immer wieder zurück .. (Leichter.) Na, bitte sehr! Bitte die Gläser! (Gießt ein, momentanes Schweigen.)

Winter (erhebt sich, Glas in der Hand). Na proft, meine Herrschaften! Proft! Und Ehrerbietung bitt' ich! Hut ab, wenn ich bitten darf! Unter uns weilt ein hoher Gaft. Das 20. Jahrhundert weilt unter uns. (Zum Nebentisch.) Proft Alter! Nicht so bärbeißig? Deine Zeit kommt auch noch. Verschlucken thuſt uns noch mal Alle! .. Vorerft aber verschlucken wir mal diesen Wein .. Und ich denk', er soll uns gut schmecken! Proft, meine Herrschaften, proft! Es lebe das 20. Jahrhundert. (Sie stoßen an und trinken.)

Binder. Proft! 'n bischen frühzeitig .. Na ..

Winter. Frühzeitig? Man kann nicht frühzeitig genug hineinkommen!

Schweigen.

Binder. Sie sind wohl auch schon so 'ne halbe Social=demokratin, Fräulein Luiſe?

Winter. Halbe? Schon beinah' 'ne ganze!

Luiſe. Wenn einer immer unter fremden Menschen lebt .. Man macht doch viel durch. Da kann man schon so werden. Das is kein Wunder.

Binder. Ja, das is kein Wunder. Ich kenn' das .. Wenn man abhängig is.

Luiſe. Ja, man muß sich viel gefallen lassen.

Winter. Na, das sind vergangene Geschichten! Is gut, wenn man's mal kennen gelernt hat. Man weiß, wie's 'm Andern is und vergißt's nicht. Und im Uebrigen .. Na, ich kann wohl sagen, ich fühl' mich sehr wohl .. Augenblicklich.

Binder. Wahrhaftig, ich auch! So glücklich hab' ich mich schon lang' nicht gefühlt. Wissen Sie, Fräulein Luiſe, das hab' ich mir schon Jahre lang gewünscht. So mit Ihnen beiden .. Is einem ordentlich zu Muth, als wenn man selbſt .. Also, auf Ihr Wohl, Fräulein Luiſe! Und daß es so bleiben möge! Auf glückliche Zukunft! (Er erhebt sich mit seinem Glase.)

Luiſe (erhebt sich ebenfalls, sieht Binder dankend an, plötzlich). Ach, sieh blos, Ernſt, der Mond! Der Mond im Erker!

Winter (ift ſitzen geblieben, zerſtreut).   Der heilige Mond! (Erhebt ſich.) Alſo auf glückliche Zukunft!   (Plötzlich.) Nein, die haben wir ja ſchon leben laſſen. Die is dunkel und wer weiß, was ſie bringt! Die Zukunft iſt dunkel und die Vergangenheit iſt geweſen .. Na, dann bleibt blos noch die Gegenwart. Na, die h a b e n wir jedenfalls .. Was meinſt Du Kind? Die halten wir feſt! (Zieht Luiſe zu ſich und drückt ſie an ſich.)

Binder (lächelnd.) Alſo, Proſt! Es lebe die Gegenwart

Winter (erhebt drohend einen Finger und weiſt auf den Neben=! tiſch). Aber mit Vorbehalt ..

Vorhang.

Digitized by

Dritter Aufzug.

Winters Wohnung: Erkerzimmer. Sonnenglänzender Apriltag. Die Bäume gegenüber in hellgrünem Laub. Offene Fenster. Vormittags. Wagen=rollen auf dem Asphaltpflaster draußen. Ganz in der Ferne manchmal Pferdebahnläuten.

Winter (allein, sitzt am Schreibtisch im Erker, Feder in der Hand, schreibt ein paar Worte, stützt den Kopf auf, trommelt auf der Tischplatte, stöhnt). Ae! Hol's der Teufel! (Erhebt sich, geht ein paarmal durch's Zimmer, bleibt am Erkerfenster stehen, streckt zerstreut den Kopf hinaus, zieht ihn wieder hinein, dreht sich um, ruft nervös): Luise! Bist Du da?! Luise!

Luise (kommt aus dem Nebenzimmer. Was soll ich, Ernst?

Winter (unruhig, nervös, wie während der ganzen folgenden Unterhaltung). Aber Kind, was machst Du doch da?! Warum sitzt Du nicht hier? Was machst Du da im Nebenzimmer?

Luise. Ich wollt' Dich doch nicht stören, Ernst. Du sagst doch, Du magst nicht, wenn jemand dabei is, wenn Du arbeit'st . .

Winter. Ach, Unsinn! Wann hab' ich das gesagt? . . Und jedenfalls bezieht sich das nicht auf Dich . . Im Gegentheil.

Luise. Ich weiß ja nicht, wie's Dir recht ist. Gestern warst Du bös, weil ich drin war. Ich weiß ja nicht, was Du willst.

Winter (gequält). Ach Gott, Kind, Du bist auch so . . Ich weiß nicht, Andre . . Na. Du legst gleich Alles so auf die Wagschale. Warum sitzt Du nu nicht hier? Ach! (Senkt erschöpft den Kopf.)

Luise (sieht ihn rathlos an und schüttelt den Kopf. Ein Ausdruck von Verzweiflung und duldender Ergebung in ihrem Gesicht, der im Laufe des Gesprächs noch mehrfach wiederkehrt).

Winter (in sich versunken, zerstreut). Is die Sache denn so eilig? (Bittend.) Komm doch hierher, Kind, ja?

66

Digitized by Goo

Luise. Lieber Ernst . . Ich bin ja doch hier. Sei doch nicht so.

Winter. Ach Gott, Kind, laß mich! Laß mich! Dann geh nur und mach die Sache! Du sitzst ja doch schon wie . .

Luise. Ich bleib' ja gern hier, Ernst, wenn Du willst. Aber ich weiß doch nicht . .

Winter. Geh! . . Geh! . . Geh! . . Geh! Die Zeichnerei is Dir ja doch wicht'ger als ich.

Luise (erhebt sich, geht zu Winter, der sich gegen ein Erkerfenster lehnt und legt ihm sanft ihre Hand auf die Schulter, steht einen Augenblick unschlüssig neben ihm.)

Winter (in sich zusammengesunken, erhebt den Kopf zu ihr, matt.) Ja, ja, Kind . .

Luise (in tiefer Theilnahme neben ihm, schwer). Ernst . .

Winter (plötzlich). Is die Sache wirklich so eilig?

Luise (sanft). Aber nein, Ernst! Das hat auch noch bis morgen Zeit!

Winter. Sonst . . Was is es denn eigentlich?

Luise. Du weißt ja, für's Geschäft . . Die Zeichnung. Für Herrn Rathke. Ich kann das eben so gut morgen machen. Er sagt, es hat nicht solche Eile.

Winter. Na also, warum sitzt Du da nu nebenan. Und überhaupt . . Ach, das will mir gar nicht gefallen!

Luise. Ich wollt' Dich doch blos nicht stören, Ernst . .

Winter (nervös, gequält). Ach, Du hast gar keine Theil= nahme!

Luise (verzweifelt.) Ich weiß ja doch nicht, Ernst. Ich weiß wirklich nicht mehr . .

Winter. Ja, ja, Kind, Du weißt nicht! Du weißt nicht! . . Was weißt Du überhaupt?!

Luise. Wenn Du mich nicht siehst, wirst Du vielleicht ruhiger sein, hab' ich gedacht . .

Winter (gerührt. Aber Kind! (Muß lachen.) Du bist auch wirklich . . Nein! (streichelt schäkernd ihre Wange.) Du!

(Beide sehen sich voll in die Augen, Luise lehnt sich leicht an ihn, Winter umfängt sie. Schweigen.)

Winter. Meine Kleine! (Läßt Luise los und geht im Zimmer auf und ab, erst langsamer, dann schneller.)

Luise (bleibt am Fenster stehen).

Winter (auf und abgehend, athmet tief auf). Ah! Was das

für'n warmer, molliger Südwind is! Is doch Südwind? (Am Fenster.) Ja, der kommt von Süden! Vom Land Italia! Eigentlich 'n bischen mehr Südwest .. Nach dem Wetterhahn drüben. Spanien, Atlantischer Ocean .. Auch nicht übel! Was meinst Du, Kind?

Luise. Geh doch hin, Ernst!

Winter (lächelnd). Das sagst Du so ..

Schweigen.

Winter (nachdenklich). Ja, ja, man hat auch seine Wander=jahre gehabt! (Summt vor sich hin.) Lang' ist es her! Lang' ist es her! (Plötzlich.) Weißt Du Kind, das Lied erinnert mich immer an meine erste Liebe ..

Luise. Ja, Du hast mir mal erzählt.

Winter. Hab' ich? Ja, ja, lang' ist es her! Das is wirklich schon 'n ganzer Posten Zeit!

Luise. Das kannst Du wohl noch immer nicht ver=gessen ..

Winter. Wenigstens fällt's einem mal so ein .. Alle Jahr einmal. Darum brauchst Du nicht eifersüchtig sein. Das is nu auch schon 'ne reifere Jungfrau .. Damals war's Frühling .. Eigentlich noch nicht mal so weit wie jetzt .. Aber mir war so zu Muth .. Da lag das noch vor einem .. Das lag noch alles vor einem .. Wer einem das damals gesagt hätte! Man soll doch nie sagen, was 'ne Sache is. Daß ich noch mal hier landen würde .. Oder stranden .. Na, so 'ne Strandung kann man sich gefallen lassen. Was meinst Du, Schätzchen? Und schließlich .. Man is doch auch 'n ganzen Posten rumgekommen. Man hat doch manches mit=gebracht. O ja .. Es hätte ja mehr sein können .. Na, der Mensch is ja nie zufrieden. Davon kann man zehren .. Von seinen Erfahrungen. Hm! (Lacht laut auf.) Von seinen Erfahrungen! Die kann man nu hübsch verarbeiten .. In seinem Lehnstuhl. Als Großvater .. Was meinst Du Kind, als der Großvater die Großmutter nahm .. (Faßt Luise um und wirbelt sich mit ihr ein paarmal durchs Zimmer.)

Luise (sucht sich ihm zu entwinden, lachend). Du, was machst Du?! Ernst, bist Du ganz ..

Winter (sich und sie wie wild schwenkend). Hopps, mein Großmutterchen! Hopps! Mal 'n bischen verrückt sein.

Luise (entwindet sich ihm, lachend). Aus Dir soll man auch klug werden! Daß Du auch tanzen kannst, hab' ich gar nicht gewußt.

Winter (außer Athem.) Bitte sehr .. Bei Hagens .. hab ich .. manchmal getanzt.

Luise (halb für sich). Ja, bei Hagens!

Winter (sich langsam erholend). Früher! Jetzt sind das auch tempi passati. Siehst Du, was der Großvater alles kann! (Vor Luise stehend.) Noch 'n Tänzchen, was?!

Luise (ihn komisch abwehrend). Du bist 'n Mensch! Geh schon! Sonst kommst Du ganz aus Rand und Band!

Winter (sie humoristisch betrachtend). Wir sind 'n verrücktes Paar! (Streichelt ihre Wangen.) Ja, ja, mein altes Groß= mutterchen! So ganz Großvater sind wir doch noch nicht! Es steckt immer noch 'n bischen .. (Ballt die Fäuste und stampft auf, wie um sich seine Kraft zu beweisen. Plötzlich erschöpft in sich versinkend.) Der verdammte Frühling! Der macht einen ganz .. (Am Fenster.) Sieh blos, wie die Bäume alle schon grün sind! So früh im Jahr ..

Luise (neben ihm, zärtlich besorgt). Da wird mein Ernst diesmal auch früher rauskommen.

Winter (zerstreut). Meinst Du? (Plötzlich.) Ja, raus! Raus! (Streckt sich krampfhaft, steckt dann den Kopf aus dem Fenster.) Is das ein Vormittagsleben draußen! Sieh blos, Kind! .. Ach, das lieb' ich ..

Luise (hat ebenfalls aus dem Fenster gesehen). Ja, die vielen Wagen!

Winter (auf und abgehend, nachdenklich). Ich wundre mich .. In dieser Straße. Ich hab' das noch nie so bemerkt. Natür= lich Klingelbolle is auch dabei. Wie das auf dem Asphalt weg rollt! (Pfeift vor sich hin.) Ja, ich hab' das riesig gern. Hä! Es geht so ein Zug durch dies Vormittagsleben! So'n Zug! (Bleibt vor Luise stehen, weich). Mein gutes Kind!

Luise (senkt den Kopf). Mein Ernst!

Winter (sie betrachtend). Manchmal hast Du Aehnlichkeit mit Franziska Hagen.

Luise. So? Ich denk', die is hübscher.

Winter (belustigt). O, Du!

Luise (senkt den Kopf, mit leichtem Vorwurf). Ja!

69

Winter (auf und abgehend). Nein, Franziska weiß ich nicht grade .. Aber Alice Hagen is hübscher . Die ist schön!

Luise (gepreßt). Nimm sie doch!

Winter (kalt secirend). Nimm sie doch, schön gesagt! Du weißt ja nicht, ob sie mich will!

Luise (schweigt).

Winter (vor ihr stehen bleibend, ärgerlich). Kind, was machst Du doch für'n Gesicht! Nein, nein, diese Duldermiene!

Luise (preßt die Zähne zusammen, eine dicke Thräne rollt ihr über die Backe. Sie wendet ihr Gesicht ab).

Winter (ihr Gesicht zu sich drehend, ärgerlich. Nu noch gar Thränen! (Wüthend.) Herrgott! .. Warum doch!?!

Luise (unwillig). Ich wein' ja nicht. Was willst Du blos!

Winter (auf und abgehend, schwermüthig). Kind, wo is Deine alte Fröhlichkeit geblieben?! Du singst mir auch gar nicht mehr. Immer läßt sie den Kopf hängen. Sing' doch was, Kind! Einst im Januar .. Das hör' ich so gern.

Luise (schüttelt trübe den Kopf). Ach!

Winter (melancholisch). Ja, ja, wo sind die Tage! Wo sind sie? .. Wo ist unsere Lebensfreudigkeit, Kind! Wo ist sie? (Tief herauf.) Ae!! (Wischt sich, auf und abgehend, verstohlen eine Thräne aus dem Auge, dann vor Luise mit plötzlichem Ausbruch.) Mein Mädchen! .. Mein liebes!! (Drückt sie an sich.)

Luise (schluchzt an seiner Brust einmal verhalten auf).

Winter (sehr weich). Thränen?! Wart' ich werd' sie Dir wegküssen! Du sollst nicht weinen! Es wird noch Alles gut. (Bemüht sich zärtlich um sie.)

Schweigen.

Winter (nervös). Warum weinst Du doch?! Was hab' ich Dir gethan, Kind?!

Luise (schweigt).

Winter (immer nervöser). Kind, was hab' ich Dir gethan?! Sag' doch!

Luise (schweigt).

Winter (in zitternder Erregung). Nu, sag' doch!! .. Nein! Alles! Alles! .. Blos nicht dieses Schweigen! (Packt sie krampfhaft am Arm.)

Luise (mit verzerrtem Gesicht) Ernst!! .. Nichts hast Du mir gethan! Nichts!!

70

Winter (verzweifelt). Ach Gott, bin ich ein unglücklicher Mensch!!

Luise (erschüttert). Aber Ernst! Lieber Ernst! Was fehlt Dir! Du haft mir nichts gethan .. Sei doch nicht so!

Winter (lehnt den Kopf an ihren Busen, athmet schwer).

Luise (bemüht sich in mütterlicher Angst um ihn). Mein guter Ernst, quäl' Dich nicht so! Komm, setz' Dich auf's Sopha, ja Ernst? Setz' Dich zu mir! Du bist so müd', mein Ernst! (Leitet ihn zum Sopha.)

Winter (läßt sich willig zum Sopha leiten). Ja, Kind, hast recht, ich bin müd' .. Weiß Gott, woher! (Setzt sich.)

Luise (setzt sich zu ihm). Mein Ernst! So, leg' den Kopf an! So! (Legt den Arm um seinen Kopf, der an ihrem Busen ruht.) So, jetzt ist Dir leichter .. Ja, Ernst?

Winter (lächelnd). Meine kleine Mutter!

Schweigen.

Winter (entwindet sich ihr sanft, lehnt sich ins Sopha zurück, ruhiger). Ach, ich sag' Dir Kind, das is ein Zustand! (Tief herauf.) Ae! Man hat zu nichts Lust. Man .. Die ganze Arbeiterei kommt einem so überflüssig vor .. So .. Als wenn die ganze Schreiberei so eigentlich gar keinen Zweck hätte! .. Ja, ja, überflüssig .. Das is es. Ueberflüssig! 's is doch blos der Schatten vom Leben! Man operirt blos mit Schatten .. Statt mit dem Leben!

Luise (nachdenklich). Ich glaub', Du mußt wieder Ab= wechs'lung haben. Du bist schon zu lang' hier. Reis' doch, Ernst! ..

Winter (freudig). Ja, ja, das is es! Du hast ganz recht, ich muß wirklich reisen! (Sich besinnend.) Was soll aber aus Dir so lang' werden? .. Und schließlich, das bloße Reisen ..

Luise (bestimmt). Ich bleib' hier.

Winter (freudig). Hm .. (Plötzlich enttäuscht.) Du bleibst hier ..

Luise. Ja, ich bleib' hier.

Winter (unmuthig). Ja, ja .. (Rückt ein Stückchen von ihr weg.)

Luise (ängstlich). Was is Dir, Ernst?

Winter (nervös). Ach Gott, Kind, Du hast auch so gar keine Theilnahme! Du bist so gleichgültig!

Luise (schüttelt rathlos verzweifelt den Kopf, stöhnt tief auf).

Winter (weicher). Na ja, is doch wahr! Sie bleibt hier! Warum willst Du nu nicht mitkommen? Ich denk', Du wollt'st doch ganz gern von Berlin weg . .

Luise (einfach). Du mußt allein reisen, Ernst.

Winter (zweifelnd). Ich muß allein reisen? Hm . . (Freudig). Ja, Du hast Recht! Bei so was muß man frei sein. Ganz frei!

Luise. Ich wär' Dir blos zur Last. Ich bleib' schon hier.

Winter (heiter). Du! Wenn ich nu aber nicht wieder= komm', was machst Du dann? Das is 'ne gefährliche Sache, so allein reisen! . . Was machst Du dann? . . Garantiren kann man doch nicht.

Luise (senkt den Kopf und schweigt).

Winter. Du, Kind, sag' mal! . . Man kann doch drüber reden. In aller Freundschaft . . Du bist doch 'n ver= nünftiges Mädchen. Also . . Wenn ich nicht wiederkomme . . 's ist ja nicht anzunehmen, aber 's wär' doch denkbar. Würdest Du da eventuell heirathen? Später . . irgend 'n Andern . .

Luise (schüttelt den Kopf).

Winter (zweifelnd). Na, na, Du würdest nicht heirathen?

Luise (schüttelt nochmals den Kopf, so etwas von tiefsinnigem Nach= denken in ihrer Bewegung).

Winter (nachdenklich). Hm . .

Schweigen.

Winter (plötzlich). Is ja Unsinn . . Die ganze Reise= geschichte! Ich muß volles Leben haben! Womöglich mitten drinn! Weißt Du, so Mann gegen Mann! (Ballt die Fäuste.) Kampf! . . Beim Reisen wutscht man doch blos so über alles hin! . . Uebrigens Kampf kann man hier ebenso gut haben, wie anderswo. Vielleicht noch besser! . . Und wenn man dann müd' is . . Da hat man sein liebes Mädchen, die einem wieder Muth macht. Nicht wahr, Kindchen? (Umfaßt sie.)

Luise (erwidert seinen Druck).

Winter. Ja, ja, man kann ganz zufrieden sein mit seinem Loos.

Luise (mit zärtlichem Vorwurf). Ja, ich dächte auch.

Winter (plötzlich). Wenn man blos nicht so an die

Scholle gebunden wäre! .. An die Scholle! Ha!!
(Faßt sich verzweifelt an die Stirn).

Luise (in verzweifeltem Unmuth). Weißt Du Ernst, Du bist
schrecklich!

Winter (geschmeichelt lächelnd). Findest Du, Kind? Hm ..

Luise (hoffnungslos). Ja, wer mit Dir ..

Winter. Ja, ich bin ziemlich schwer zu behandeln. Ich
glaub' nicht blos für Dich, sondern auch für Andere! Ich
glaub', Fräulein Alice Hagen würde auch ihre Mühe haben,
was meinst Du?

Luise (bitter). Die! ..

Winter. So? Meinst Du? Hm, mag sein. Jeden=
falls würde sie mich nicht so oft ärgern, wie Du. Die Haupt=
stadt von Hinterindien würde sie jedenfalls wissen. Erinnerst
Dich noch? Du bist auch manchmal zu dumm!

Luise (geärgert). Ach, noch lang' gut für Dich!

Winter. Na na?

Luise komisch). Du verdienst so'n alten Drachen! Den
wünsch ich Dir auch mal!

Winter (sieht sie an, ebenfalls komisch). Den hab' ich über=
haupt schon! (Es schellt draußen.)

. **Winter.** Was kommt denn da? Willst Du auf=
machen Kind?

Luise. Vielleicht Frau Borchardt.

Winter. Ach ja, dieses Ekel! Was die Frau mir zu=
wider is!

Luise. Wen Du auch nicht leiden kannst! (Geht auf den
Corridor. Man hört die Thür gehen und Stimmen. Währenddeß geht)

Winter (im Zimmer auf und ab, bleibt plötzlich vor einem kleinen
Tischchen stehen, auf dem er ein dickleibiges Buch bemerkt, nimmt das Buch
zur Hand, betrachtet es mit Zeichen des Erstaunens).

Lutz (tritt ein). Morgen!

Luise (hinter ihm). Herr Lutz. (Will sich wieder zurückziehen.)

Winter (gleichzeitig). Morgen, Mensch! (Reicht Lutz die
Hand, zu Luise die eben verschwinden will) Du, Kind?! .. Einen
Moment, Mensch! .. Du, Kind, sag' doch, wie is das Buch
hier auf das Tischchen gekommen? Wer treibt denn hier kunst=
geschichtliche Studien?

Luise (in der Thür, verlegen zögernd, dann). Ich hab' drin
gelesen, Ernst.

73

Digitized I

Winter. Du? Kind . . Na, so was!

Luise (verschwindet, steckt dann den Kopf noch einmal zur Thür hinein). Sie haben doch nichts dagegen, Herr Winter? (Verschwindet wieder.)

Winter (ihr nachrufend). Ne, im Gegentheil! . . Du, entschuld'ge, Mann!

Lutz (hat am Bücher-Repositorium gestanden, wendet sich jetzt). Bitte stürz' Dich nicht in Unkosten! (Sich umsehend.) Na, bei Dir is ja noch immer so gemüthlich, wie neulich!

Winter. Wie neulich? Na, das is schon ziemlich lang her. Du läßt Dich ja gar nicht mehr seh'n. Setz' Dich, bitte! (Setzt sich in einen Sessel.)

Lutz (im andern Sessel). Du führst hier wohl das reine Phäakenleben?

Winter. Gott, wie man's nimmt. Aber Du hast Recht! Ich fühl' mich fast zu wohl. . Was treibst Du denn?

Lutz (achselzuckend). Danke! Man seicht noch immer journalistisch rum. Jede ehrliche Arbeit wär' mir lieber!

Winter (seufzend). Ja, das is richtig! Das kann ich Dir nachfühlen.

Lutz. Nächstens tauch' ich aber unter. Gründlich! bis über die Ohren! Und endgiltig . .

Winter (nachdenklich). Ja ja, untertauchen! Und am liebsten gar nicht wieder raufkommen!

Lutz. Mir auch recht! Anspruchsvoll bin ich nicht!

Winter (zerstreut). Also, Du schreibst? Journalist . . Hm . . (Plötzlich.) Ne. aber Mann, man sieht Dich wirklich gar nicht mehr. Nicht mal bei Hagens trifft man Dich.

Lutz. Weil wir vermuthlich zu verschiedener Zeit hingeh'n. Uebrigens trifft man mich nächstens überhaupt nicht mehr hier . .

Winter (zerstreut). Ueberhaupt nicht mehr? (Ihn anschauend.) Willst Du weg?

Lutz. Ja, ich habe die Absicht.

Winter. Wohin?

Lutz. Ich denk', gleich über's Wasser. Ich will mich einfach ausleben! Vielleicht treff' ich bei der Gelegenheit auch meinen Bruder. Der soll jetzt irgendwo in Südamerika rumschwimmen.

Winter. Feiner Gedanke!

Lutz. Wär' man gleich was Praktisches geworden, dann wär' diese Zerkrümelung nicht nothwendig gewesen. Diese Zerfaserung! Dies Rumtasten!

Winter (erhebt sich). Diese verdammte Bücherhockerei. (Streckt sich krampfhaft.) Diese Enge hier! (Geht pfeifend auf und ab).
Schweigen.

Winter (am Fenster). Die schlafen nu. Die schlafen schon lang. Und die Kinder spielen auf ihren Gräbern. Das is doch mindestens schon die vierte Generation!

Lutz. Denkst Du jetzt immer hier zu bleiben?

Winter (auf und abgehend). Ja, wenn ich Dir darüber Auskunft geben könnte! Ich weiß überhaupt nichts, was nu aus mir werden soll.

Lutz. Arbeit'st Du viel? Was machen Deine dichterischen Pläne? Machst Du noch immer in Lebensfreudigkeit?

Winter. Du bist ja ordentlich ironisch! Was die machen? Hinterm Ofen liegen sie, oder gehören wenigstens dahin! Eigentlich gehört man selbst dahin.

Lutz. Wer hinterm Ofen bleibt . .

Winter. Bleibt! Ich bin auch nicht immer hinterm Ofen gewesen.

Lutz. Wir leiden Alle an Verfettung. Alle! Uns beide eingeschlossen. Hagen is auch so'n Mensch. Der könnte auch mal raus!

Winter (achselzuckend). Ja . . (Bleibt vor Lutz stehen.) Also weg? Es muß Dir doch schwer werden, wegzugehen.

Lutz (schweigt).

Winter. Du wirst doch manches nicht so bald wiederseh'n . . Manche . . Lutz?

Lutz (schweigt).

Winter. Was meinst Du, wenn Alice so mitginge?

Lutz. Mit wem? Mit Dir?

Winter (sonderbar). Mit wem! Ich will ja überhaupt nicht weg. Du willst weg . .

Lutz. Predigst Du noch immer freie Liebe?

Winter. Ja, allerdings, Mann! Und mehr als je!
Schweigen.

75

Winter (plötzlich mit Leidenschaft). Ich sag' Dir, Mann, ich hab' einen Drang! Ich möchte die Welt umfassen! So zusammen drücken in einer Faust! Und vor Allem, dies moralische Deutschland! Heil käm's nicht wieder raus!

Lutz. Hoffentlich nimmst Du Deine nächsten Bekannten aus. Von der Quetschkur! Oder wartest, bis man außer Schußweite is. Außer Greifweite.

Winter (zerstreut lächelnd). Ja . . (Plötzlich.) Weiß der Teufel, von wem man diese Unruhe hat! Ich glaub', von meinem Vater . . Der Mann hat auch sein Lebtag nicht Ruhe gehabt.

Lutz. Und ist vermuthlich doch zu keiner ordentlichen Durchschüttlung gekommen.

Winter. Ja, eben, das is es! Eben, weil er zu keiner ordentlichen Durchschüttlung kam . . Du hast recht, Mann! Ich fühl mich zu wohl! Na, übermäßig wohl fühlt man sich ja auch nicht . . Aber es giebt Tausende, die sich noch weniger wohl fühlen.

Lutz (erhebt sich). Adieu!

Winter. Willst Du schon weg? Nanu? Bleib doch noch'n bischen!

Lutz. Ich muß auf die Redaktion. Kam blos mal mit vor, weil's in der Nähe war. Du entschuldigst schon.

Winter. Hol's der Teufel! Ich geh'n Stück mit. Mit Deiner Erlaubniß. Arbeiten kann man doch nicht.

Lutz. Bitte!

Winter (gleichzeitig). Einen Moment! (Ab ins Nebenzimmer.)

Lutz (steht nachdenklich am Sessel).

Winter (wieder eintretend, Hut in der Hand). So! (Beide ab. Einen Augenblick später kommt aus dem Nebenzimmer)

Luise (hinter ihr)

Frau Borchardt. Ja, und . .

Frau Borchardt ist Anfang Vierzig. Volle quabblige Gestalt. Sehr abgeblüht, aber noch Reste einstiger Reize. Aufgedunsene, verschwommene Züge. Lebhaft.

Luise (sie unterbrechend). So, danke schön, Frau Borchardt! Hier ist schon aufgeräumt. Ich hab's schon besorgt. Sonst brauch' ich weiter nichts.

Frau Borchardt. Ja, und von wegen Klatschen . .

Ne, das müſſen Se nich meinen, Fräulein! · Das is nich.
Aber da ſoll man nich aus der Contenance kommen! Wenn
ſo'n Mann ſo unvernünftig is! Alles was Recht is .. 's Brot
giebt er einem. Ja. Aber wenn er ſo is .. Die Wohnung
hätt' er nich vermiethet an Herrn Winter, wenn er das vorher
gewußt hätt! Ne, ne! Vor Allen Menſchen ſo 'was zu ſagen!
Und was er für 'ne gemeine Redensart gebraucht hat! Ich
mag's Ihnen gar nicht wieder ſagen, de Scham ſteigt einem
ja zu Geſicht!

Luiſe. Ja, ja, Frau Borchardt, weiter is ja wohl nichts.

Frau Borchardt (im Abgehen). Da ſoll noch einer von
Anſtand reden! Ne, ne! Guten Morgen, Fräuleinchen!
Guten Morgen! (Ab.)

Luiſe (hat hinter ihr die Thür geſchloſſen, ſchlägt die Hände vor's
Geſicht und ſinkt laut aufſchluchzend auf einen Stuhl.

Vorhang.

Wohnung der Frau Riedel. Einfache Ausſtattung. 2fenſtrig. Den
Fenſtern gegenüber altmodiſches Sopha, davor mittelgroßer viereckiger
Tiſch und Rohrſtühle. Eingangsthür links von den Fenſtern, rechts vom
Sopha. Neben der Eingangsthür rechts zweite Thür, welche zur Küche
führt. Gegenüber über der Eingangsthür Thür zum Schlafzimmer. Rechts
von dieſer Thür, dicht am Fenſter, Pianino mit Armleuchter, geöffnet, als ob
eben darauf geſpielt ſei. Einfacher Teppich. Blumentöpfe an den Fenſtern.
Fenſter weit geöffnet. Ausſicht auf den Hof. Von unten her guckt ein
grünender Kaſtanienbaum gerade ins Fenſter hinein. Im Hintergrund
niedriges Hinterhaus. Hof zugleich Garten eines Reſtaurants. Einige Tiſche
unter dem Baume. Spätnachmittag eines warmen Apriltages, einige Tage
ſpäter. Sonne ſchon hinter den Häuſern verſunken, aber noch heller, leuchten=
der Himmel. Im Laufe der folgenden Geſpräche wird es langſam dunkel.
Auf dem Hofe ſetzt manchmal ein Leierkaſten ein. Sophatiſch gedeckt mit
Tellern und ſonſtigem Geſchirr. Zwei Bierflaſchen und Gläſer. Frau Riedel
und Alice Hagen haben ſoeben Abendbrot gegeſſen, ſitzen nachdenklich am
Tiſch, Geſicht den Fenſtern zu. Frau Riedel iſt ſtarke Vierzigerin. Gut
conſervirt, obwohl man bei näherem Zuſehen in ihrem Geſicht zahlreiche
Fältchen bemerkt, die ſie durch Puder zu verdecken ſucht. Röthliche Farbe.
Länglicher Geſichtsſchnitt. Geſicht muß früher anziehend geweſen ſein. Grade
Naſe. Dunkelblondes Haar, Stirnlöckchen. Volle, mittelgroße Figur.
Hauskleid.

Alice (ſchwermüthig). Was das für'n ſchöner Abend is!
Mama und die werden ſchöne Tage haben . . . draußen in
Tegel. Ich freu' mich recht.

Frau Riedel. Nicht wahr, war das nicht 'n guter Ge=
danke von Fritz? Die mal raus zu ſchaffen. 's wird den

Allen ganz gut sein. Fränze piepst auch so, Du bist eigentlich noch die einzige.

Alice (mit leichtem Humor). Die sich auf den Beinen hält. Von all den schweren Anstrengungen! Und selbst ich! Ich brech bald zusammen. Seh'n Sie nicht, wie fürchterlich ange= griffen ich schon aussehe?

Frau Riedel. Find' ich eigentlich gar nicht, Alicechen.

Alice. Nein, aber! daß sie das auch nicht seh'n, Frau Riedel! Sie haben auch so gar keine Theilnahme für 'n krankes Wesen. (Lacht.)

Frau Riedel (mitlachend). Ja, lach nur! Muß man sich noch auslachen lassen! Weil man so gutmüthig is. Ich bin viel zu gutmüthig. Gutmüthig is schlimmer wie dumm!

Alice. Ja, Frau Riedel, warum sind Sie so gutmüthig? Ich an Ihrer Stelle . .

Frau Riedel. Ja, Du hast Recht! Man sollte keinem Menschen vertrauen! Man is immer zu gutmüthig! zu leicht= gläubig! Zu dumm is man einfach! Glaubst Du, daß Winter es aufrichtig meint?

Alice (kalt). Wie meinen Sie, Frau Riedel? Ich ver= steh' Sie nicht.

Frau Riedel. Ach, ich meine . . Du wirst schon wissen, was ich meine . .

Alice (schüttelt den Kopf). Nein, ich weiß wirklich nicht, Frau Riedel.

Frau Riedel. Na, ich meine . . Denkst Du . . hältst Du Winter für einen aufrichtigen Freund? Ja, so will ich sagen.

Alice. Ich denke, Sie wissen doch, was ich von Winter halte, Frau Riedel.

Frau Riedel. Also, Du hältst ihn für aufrichtig?

Alice. Ich halte Winter für einen sehr guten Freund . .

Frau Riedel (betrachtet Alice mit sonderbar komischem Blick, lacht plötzlich auf, schweigt).

Alice (ernst). Ich weiß nicht, weshalb Sie lachen, Frau Riedel.

Frau Riedel (behält noch immer ihren komischen Ausdruck, zwinkert mit den Augen). Ach, mir is nur so . . Mir fiel nur so was komisches ein . . (Lacht wieder auf.)

Alice (erhebt sich, geht langsam zum Fenster. Draußen setzt wieder

der Leierkasten ein). Der dumme Leierkasten spielt heut' auch schon den ganzen Tag. Ich werd' ihm was runterwerfen, damit er zur Ruhe kommt.

Frau Riedel. Dann spielt er erst recht. Versuch' Du mal! Bei mir hilfts nie was.

Alice (hat ein Geldstück in Papier gewickelt und wirft's auf den Hof. Der Leierkasten setzt einen Augenblick aus).

Frau Riedel. Soll er wirklich . . .? (Steckt neugierig den Kopf aus dem Fenster. In diesem Augenblicke setzt der Leierkasten wieder ein.)

Frau Riedel (lachend, nur halb aus dem Fenster). Siehst Du? Hab' ich's nicht gesagt? .. Was leiert er denn da? Das kommt mir ja so bekannt vor.

Alice (humoristisch). Das gilt mir! Das is die Revanche für den Groschen. (Summt ziemlich laut.) Schier dreißig Jahre bist Du alt, hast manchen Sturm erlebt .. (Die Melodie des Leierkastens tönt deutlich vom Hofe herauf.)

Frau Riedel (hat eilfertig den Kopf hineingezogen, ist vom Fenster weggetreten, macht sich hastig am Tisch zu thun). Herr Gott, wenn jetzt Winter kommt! Ich bin noch gar nicht recht angezogen. (Der Leierkasten unten hat wieder ausgesetzt).

Alice (sich erstaunt am Fenster umwendend). Aber Frau Riedel, was wollen Sie denn anzieh'n?

Frau Riedel (schämig). Meinst Du, daß ich mich so zeigen kann?

Alice. Ja, aber warum denn nicht, Frau Riedel?

Frau Riedel (zustimmend). Gott, man is ja zu Hause .. Du hast Recht. Hilf doch'n bischen, Alicechen! (Trägt die Teller u. s. w. in die Küche. Man hört an der Wasserleitung Wasser ins Becken laufen).

Alice (räumt das übrige vom Tische ab, trägt es ebenfalls in die Küche).

Frau Riedel (wieder hineinkommend). Du, Alicechen, mir fällt das so ein ..

Alice (ebenfalls hineinkommend). Was denn, Frau Riedel?

Frau Riedel. Meinst Du, daß Winter wirklich eine .. eine Geliebte hat?

Alice. Gott, warum nicht! Er is'n junger Mann. Wenn eine so dumm is .. Ich würd' nichts daran finden. Ich würd's ebenso machen, wenn ich 'n Mann wär'. Wenn die Mädchen so dumm sind ..

Frau Riedel. Also Du meinst wirklich? Gott, die Männer sind ja so. Ja, leider .. Man kann wirklich g a r nicht mehr heirathen.

Alice. Sie müssen ja wissen, Frau Riedel. Ich würde mich nich daran kehren, wenn ich 'n Mann gern hätte. Sie sind ja alle so. Meinen Sie, daß Fritz anders ist?

Frau Riedel. Ja, F r i t z!

Alice. Sie sind viel zu eifersüchtig, Frau Riedel. Man muß das 'm Mann gar nicht zeigen, daß man ihn gern hat. Man muß den Mann nicht verwöhnen.

Frau Riedel. Ja, Du hast Recht. Man is viel zu gut. Viel zu gut ..

Alice. I ch wäre nicht eifersüchtig! .. Eifersucht is überhaupt 'n Zeichen von Mißtrauen.

Frau Riedel (nachdenklich auf einem Stuhl am Fenster, plötzlich). Zuzutrau'n wär's ihm schon!

Alice. Wem? Winter?

Frau Riedel. Er hat doch f u r c h t b a r unmoralische Ansichten ..

Alice (schweigt).

Frau Riedel. Mit seiner freien Liebe .. Das is doch furchtbar unmoralisch.

Alice (schweigt).

Frau Riedel. Aber eigentlich ganz piquant! Find'st Du nicht auch?

Alice. Ich weiß nicht, ich find' das so komisch, daß Winter immer mich dabei ansieht, wenn er von so was spricht. Haben Sie das nicht auch bemerkt, Frau Riedel?

Frau Riedel. Ne, ich weiß eigentlich nicht. Wann?

Alice. Ich weiß schon gar nicht, was ich antworten soll .. Ich bin schon ordentlich v e r l e g e n ..

Frau Riedel. Der wird sich auch noch mal bekehren. Die frühen Hähne krähen nicht lang.

Schweigen.

Alice. Wie das heut' still is, unten! Heut' scheinen keine Studenten unten zu kneipen. Der Leierkasten is auch schon weg.

Schweigen.

Frau Riedel (horchend). Da kommt Winter! Hörst Du? Auf der Treppe!

Alice (zerstreut). Wie's vom Baum duftet! Ich glaub', der bekommt schon Blüthen.

Frau Riedel (durch die Eingangsthür auf den Korridor gehend und öffnend). Guten Abend, Herr Winter! Seh'n Sie, ich hab' Sie schon am Schritt erkannt.

Winter (noch auf dem Korridor). Potz Tausend! Das is ja riesig schmeichelhaft. Guten Abend, Frau Riedel! Ah, da is ja auch Fräulein Alice! Dem Hut nach zu urtheilen. Ich kann wohl meinen daneben hängen?

Frau Riedel (ihn hineinführend). Bitte! Natürlich .. Ja, Alice ist hier. Wir haben Sie schon erwartet.

Winter (im Zimmer). Ja, verzeihen Sie! Ich hatte .. Guten Abend, Fräulein Alice!

Alice. Guten Abend, Herr Winter! (Reicht ihm die Hand).

Winter (ihre Hand drückend). Guten Abend! .. Na, Sie kneipen wohl auch etwas Frühling?

Alice. Sie meinen, weil wir hier am Fenster sitzen? Ja, is heut' so schöne Luft draußen .. Bitte, setzen Sie sich, Herr Winter!

Frau Riedel. Ja bitte, placiren Sie sich! Alicechen, mach'n bischen die Honneurs! Ich .. (Im Begriff, zu gehen.)

Winter (vor ihr, betrachtet sie zerstreut. Ja, das ist ein Frühling diesmal!

Frau Riedel. Sie betrachten mich ja so kritisch, Herr Winter?

Winter (zusammenfahrend, zerstreut). Ich? Ne .. Ja .. kritisch? Ne, im Gegentheil! Natürlich immer bewundernd!

Frau Riedel (coquett). Ja, reden Sie! Ich seh' sehr unordentlich aus? Sagen Sie's nur heraus!

Winter (mit forcirter Höflichkeit). Aber ich bitte Sie, Frau Riedel! Ganz im Gegentheil! Höchst schneidig! Steht Ihnen sehr gut, das Kleid.

Frau Riedel. Finden Sie? 's is 'n einfaches Hauskleid! Wissen Sie, ich bin für die Bequemlichkeit.

Winter. Is auch sehr vernünftig! Ne, is überhaupt sehr nett bei Ihnen hier. Der grüne Baum ..

Frau Riedel. Ja, gefällt's Ihnen? Nu, das freut

mich). So, nu setzen Sie sich aber auch! Ich komm' gleich. Alice, unterhalt Herrn Winter so lang! (Ab in die Küche, deren Thür sie hinter sich schließt.)

.**Alice.** Wollen Sie sich hier zu uns ans Fenster setzen, Herr Winter! Was meinen Sie, wenn wir den Tisch ran= rücken?

Winter. Ja, mit Vergnügen, Fräulein Alice! (Beide schieben den Sophatisch zum Fenster.)

Winter (setzt sich in die Ecke zwischen Tisch und Fenster, behaglich). So, zwischen Blumen! Draußen der Baum . .

Alice (ihm gegenüber am Tisch, humoristisch). Und Ihnen gegen= über so'n oller Stacheldorn!

Winter (sich verbeugend). Keine Rose ohne Dorn . .

Alice (sich ebenfalls verbeugend, humoristisch) Ach, ich d a n k e sehr! . .

Winter. Ja, warum p r o v o c i r e n Sie das?

Alice. Ach ja, Sie wissen ja, wie riesig ich mich immer über Komplimente freue.

Winter. Na, na, so'n bischen?

Alice. Sagen Sie mir lieber 'ne ordentliche Grobheit!

Winter. 's wird zwar schwer fallen, aber . . Uebrigens w a r das gar kein Kompliment.

Alice. Aber f e r t i g bekommen würden Sie 's d o c h?

Winter. Das hab' ich nicht gesagt.

Alice. Aber ge d a ch t! Reden Sie sich man n i ch t raus!

Schweigen.

Winter. Sie sind allein zu Haus, nicht wahr, Fräulein Alice?

Alice. Ja, mit Papa.

Winter. Warum sind Sie nicht mitgegangen nach Tegel?

Alice. Es muß doch einer zu Haus bleiben. Papa's wegen . .

Winter. Sie sollten g r a d e mal raus, Fräulein Alice!

Alice. Meinen Sie? Ich hab' eigentlich gar nicht das Bedürfniß. Uebrigens fahr' ich vielleicht Sonntag mit Papa raus.

Winter. Sie haben nicht das B e d ü r f n i ß! Merk= würdig!

Alice. Nein, wenn ich nicht gleich mal ordentlich raus kann . .

Schweigen.

82

Digitzed by Google

Frau Riedel (mit einigen Bierflaschen und Gläsern eintretend, die sie auf den Tisch stellt). Na, Kinder, Ihr habt wohl schon gewartet?

Winter. Dach . .

Frau Riedel. So! Jetzt wollen wir uns mal ge=müthlich machen. (Setzt sich neben Alice.) Wollen wir nicht die Lampe anstecken? Sie können gar nichts mehr seh'n, Herr Winter.

Alice. Ach, ich denk', wir bleiben noch so sitzen. Es sitzt sich so schön in der Dämmerung.

Winter. Nicht wahr, Fräulein Alice? Es is so'ne wunderbare Stimmung. Besonders heut' Abend! Finden Sie das nicht auch? Wissen Sie, so aus der Ferne langer Zeiten . .

Frau Riedel. Ich seh' aber nicht ein, warum wir uns nicht Bier eingießen? Bitte, Herr Winter, darf ich Ihnen eingießen? Sie werden mir doch hoffentlich keinen Korb geben?

Winter (hyperbolisch). Nein, aber Frau Riedel! Wie sollt' ch! Wie sollt' ich mir das anthu'n! (Läßt sich sein Glas voll=schenken).

Frau Riedel. Bei so was bekommt man selten 'n Korb. (Schenkt sich und Alice ein.) Was meinst Du, Alice?

Winter. Ich denke, überhaupt keinen, Frau Riedel?

Frau Riedel. Ach, sagen Sie nicht!

Alice. Sie lieben die Dämmerung, Herr Winter?

Winter. Ja sehr! Ich liebe die Dämmerung sehr! Wissen Sie, es liegt so etwas . . (In der Ferne auf einem der Nachbarhöfe setzt noch einmal der Leierkasten ein. Man hört verwehte Töne.)

Winter. Und jetzt noch gar das! (Horcht.) Das is ja 'ne ganz abenteuerliche Stimmung! Was mag er wohl spielen?

Alice (ebenfalls horchend). Man kann's nicht mehr so recht unterscheiden.

Winter. Wissen Sie, . so'ne Erinnerungs = Stimmung! So, als ob die Jugend wieder herauf käme! Wissen Sie, so als ob sie da aus der Ecke her langsam heraufstiege! So ganz langsam . . So schattenhaft . .

Frau Riedel (sich scheu umsehend). Kinder, da wird einem ja ganz unheimlich . .

Winter (plötzlich). Haben Sie Angst vor Ihrer Jugend, Frau Riedel?

Frau Riedel (lacht auf). Na ja, Sie machen das so ge= spenstig. Jetzt werd' ich Sie aber mal erschrecken! (Zieht eine Cigarrette vor, zündet sie an.) Nu, erschrecken Sie sich nicht schon?

Winter. O, bitte sehr! Meinetwegen .. Ich finde grade, das macht die Sache noch gemüthlicher. Rauchen Sie nicht? Ach, bitte, Fräulein Alice!

Alice. Nein, ich rauche nicht, Herr Winter.

Frau Riedel den Rauch von sich blasend). Finden Sie nicht, daß es 'ne häßliche Angewohnheit ist, Herr Winter? So un= weiblich .. So ..

Winter. Wenn Sie mir gestatten, leist' ich Ihnen Ge= sellschaft. Aber mit 'ner Cigarre.

Frau Riedel. Aber, bitte sehr! Ich kann Ihnen leider nicht dienen. Ich hab' sonst immer welche zu Haus. Natürlich nur für meine Gäste.

Winter (hat sich eine Cigarre angezündet). Ah, das thut wohl!

Frau Riedel. Ja, wenn das Rauchen 'n Laster ist, dann ist es wenigstens 'n schönes ..

Winter (den Rauch vor sich blasend). Seh'n Sie, da geh'n die Sorgen weg, Fräulein Alice! Da geh'n sie weg!

Alice. Die Sorgen?

Winter. Ja, die Sorgen! Sie sollten auch rauchen!

Alice. Ich, ich habe keine Sorgen.

Winter (schwermüthig). Wer kein' Sorgen, der kein Morgen ..

Alice. Mag sein.

Frau Riedel (naiv). Meinen Sie das wirklich, Herr Winter?

Winter. Ja, natürlich. Was dachten Sie? Für den giebt's nur ein Heute.

Frau Riedel. Da müßte man ja glücklich sein, wenn man möglichst viel Sorgen hat?

Winter. Kann man auch.

Frau Riedel (lacht kurz auf). Ne, meinen Sie das im Ernst?

Schweigen.

Winter (plötzlich). Denken Sie noch an die Zeiten, Fräulein

84

Alice, wo Sie damals bei uns draußen waren? Auf dem Dorf .. Als Kind?

Alice. Gewiß denk' ich noch manchmal an den Schlag, den Sie mir damals gegeben haben. Der that ordentlich weh.

Winter (weich). Aber, Fräulein Alice, im E r n s t?

Alice. Ja natürlich! Meinen Sie, das vergeß' ich?

Winter. Das können Sie noch immer nicht vergessen .. Doll! Und dabei war 's nicht mal absichtlich.

Alice. Ja, ja, r e d e n Sie man! Ich g l a u b' Ihnen recht!

Schweigen.

Alice (auf ein Zeitungsblatt deutend, das auf dem Tische liegt). Lesen Sie a u c h den Roman im Lokalanzeiger?

Winter (schüttelt den Kopf). Nein, Warum? Was is das für einer?

Alice. Daß Sie sich s o was entgehen lassen! Nein! Sie haben auch g a r kein Interesse für Literatur. Wir ver= schlingen ihn!

Winter. So so? Wie heißt er denn?

Alice. Die Tochter des Geldwechslers.

Winter (zerstreut). Die Tochter des Geldwechslers ..

Alice. Ja, wundern Sie sich über den schönen Titel! Aber der Roman l ü g t! In Wirklichkeit kommt das Alles ganz anders.

Winter. Kriegen sie sich denn?

Alice. Ja, sie kriegen sich. Das ist ja eben das Dumme!

Winter. Sie finden das wohl auch unmodern?

Alice. Das ist es doch auch. In Wirklichkeit kommt das ganz anders. Wenn i c h den Roman geschrieben hätte .. da wär' sie ganz hübsch 'ne alte Jungfer geblieben und hätt'n Damenstift gegründet.

Schweigen.

Winter. Geben Sie v i e l Stunden, Frau Riedel?

Frau Riedel. Na, es geht ja so, Herr Winter. Man muß schon zufrieden sein. Ich könnt' schon mehr gebrauchen. Können Sie mir nicht noch 'n Paar besorgen?

Winter (lächelnd). Ja, ich! (Zerstreut.) Sie sollten uns

85

was vorspielen. Irgend 'ne Melodei . . Ich weiß nicht, was soll es bedeuten.

Frau Riedel. Ach, wir sitzen lieber so und erzähl'n uns was, denk' ich. Ne, aber glauben Sie mir, daß ich noch sehr viel Zeit übrig behalte?

Winter. Gott, warum nicht!

Frau Riedel. Ich könnte nebenbei noch sehr gut . Was meinen Sie, soll ich nebenbei a u c h 'n Roman schreiben?

Winter (zerstreut.) Einen Roman! (Halb für sich.) Aus der Jugendzeit . . Aus der Jugendzeit . . Was meinen Sie, Fräulein Alice, da muß aber der Schlag vorkommen . . der ominöse, den ich Ihnen gab?

Frau Riedel. Ne, wirklich! Glauben Sie mir, daß ich Stoff genug hätte für 'n Roman?

Winter. Gewiß glaub' ich Ihnen das. Vielleicht ganz interessant sogar!

Frau Riedel. Nicht wahr? . . Ja, lach' nur, Alice= chen! Erleb' mal erst, was i c h erlebt hab'! Nein, aber wirklich, Herr Winter! Soll ich Ihnen was verrathen?

Winter (gespannt). Ja, bitte sehr, höchst neugierig!

Frau Riedel. Ne ne, lieber nicht! Sie lachen mich aus!

Winter. Aber wie s o l l t' ich?!

Frau Riedel. Nein, nein, Sie lachen mich aus!

Winter. Aber fällt mir nicht e i n!

Frau Riedel. Soll ich, Alice?

Alice. Ich weiß nicht, was Sie meinen . .

Frau Riedel. Na, man kann's ja sagen. Ja, denken Sie sich, ich hab' wirklich so was vor. So was Litterarisches . .

Winter. Was L i t t e r a r i s c h e s! Das ist ja interessant!

Frau Riedel. Aber natürlich nur für mich! Ja, l a c h e n Sie! Ich schreib' meine Memoiren.

Winter. Ihre Memoiren . . (Zerstreut, halb für sich.) Memoiren einer Unverstandenen . .

Frau Riedel (im höchsten Erstaunen.) Ne, aber w i r k lich?!

Winter (erstaunt). W a s denn?

Frau Riedel. Ne, ich bin ja ganz . . woher w i s s e n Sie das?

Winter. Ja was?

Frau Riedel. Nein, aber sagen Sie im E r n st! Woher

wissen Sie das? Das kann Ihnen doch keiner gesagt haben? Die sollen ja wirklich so heißen.

Winter. Memoiren einer Unverstandenen?

Frau Riedel. Wie finden Sie den Titel? Der muß dann doch sehr alt sein?

Winter. Alt? Ne, durchaus nicht! Ich finde, der ist sehr zeitgemäß .. Was meinen Sie dazu, Fräulein Alice?

Alice (zuckt schweigend die Achseln. Von unten her hört man lärmende Stimmen. Gläser werden auf den Tisch geschlagen. Dann und wann wird in kurzen Absätzen gesungen).

Frau Riedel. Da geht der Skandal unten schon wieder los! Und so is das Abend für Abend.

Alice. Ich weiß nicht, was die Menschen daran finden. Das sind doch gebildete Menschen.

Winter. Ja, scheußlich, dieser Kontrast! Natürlich Studenten?

Frau Riedel. Ja, was sollten es denn sonst sein?

Winter. Und so hat man selbst mal getobt! Und vielleicht nicht am leisesten!

Alice. Sie waren gern Student?

Winter. O ja, das kann ich wohl sagen. Aber jetzt bin ich's auch gern nicht mehr. Seh'n Sie, das is eben der Unterschied! Unsereins kommt darüber hinaus. Wirklich innerlich! Nicht blos äußerlich! Die aber bleiben dabei. Natürlich mit Ausnahmen. Aber die Uebrigen bleiben dabei. Wenn sie auch längst in Amt und Würden sitzen. Das sind die Menschen: Er ward geboren, nahm ein Weib und starb. Und zwischenein kneipte er. Was meinen Sie zu dem Lebensinhalt, Fräulein Alice?

Alice (zuckt schweigend die Achseln.)

Winter (in zunehmender Erregung). Das sind die Menschen, mit denen man zusammenleben muß! So einer blüht Ihnen vielleicht auch mal ..

Alice (humoristisch). Warum nicht? Wenn er reich ist .. und alt .. Sie wissen ja.

Winter (begeistert). Nein, Fräulein Alice, Sie dürfen sich nicht verkaufen. Sie gehören zu einem Mann .. zu einem wirklichen, den Sie auch lieben können. Und Sie werden auch. Ich prophezeie Ihnen das. Sie wären so die

87

wahre Genossin! Wissen Sie, im höchsten Sinne! .. Ganz abgeseh'n von all' den äußern Formen heute. Nein, in voller Freiheit. Als wirkliche Genossin! Leidens= und Freudens= genossin! Wenn ich Sie mir so mit einem wirklichen Mann vorstelle .. Herr Gott, Sie müßten ein Paar geben! Das könnte sich auf diese Erde stellen, auf diese dauernde Erde! Und im Uebrigen, was nachher kommt .. na, das könnt' uns egal sein!

Alice (kühl). Das is ja der reine Roman!

Winter. Ja, aber nicht die Tochter des Geldwechslers!

Alice. Haben Sie schon einen passenden Titel dafür?

Winter. Ja, was meinen Sie dazu: Ein Frühlings= traum?

Frau Riedel (mit plötzlicher Erleuchtung). Oder die Me= moiren eines Unverstandenen ..

Winter. Auch nicht übel!

Vorhang.

Vierter Aufzug.

Winters Wohnung. Erkerzimmer. Einer der nächsten Tage. Gegen Mittag. Winter und Boretius in den beiden Sesseln am Sopha. Boretius ist 30 Jahre alt, hohlwangig, sehr scharfer Ausdruck. Zug von eiserner Entschlossenheit. Tiefliegende graugrüne Augen. Hohe, steile Stirn. Spärliches, strähniges Haar. Schmale, blutlose Lippen. Grade, schmale Nase. Im Ton leichter Anflug von Salbung. Langer, schwarzer Rock.

Boretius. Ja, lieber Freund, wir Menschen müssen große Wandlungen durchmachen, bis wir unsern rechten Boden finden, unser gedeihliches Erdreich. Gottes Wege sind wunderbar.

Winter (sehr herbe und verbittert, wie überhaupt während der folgenden Gespräche). Ja, es scheint ja so. Deine Wandlung ist jedenfalls nicht die kleinste. Man kann Dir jedenfalls gratuliren dazu.

Boretius. Wir haben uns lange nicht gesehen, alter Ernst, mußt Du bedenken. In den Jahren haben mich meine Erfahrungen zu einem ernsteren und ruhigen Leben geführt. Ganz abgeseh'n von äußeren Gründen .. auch meine innere Stimmung.

Winter. Sollten die äußern Gründe nicht die Hauptursache sein? Na, na, lieber Boretius! Als wohl bestallter Hilfsprediger, Angehöriger der innern Mission .. Wie war es doch noch?

Boretius. Mein lieber, alter Ernst! Ich 'freu' mich, daß Du noch so der Alte bist! Noch immer Dein Humor! Erinnerst Du Dich noch an Deine Bierzeitungen auf der Verbindung? Wir haben uns doch manchmal halb schief gelacht. Du und Fränzel .. Nach Euch ging's bergab mit der Bierzeitung.

89

Winter. Koloſſal ſchmeichelhaft, dies Bierzeitungsverdienſt! Siehſt Du, ſeitdem hab' ich's noch immer nicht weiter gebracht. Ich hätte auch Theologe werden ſollen.

Voretius. Daſw är'em pyramidaler Bierulk geweſen! Wir beide als Theologen nebeneinander! Du katholiſcher Geiſtlicher! Ich evangeliſcher Prediger!

Winter. Ach richtig, und Judenmiſſionar! Da hätten wir uns vielleicht noch Concurrenz gemacht.

Voretius. Das wär' doch kreuzfidel geweſen! In unſern Freiſtunden hätten wir zuſammen geſeſſen und beim Töppchen Bier unſere alten Streiche durchgenommen. Und am Sonntag hätten wir auf der Kanzel gegen uns losgedonnert! Einer gegen den Andern!

Winter. Ja, das wär' ſehr ſchön geweſen! Na, wenn wir wieder mal auf die Welt kommen!

Voretius. Du wärſt übrigens als katholiſcher Theologe 'n kleiner Schwerenöther geworden, alter Bruder.

Winter. Inwiefern? Was meinſt Du damit?

Voretius. Du warſt doch immer ziemlich hinter den kleinen Mädchen her. Da machte mir vorhin ſo'n reizendes Weibchen die Thür auf. Oder war's 'n Mädel? Der alte Ernſt hat ſich zu 'ner kleinen Haushälterin aufgeſchwungen! Ja, ja! Was ſich die alten lieben Freunde nicht Alles zulegen!

Winter. Und Du denkſt jetzt in Berlin zu bleiben?

Voretius. So Gott will, ja! Es war ſchon Jahrelang mein Herzenswunſch. Das Gebiet iſt doch 'n größeres. Man hat 'ne reichere Wirkſamkeit.

Winter (etwas zerſtreut dazwiſchen). Die Arbeit im Wein= berge des Herrn . .

Voretius. Die Nothſtände hier in Berlin ſind himmel= ſchreiend. Man braucht junge Kräfte. Unſereins hat's grade gut getroffen. 'n paar Jahre ſpäter wäre das Alles beſetzt geweſen. Ich hätt' mich natürlich auch in das Leben bei uns da oben gefunden. Aber die Ausſichten ſind hier größer, und man hat Gelegenheit zu Nebenarbeiten.

Winter. Vielbeſchäftigter Mann, Du! Aber natürlich, das war ja immer Dein Ideal . .

Voretius. Ich treibe etwas orientaliſche Sprachen. Und dann vor Allem denk' ich mich juriſtiſch auszubilden.

Winter. Je! Auch noch juriſtiſch!

Boretius. Es iſt 'ne Schmach, daß an der Spitze un=
ſerer oberſten Kirchenbehörde ein Juriſt ſteh'n muß. Auch
ſonſt ſpielen die Juriſten eine große Rolle bei uns. In unſerer
Kirchenverwaltung. Wenn die jungen Theologen alle für 'ne
tüchtige juriſtiſche Durchbildung ſorgen wollten .. Wer weiß,
ob wir dem Uebelſtand nicht abhelfen könnten.

Winter. Donnerwetter, Kerl, Du haſt große Pläne!

Boretius. Nein, lieber alter Freund, Du trauſt mir
zu viel zu. Wir haben 'n ſchweren Kampf. Mit Gottes Hülfe
werden wir ſiegen. Aber der Kampf iſt ſchwer. Halbes können
wir nicht brauchen.

Winter (plötzlich). Mann! Mann! Warum biſt Du doch
nicht zu 'ner praktiſchen Thätigkeit gekommen?! Du hätt'ſt
Dich zum großen Unternehmer, Fabrikanten oder ſowas geeignet.
Wollt'ſt Du nicht mal Seemann werden?

Boretius. Die Flauſen hat man glücklich lang ver=
geſſen. Wenn man in ſeinem Beruf lebt, vergißt man das.
Wer nicht weiß, wie das iſt .. Wer keinen rechten Beruf hat.

Winter. Ach Gott, Mann, ſpar' Dir die Bemerkungen!
Is wirklich ganz überflüſſig! Ich weiß ſchon allein, was
ich zu thun und zu laſſen habe!

Boretius. Na, alter Kerl, nur nicht gleich aufbrauſen!
So war's nicht gemeint! Ich denk, wir beiden ſteh'n noch auf
dem alten Freundſchaftsboden.

Winter (verbeugt ſich forcirt höflich). Sehr ſchmeichelhaft!

Boretius. Na, und Du lebſt hier nu wohl ſeelen=
vergnügte Tage? (Macht eine anſpielende Geberde zum Nebenzimmer.)

Winter (mit verhaltener Erregung). Lieber Freund, ich muß
Dich bitten, dich da etwas .. etwas ..

Boretius (gutmüthig). Ach, alter Freund, unter alten
Kameraden und Schulfreunden iſt das ja ganz egal. Genir'
Dich meinetwegen nicht!

Winter (in zunehmender Erregung). Mann, Mann, Du irrſt
Dich da wirklich! Du haſt gar keine Veranlaſſung, ſolche Miene
aufzuſetzen! Und übrigens erklär' ich Dir hiermit, daß das
Mädchen meine Geliebte iſt und daß das keinen was angeht.

Boretius. Auch nicht Deine alten Freunde?

Winter. Nein, auch die nicht! Meine sogenannten alten Freunde am wenigsten! Du siehst, ich bin aufrichtig.

Boretius. Ja, Du scheinst Deine alten Freunde vergessen zu haben .. über Deinen neuen Abenteuern.

Winter. Ich sag' Dir nochmal, ich kann Dir jedenfalls kein Urtheil gestatten .. über meine neuen Abenteuer. Ich muß mir überhaupt diesen Titel verbitten.

Boretius. Ja, man kann schärfere Titel finden .. als Dein alter Freund .. Und außerdem als Seelsorger ..

Winter. Seelsorger! Jedenfalls nicht meiner! Ich bedanke mich für solchen Seelsorger! .. Und außerdem: alter Freund?! Ich halt' nicht viel von solchen aufgewärmten Freundschaften!

Boretius. Wenn Du nicht mein alter Freund wärst .. trotzdem .. Ich halt länger an so was fest, wie Du. Und ich denk, das ist blos 'ne augenblickliche Aufregung von Dir. Aber ich habe die Pflicht, Dir das zu sagen ..

Winter. Was denn, wenn ich bitten darf?

Boretius. So'n Verhältniß kann ein öffentliches Aergerniß werden .. Hoffentlich bist Du zu Andern nicht ebenso aufrichtig?

Winter. Also öffentliches Aergerniß?! Und was das anbetrifft, aufrichtig .. Meinst Du, ich genir mich?! Nein, mein Lieber, das können sämmtliche Hülfsprediger wissen! Und der ganze Oberkirchenrath dazu! Und wenn ich das Verhältniß haben will, dann hab' ich's! Wenn alle Hilfsprediger nur kein andres Verhältniß hätten! Nein, mein Guter, bei mir ist nichts zu bekehren! Du meinst, weil Du einen früher kommandiren konntest .. Nein, die Zeiten sind vorbei! .. Und wenn die ganze Gesellschaft kommt .. Dann erst recht! Dann erst recht! Das wollen wir doch mal seh'n! .. Und übrigens, wissen thun das auch Leute genug, dächt' ich!

Boretius (erhebt sich). Du wirst mir verzeih'n, daß ich Dich belästigt habe. Aber ich kann natürlich unter diesen Umständen .. Mein Amt und Stand .. Es thut mir leid, daß unsere Freundschaft so ..

Winter (sich ebenfalls erhebend). Ach, unsere Freundschaft! Und Dein Amt und Stand! Nicht wahr, Du moralischer Herr?! Ich erinnere mich an gewisse Abenteuer .. Nein, mein

Lieber, Du haſt am Allerwenigſten .. Und dann die Nieder=
tracht! Das auf And're ſchieben! Meinſt Du, wir wiſſen
das nicht?! Ja, Du biſt 'n netter Freund! Frank kann 'n
Liedchen ſingen! Pfui, dieſe Niedertracht! Dieſe ekelhafte! Ich
ſag' Dir das in's Geſicht!

Borctius. Adieu, ich bin nicht rachſüchtig, ſonſt ..
(Hat Hut und Stock genommen, geht zur Thür.)

Winter. Hoach! Rachſüchtig! (Borctius ab.)

Winter (einen Augenblick allein, ballt die Fäuſte, läßt ſich auf
ſeinen Seſſel zurückfallen, athmet ſchwer).

Luiſe (aus dem Nebenzimmer, gedrückt, düſter, ängſtlich). Was
is Dir, Ernſt? Is der Herr fortgegangen? Is was
Schlimmes?

Winter (ſchweigt, ſchwer in ſich verſunken).

Luiſe (aufgeregt, angſtvoll). Ernſt!! Du ſiehſt ſo ..
Lieber Ernſt!

Winter (hält mechaniſch die Hand über's Geſicht, wie um ſeine
Augen zu verbergen).

Luiſe (faſt weinend). Ernſt?! (Fällt ihm ſchluchzend um
den Hals.)

Winter preßt ſie krampfhaft an ſich, in kurzem unarticulirtem
Stöhnen. Kurze, dumpfe Pauſe).

Winter (den Kopf ein wenig aus der Umarmung aufrichtend,
ſtreichelt zärtlich Luiſens Haar, mit zitternder Stimme). Mein einziges!
Wein' nicht! Nein?! (Plötzlich krampfhaft.) O Gott! O Gott!
(Ballt die Fäuſte, ſtöhnt auf).

Luiſe (legt ihren Kopf auf die Seſſellehne).

Winter (fühlt eine Thräne auf ſeiner Hand, ſpringt in krampf=
hafter Erregung auf, athmet ſchwer, nach Worten ringend, mit harten
Schritten im Zimmer auf und ab, plötzlich). Dieſe Gemeinheit!
Dieſe Gemeinheit!! (Auf und abgehend, nach einer Pauſe mit ver=
änderter, ſcheinbar ruhiger Stimme.) Ja, ja, unſer liebes Deutſch=
land! Man wird doch wohl .. (Streckt und dehnt ſich krampfhaft.)
Ha . a! (Wieder auf und abgehend, nach einer Pauſe, mit verzweifelter
Ruhe.) Ja, ja, Kind, das haben wir uns nicht träumen
laſſen! .. Dieſe ehrenwerthe Geſellſchaft! (In Pauſen,
ruckweiſe.) O ja ..·Brave Leute! Brave Leute! So moraliſch!
Hä .. ä!! Wir unſittlichen Menſchen! (Vor Luiſe ſtehen blei=
bend). Ja ja, das haſt Du Dir nicht gedacht, Kindchen! So
verkommen wie wir auch ſind! . Wir beide! Man muß ſich ſchon

93

ordentlich schämen! .. (Auf und abgehend). Der Wirth unten .. Ueberhaupt die Leute hier im Haus .. Hast Du das noch nicht bemerkt?

Luise (schweigt, sitzt thränenlos da).

Winter. Hast Du das noch nicht bemerkt?

Luise (mit krampfhafter Fassung, zuckenden Lippen). Nein, ich hab' nichts geseh'n, Ernst ..

Winter (mit scheinbarer Ruhe, Anflug von Galgenhumor). Na! Man kann die Leute ja befrei'n von seinem Anblick .. Glück= licherweise! .. O ja! Das kann man! (Auf und abgehend, nach einer Pause.) Sieh Dir nur das Zimmer noch gut an, Kind! .. (Am Fenster.) Hübsche Aussicht hier! (Zähne aufein= ander beißend.) Ja! Ja!

Luise (zitternd). Ernst, kam der von der ..

Winter (grausam). Wovon?

Luise (schlägt die Hände vor dem Gesichte zusammen). Ho ach!

Winter (galgenhumoristisch). Immer offen heraus, Schatz! Von der Polizei meinst Du?

Luise (nickt kaum merklich, Kopf auf der Stuhllehne).

Winter. Nein, soweit is es noch nicht! Aber, was nicht is, kann ja noch werden! .. Die Aussichten sind ja ganz günstig!

Luise (mit Fassung, aber Thränen in den Augen). Ernst, wenn wir nicht mehr zusammen sind ..

Winter (vor ihr, beißt die Zähne aufeinander).

Luise. Du denkst noch an mich, ja Ernst? (Mit ersticktem Schluchzen.)

Winter (setzt sich auf einen Stuhl, kämpft gegen seine Erschütte= rung, trommelt mit der Faust auf ein Tischchen).

Luise (in ausbrechender Verzweiflung ins Nebenzimmer).

Winter (kann, da sie weg ist, seine Bewegung nicht mehr meistern, preßt den Kopf stöhnend auf die Tischplatte. Kurze Pause. Es schellt draußen. Erhebt sich schnell, fährt sich übers Gesicht, ab auf den Corridor. Man hört draußen Stimmen).

Binder (tritt ein). Ich bekam Deinen Brief heut' früh. Ich konnt' nicht eh'r. Wegen des Geschäfts.

Winter (der hinter Binder wieder eingetreten ist.) Aber jetzt hast Du doch etwas Zeit? Wenigstens 'n paar Augenblicke?

Binder. Ja, die Mittagspause dauert ja bis halb Zwei.

94

Also da .. Also was Besondres ist nicht passirt? Ich fürchtete schon.

Winter. Was Besondres? (Achselzuckend.) Gott, ne! Aber .. Na, jedenfalls dank' ich Dir, daß Du gekommen bist. Wirklich aufrichtig! (Reicht ihm die Hand.)

Binder (seinen Händedruck erwiedernd). Aber gar keine Ursache! Ich denk' Du weißt .. Uebrigens versteht sich das von selbst. Also, wie steht's denn hier? (Setzt sich in einen der Sessel.)

Winter (ist einmal auf und abgegangen, bleibt am Erkerfenster stehen, Kopf matt an den Scheiben. Ach Gott, wie soll's steh'n! Du siehst ja.. Ae ..! Ich muß mich setzen. Man hängt wie 'ne Flieg' an der Wand. (Geht langsam zum Sessel, läßt sich müd hinein= fallen, legt den Kopf hinten auf die Lehne.) Am liebsten möchte man schlafen ..

Binder. Wo ist Luise.

Winter. Luise sitzt nebenan. Weißt Du, so recht aus= schlafen!

Binder. Hast Du sie wieder ..? Winter, Du bist ein..

Winter (leicht neugierig). Na? Ja, ich bin nu mal so. Ich weiß das ganz gut, leider! Aber glaub' mir, ich quäl' nicht blos And're! Ich trag selbst genug d'ran.. Glaub' mir, ich trag an mir am schwersten!

Binder. Du könntest wirklich glücklich leben ..

Winter. Ja, ich hab' mir das auch mal eingebildet. Is noch gar nicht so lang her. Aber ich muß kein Talent dazu haben .. Na!

Binder. Der Zustand mit Eurem Zusammenleben so .. Das is ja unhaltbar. Das siehst Du doch ein. Aber mach doch'n Ende! Heirath' Luise! Dann bist Du all die Scherereien los. Ich seh' wirklich nicht ein, warum Du deswegen .. Ich glaub' wirklich, Winter, Du verzettelst Deine Kraft.

Winter (matt). Ich kann schon gar nichts mehr drauf .. Man wird schon ganz mürb! Ja ja, man kann schon mürb' werden Alle stoßen in ein Horn! .. Mit Boretius hatt' ich eben schon was Aehnliches.

Binder (erstaunt). Is er also wirklich hier gewesen? Das hätt' ich doch nicht ..

Winter (während des Folgenden wieder kräftiger). Ja, der war hier! Der edle Herr! .. Auch so 'ne Stütze der Gesellschaft!

Ja, ich hab' mich a u ch gewundert. Hat offenbar nicht gewußt, daß ich seine Sache mit Frank . . Hä!

Binder. Wie war's denn? Sagtest Du was? Nein . .

Winter (herb). Gewiß, sagte ich was! Sogar ganz gehörig! Ich hab' ihm seine Gemeinheit direkt in's Gesicht gesagt. Gegen Frank und überhaupt. Das sind die Leute, mit denen man zu thun hat! Die sich auf's hohe Pferd setzen!

Binder. Siehst Du, so bist Du! Du machst Dir unnütz Feinde.

Winter. Um so besser! Je mehr, desto besser! Diese edlen Seelen! Er kam natürlich a u ch sehr moralisch.

Binder. Woher wußte er das überhaupt?

Winter. Ich hab 's ihm natürlich gesagt! Ganz offen! Ho! Ich hab' gar keine Veranlassung, das zu ver= bergen. Das kann jeder wissen!

Binder. Meinst Du nicht, daß er Dir Unannehmlich= keiten . .

Winter. Möglich! Andeutungen machte er. Aber es thut mir nicht leid. Das hat mich schon jahrelang gewurmt . . Diese Gemeinheit!

Binder. Ernst, Du hast die Pflicht gegen Luise . . Du mußt sie heirathen.

Winter (verzweifelt.) Mann, ich k a n n nicht! Ich k a n n nicht!

Binder. Warum nicht?

Winter. Ich k a n n einfach nicht! . . Hoa! Hei= rathen . . Schrecklich!

Binder. Wenn Alice z. B. wollte, würdest Du da . .?

Winter (entschieden.) Nein! Nein!

Binder (ernst). Winter, is Dir niemals der Gedanke gekommen?

Winter (schnell). Nein, n i e m a l s! H e i r a t h e n . . Niemals! Und überhaupt . . (Stockt.)

Binder. Was?

Winter. Ich seh' gar keinen Ausweg! Ich reib mich auf!

Binder. Eben darum! Du kannst Deine Kraft besser onwenden. Du mußt 'n Ende damit machen.

Winter. Ja, das will ich auch! Dazu bin ich ent=
schlossen.

Binder. Du lebst doch mit Luise, wie in der Ehe. Ihr
lebt zusammen .. Warum willst Du da nicht einfach diese
ganz gleichgültige Formalität ..

Winter. Gleichgültig? Wenn's das für mich wäre!
Aber die ganze Illusion wäre weg! Luise als staatlich patentirte
Ehefrau .. An dem Tag' wär's zu Ende! .. Nein, ich
muß frei sein! Ganz frei! Eben, ich fühl mich jetzt schon
nicht ganz frei ..

Binder (aufmerkend). Was heißt das?

Winter. Was das heißt? Das heißt, daß ich mich
jetzt schon gebunden fühle .. (Ausbrechend.) Und daß ich das
nicht ertragen kann!

Binder. Du willst doch nicht Deine Verpflichtungen
gegen Luise .. Winter, das wär' eine .. Verzeih' mir das
harte Wort! Aber, das wär 'ne Gemeinheit!

Winter. Ja, ich weiß das, aber ..

Binder. Ich trau' Dir das nicht zu .. Ich hoffe,
ich irr' mich da nicht ..

Winter (plötzlich sehr ruhig und kühl, vor Binder stehend). Ich
muß mir beweisen, daß ich wirklich frei bin! Und eben
darum .. Ja, das muß ich mir beweisen.

Binder (trübe). Wenn Du das auf Dein Gewissen
nehmen kannst ..

Winter (fortfahrend). Ich will nicht wie Hinz und Kunz
hier versauern! .. Denn, ob ich da so zusammenlebe oder
ob ich heirathe .. Das is ganz egal. Da hast Du Recht.
Nein, ich muß mir beweisen, daß ich frei bin. Daß ich über=
haupt noch frei sein kann! Daß ich nicht schon versimpelt bin!

Binder (bitter). Hast Du schon gedacht, was aus Luise
werden soll? Oder hast Du dazu noch nicht Zeit gehabt?

Winter (schnell). Natürlich werd' ich für sie sorgen ..
Materiell .. Das versteht sich ja von selbst. In dieser Be=
ziehung ..

Binder (bitter). Sehr edel! Wirklich großmüthig! Und
Du meinst, das ..

Winter (verzweifelt.) Ach Gott, Mann! Ich weiß ja!
Ich weiß ja!

Binder. Haſt Du Luiſe ſchon was geſagt?

Winter. Nein, aber ſie .. (Plötzlich.) O, mein armes Kind! Mein **a r m e s** Kind!

Binder (nicht trübe). Ja, armes Kind!

Winter (verzweifelt). Ich weiß nicht, wie ich das er= **t r a g e n** ſoll! (Ballt die Fäuſte.)

Binder. Mir ſcheint wicht'ger, wie **ſ i e** das er= tragen wird.

Winter (halb außer ſich). Ich muß weg! Weg!! .. Ich geh' zu Grunde!

Schweigen.

Binder (düſter). Ich glaub' wirklich, das is 'n Unglück .. Wer mit Dir zu thun hat!

Winter (ſchweigt und ſenkt ſchwermüthig den Kopf, ſetzt ſich dann).

Binder. Du kannſt Menſchen unglücklich machen .. Du **h a ſ t** das.

Winter (finſter). Ja ja, das iſt ein Erbtheil, mein Lieber! Das liegt in unſerer Familie. Ich bin nicht der Erſte! Ich weiß das ..

Binder. Und Du kannſt nichts dagegen **t h u n**? Sag' lieber, Du **w i l l ſ t** nichts dagegen thun!

Winter (zuckt die Achſeln, ſchweigt, dann plötzlich). Jedenfalls muß ich weg! Sobald wie möglich! Vielleicht wird's da anders. Auf der andern Seite vom Waſſer. Lutz hat Recht, blos nicht verfetten! Alles Andre! (Plötzlich krampfhaft). Ach, ich mag mir das gar nicht **a u s m a l e n**!

Schweigen.

Winter (wieder fortfahrend, ſchwermüthig). In der neuen Welt .. Alles neu! Neu! Und das Alte? (Preßt den Kopf in die Hände.)

Binder. Meinſt Du nicht, daß 'n Menſch wie Du ..

Winter (ohne auf ihn zu hören). Na, vielleicht **b e l o h n t** ſich das noch mal! Wenn ich wirklich 'n Künſtler .. Da muß ſich das zeigen.

Binder. Ernſt, haſt Du hier nicht auch eine Aufgabe? Vielleicht 'ne ganz große? Mußt Du weg?

Winter (gebrochen). Ach, wenn ich mir das ausmale .. All die ſchönen Tage hier! All die Zeit mit Luiſe! .. 's waren doch ſchöne Tage! Man hat ſo Alles hier! Alles!

Was da drüben kommt .. (Achselzuckend, plötzlich mit zärtlichem Aus=
druck.) **Mein liebes Kind!** (Schweigt, nach einer Weile.) Meinen
Eltern wird der Abschied auch nicht **leicht** fallen .. (Zerdrückt
eine Thräne im Auge, geht langsam auf und ab, mit gesenktem Kopf, plötzlich
vor Binder stehen bleibend.) **Weißt Du, Franz ..**

Binder (sieht auf).

Winter (ablenkend). Ach, es is auch .. (Geht wieder auf
und ab.)

Binder. Was meinst Du?

Winter. Wie ich das **fertig** kriegen .. (Zuckt die Achseln,
dann düster vor sich h'n.) **Die Zukunft ist so absolut leer ..**
Man könnte wirklich .. (Ballt die Faust vor die Stirn und macht
die Geberde des Abdrückens.)

Binder. Was willst Du nu eigentlich?

Winter. Weg! Raus! .. Ich reib' mich auf zwischen
diesen .. (Stockt, dann düster.) Was die wohl sagen werden?
Sonderbar!

Binder (plötzlich). Also, Du bist entschlossen zu gehen?

Winter (mit etwas zweifelndem Ausdruck, achselzuckend). Ja,
Mann, ich muß!

Binder. Warum willst Du da nicht .. Merkwürdig,
is Dir der Gedanke noch nie .. Warum nimmst Du Luise
nicht .. Nimm sie doch **mit!**

Winter (zerstreut). Wie meinst Du?

Binder. Nimm sie doch mit, einfach!

Winter (noch immer zerstreut). Wen, meinst Du?

Binder. Na wen?! Das is doch ganz klar!

Winter (zerstreut). Du meinst Luise?

Binder. Na ja, wen den sonst?!

Winter (halb für sich). Mitnehmen? Hm ..

Binder (freudig). Ja gewiß .. Mitnehmen! Das is
überhaupt das einzig Wahre! Das is überhaupt 'n Ausweg!

Winter (erwachend). Mitnehmen .. Ja, ja, sehr schön!

Binder (immer freudiger). Weißt Du, da bin ich ordent=
lich stolz! Das **thust** Du auch .. Hast Du das noch nicht
selbst ..?

Winter. Ach gewiß, Mann, ich hab' ja das schon ..

Binder. Wirklich? Wann denn?

Winter. Ach, vor einiger Zeit. Sie will ja nicht.

Binder. Haſt Du ihr das wirklich im Ernſt ..?

Winter. Ach Gott, es war ſo .. (Nachdenklich.) Hm, hm ..

Binder. So .. So, als wenn Du das z. B. zu Alice geſagt hätt'ſt?

Winter (lächelt).

Binder. Winter! Winter!

Winter. Mann, wie ſie ſich damals .. Ich glaub' nicht.

Binder. Willſt Du nicht noch mal ..? Soll ich's ihr ſagen?

Winter (lächelnd). Du? .. Du guter Geiſt! (Plötzlich.) Sag' mal, haſt Du Luiſe eigentlich gern?

Binder (erröthend). Warum? Was .. Wie kommſt Du darauf?

Winter. Ach, ich dachte nur ſo .. (Plötzlich.) Also, jedenfalls muß ich weg! Das ſteht feſt! Und im Uebrigen .. Ich hätte natürlich Luiſe auch noch mal .. Das is ja klar.

Binder. Also, ſoll ich mit ihr reden?

Winter. Wenn Du willſt? .. Ja, red' doch mit ihr! (Nachdenklich.) Ja, wenn man ſchon weg muß .. Zu Zweien gehts beſſer! Sie ſollen wenigſtens nicht den Spaß haben .. Das wär' doch 'n Spaß, wenn die uns ſo auseinander kriegen könnten! Ne, ſo leicht nicht, mein ehrenwerther Herr Bo-retius! .. Also, Du ſprichſt mit ihr?

Binder. Ja, wenn's Dir recht iſt? Vielleicht ..

Winter. Gleich? (Erleichtert.) Ja, gewiß, ſprich nur mit ihr! Is mir auch lieber! Ich bin jetzt doch nicht ſo recht .. Ich könnte ihr das doch jetzt nicht Alles .. (Erſchöpft.) Ach, mir geht ſo vielerlei .. (Faßt ſich an die Stirn.) Ja, gewiß, ſprich ihr nur gut zu! Meinem lieben Kind! .. Nimm mir das ab! Blos damit ſie .. Weißt Du Mann, Du biſt mein guter Genius!

Binder. Ach, Unſinn! Ich weiß, wer Dein guter Genius iſt.

Winter (lächelnd). Na?

Binder. Luiſe, Du Unmenſch!

Winter (lächelnd). Meinſt Du? .. Na, also ich ſchick' ſie Dir.

Binder. Und horch' nicht nebenan!

100

Winter (an der Thür des Nebenzimmers). Ne ne, hab' keine Angst! Ich muß so wie so raus. Ich sag' Dir, der Kopf geht mir beinah' aus den Fugen! (Ab.)

Binder (sitzt erwartungsvoll im Sessel).

Luise (tritt zögernd ein, sehr verlegen). Ernst ist weggegangen, Herr Binder . .

Binder (ihr entgegengehend, ebenfalls etwas verlegen, reicht ihr die Hand). Guten Tag, Fräulein Luise.

Luise (reicht ihm die Hand, senkt erröthend den Kopf).

Binder. Sie seh'n so bleich aus, Fräulein Luise? (Scherzend.) Dieser Unmensch von Ernst plagt Sie wohl auch was Rechtes?

Luise (im Sessel, senkt den Kopf, verbeißt ihre Thränen).

Binder (sich ebenfalls setzend). Für Ernst wird's auch sehr gut sein, wenn er jetzt wieder raus kommt.

Luise (ihn ansehend, nickt). Ja, ich glaub' auch, Herr Binder!

Binder. Kam Ihnen das nicht sehr . . Sehr un= erwartet?

Luise. Mir? O nein!

Binder. Was? Sie haben das womöglich schon . .

Luise. Ernst kann's nirgends aushalten lang. Er ist so.

Bnder. Ernst kann wirklich von Glück sagen . .

Luise (sieht ihn an, schweigt).

Binder. Ich mein, daß er 'n Mädchen gefunden hat, das ihn so . . (Plötzlich mit Nachdruck.) Ja, Fräulein Luise.

Luise (hat erröthend den Kopf gesenkt).

Binder. Wissen Sie auch, Fräulein Luise, daß es sehr uneigennützig von mir ist?

Luise (sieht ihn erwartend an).

Binder (leicht scherzhaft). Ich bin 'n sehr uneigennütziger Mensch. Ich freu' mich noch, daß Sie wegkommen . . Sie Beide. Winter ist eigentlich mein einz'ger Freund. Und Sie . . (Stockt.)

Luise (senkt den Kopf).

Binder. Das hört dann auch auf. Ich hab' mich immer sehr wohl bei Ihnen beiden gefühlt, Fräulein Luise . . Passen Sie auf, ob Sie da drüben so'n nettes Heim finden! Ich mein' natürlich blos die Wohnung, z. B. den Erker. Sonst im Uebrigen . . Sie können ja Alles so hübsch einrichten, Fräulein Luise.

Luise (schwer). Ich geh' ja nicht mit, Herr Binder.

Binder. Was? Sie wollen nicht mit?! Aber Fräulein Luise, das können Sie doch Ernst nicht anthun.

Luise. Ernst geht allein. (Verbirgt in plötzlicher Verzweiflung den Kopf in der Hand.)

Binder. Aber Fräulein Luise, warum denn? Warum wollen Sie denn nicht mit?

Luise (schweigt, Gesicht noch in den Händen).

Binder. Fräulein Luise, das können Sie Ernst nicht anthun.

Luise (plötzlich krampfhaft). Ernst will mich ja nicht mitnehmen.

Binder. Aber, wie kommen Sie denn darauf?! Ich denke, grade!

Luise (schweigt).

Binder. Nein, das müssen Sie . . Ich sprach ja noch vorher mit ihm. Gewiß sollen Sie mit. Hören Sie, Fräulein Luise?

Luise (resignirt). Nein, es ist auch am besten so.

Binder. Was? daß Sie mitgehn?

Luise. Ich bin ihm schon im Wege.

Binder. Ach, das sind Launen! Sie wissen ja, was er für'n launenhafter Mensch ist.

Luise. Ernst hat nie was von mir gehalten.

Binder. Aber?!

Luise (ausbrechend). Er hält mich für dumm! Und das ist es eben!

Binder (düster). Schlimm! Schlimm!

Luise. Ich hab' mir alle Mühe gegeben. Aber ich bin ihm nicht gut genug! Ernst braucht 'ne Andre.

Binder (gerührt). Also, Sie wollen wirklich, Fräulein Luise?

Luise (schweigt, die Thränen rollen ihr über die Backen).

Binder (zögernd). Haben Sie auch schon . . Haben Sie schon an ihre Zukunft gedacht, Fräulein Luise?

Luise (gepreßt). Ich kann ja arbeiten. Ich bin das ja gewöhnt.

Digitized by G

Binder. Armer Ernst! Glauben Sie mir, er kann ja nicht ohne Sie leben .. Ich weiß das.

Luise (beißt die Zähne aufeinander).

Binder (sehr ernst). Wirklich, Fräulein Luise?

Luise (schluchzt verzweifelt auf, verbirgt ihr Gesicht an der Sessellehne).

Vorhang.

Sommerwohnung der Familie Hagen in Tegel. Garten. Frühlingsgrüne Bäume und Sträucher. Kleiner sumpfiger Teich im Hintergrund. Einige Gartenwege durchschneiden die Beete und Rasenflächen. An einem der Wege, links im Vordergrund, Gartenbank, Tisch, Gartenstühle, von hinten her leicht mit Laub überdacht. Auf derselben Seite, weiter gegen den Hintergrund, Umrisse des Hauses sichtbar. Leicht gedämpfte, aber heitre Beleuchtung. Spätnach= mittag am gleichen Tage, wie die unmittelbar vorhergehenden Geschehnisse. Tiefe frühlingsschwüle Stille, nur selten unterbrochen durch ein Vogelpiepsen oder Hahnenkrähen. Alice und Franziska Hagen auf der Bank, im Gespräch mit Winter, der in einem Gartenstuhl sitzt.

Winter (mit gezwungener Leichtigkeit, wie auch während des Folgenden). Sie seh'n also, ich halte meinen jour fix pünktlich ein. Und wenn's gleich bis Australien geht! Vor'ges Mal bei Frau Riedel. Heute hier draußen! Bin doch neu= gierig, wo Sie mich nächstes Mal rausjagen werden?

Alice. Na, wir werden gnädig sein.

Winter (schwermüthig). Ja, ja, wer weiß, wo man noch überall rumkommt!

Alice. Aber, Herr Winter! Das weiß man doch!

Winter. Wissen Sie das so genau?

Alice. Ja, ich weiß das ganz genau. Im Winter Berlin. Im Frühjahr vielleicht nach Tegel. Auf 'n paar Wochen.

Franziska. Na, Alice! Du thust auch so, als wenn wir immer in Tegel sind. Vor zwei Jahren waren wir doch in Pankow.

Winter. Na also, in Tegel oder Pankow. Im Sommer?

Alice. Im Sommer ins Bad und im Herbst wieder nach Berlin ..

Winter (sonderbar). Auch 'n Leben!

Alice. Finden Sie nicht, daß das 'ne ganz anmuthige Abwechslung ist? So mannigfaltig! So ..

Winter. So ereignißreich!

Alice. Ja, so ereignißreich!

Schweigen.

Winter (zerstreut seinen Stiefel betrachtend). Und das soll immer so weiter geh'n? .. Wissen Sie, Fräulein Alice, ich beneide Sie nicht. Wirklich nicht.

Alice (humoristisch). Ich weiß auch nicht, Herr Winter! Sie sind immer so anspruchsvoll.

Winter (zögernd, ruckweise, in den Pausen sich verlegen nach allen Seiten umsehend). Ja.. Nein, von m i r kann ich das nicht sagen.. Ich meine die Sache mit dem Rumkommen. Nein .. Mir ist das ziemlich schleierhaft. Ich hab' nämlich die Absicht .. Ich seh' mir schon ordentlich hier die Bäume an.. Die Sträucher. Gewissermaßen zum Abschied ..

Franziska. Wollen Sie denn fort?

Winter (verlegen lächelnd). Ja, ich hab' eigentlich die Absicht. So .. (Mit Geberde.)

Alice (sieht Winter erwartungsvoll an, schweigt aber).

Franziska. Wohin w o l l e n Sie denn?

Winter (noch immer verlegen). Ja, ich denke, d o c h gleich über's Wasser .. Wenn schon, denn schon! 's heißt, die Sache ist noch nicht sicher .. Aber doch s e h r möglich!

Beklommenes Schweigen.

Winter (plötzlich fester, entschlossener). Ja, es ist nothwendig. Wissen Sie, Fräulein Alice, ich glaub', man kann sich da drüben .. Na ja, man muß sich mal 'n bischen .. Amerika, Du hast es besser, als unser Continent, das alte, sagt der alte Goethe. Ja, ja, unser altes Europa! Wir sind a u c h alt. Ich glaub', da drüben kann man wieder j u n g werden. Gott, man ist ja noch jung ge n u g, ja! Aber so die rechte i n n e r e Jugend! So die rechte L e b e n s freudigkeit!

Alice. Ich denke, Sie sprachen mal vor einiger Zeit davon. Ich denke, die h a b e n Sie schon?

Winter. H a b e n?! Man hat's und man hat's auch nicht. Ja, Gott, man bildet sich das ein! Aber so die r e c h t e Lebensfreudigkeit!

Alice. Sind Sie schon fest entschlossen, Herr Winter?

Winter. Ja, Fräulein Alice, ich bin doch eigentlich fest entschlossen. (Stockend.) Wir werden uns .. Ich meine .. Ich werde nicht übermäßig oft mehr das Vergnügen haben ..

Leichte Verbeugung.

Alice (sich humoristisch gleichfalls verbeugend). Ah, ich d a n k e

104

fehr! Ganz auf unserer Seite! .. Sie halten übrigens nett Ihre Versprechen!

Winter (verlegen). In wiefern?

Alice. Sie wissen das wohl gar nicht mehr? Na, denken Sie nur nach!

Winter (nachdenkend, verlegen). Versprechen?! Ich weiß wirklich nicht. (Plötzlich.) Ach mit dem jour fix meinen Sie? Ja?

Alice. Ja, thun Sie man noch so!

Winter (mit melancholischer Luſtigkeit). Ich kann ja dann immer rüberkommen. An den Tagen ..

Alice (lacht auf.) Ja!

Winter. Ja, das läßt man im Stich. Glauben Sie mir, 's wird mir nicht leicht werden. . (Verſinkt in ſich.)

Alice (ſieht ihn aufmerkſam an, ſchweigt aber).

Winter (ſich aufraffend). Aber es iſt nothwendig! Man muß ein Ende machen. Unbedingt! Radikalkur! So oder so! .. Kennen Sie die Geſchichte von dem Mann, der auszog, ſeine Jugend zu ſuchen?

Alice (ebenſo fortfahrend). Und viel älter zurückkam ..

Winter (mit ſonderbarem Lächeln). Meinen Sie? Hm .. (Verſinkt in Nachdenken.)

Schweigen.

Franziska. Geh'n Sie mit Herrn Lutz zuſammen?

Winter. Mit Lutz? Nein, ich geh allein .. d. h. alſo .. Ja. Alſo .. Nein, mit Lutz geh' ich nicht. Der reiſt nu wohl auch bald?

Alice. Ich denk', in den nächſten Tagen.

Franziska. Sie reiſen wohl auch ſchon?

Winter. Ja, es kann ſehr bald ſein. (Verlegen lächelnd.) Vielleicht bin ich heut zum letzten Mal hier .. Iſt doch eigentlich recht ſchön hier draußen. So tief ſtill! So beruhigend! Sehr beruhigend! Wenn nicht manchmal das Hahnenkrähen ..

Alice. Die Hähne kräh'n ſo viel heute. Meinen Sie, daß es regnen wird?

Winter (zerſtreut zu den Wolken aufſehend). Dach .. Wiſſen Sie, ſo als ob das Leben ſchon hinter einem läge ..

Alice. Wünſchen Sie das?

105

Winter. Was meinen Sie, Fräulein Alice, wenn wir uns nach 30 Jahren wiedersehen ..?

Alice. Sie denken also zurückzukommen?

Winter. Ja das denk' ich auch. Gewiß denk' ich das! Wenn man gesund geworden ist. Ja, also nach 30 Jahren .. Ich seh' das so deutlich! So deutlich!

Alice. Da bin ich 'ne olle Klavierlehrerin!

Winter (erstaunt). Was sind Sie?

Alice. 'ne olle Klavierlehrerin. Ich denke, sie sehen das so deutlich?

Winter. Ja, gewiß, in anderer Beziehung! Thu' ich auch! Aber grade Klavierlehrerin? Wie kommen Sie darauf? Wer sagt das?

Franziska. Ach, sie thut ja blos so. Fritz der sagt immer ..

Alice. Bitte sehr, Du weißt recht! Is mir sehr ernst damit!

Franziska. Na, Alice! Fritz sagt, wir sollen uns nämlich jeder 'n Beruf suchen. Er meint, wir können nicht immer zu Haus sitzen.

Alice. Was halten Sie für besser? Klavierlehrerin oder Krankenpflegerin?

Winter (achselzuckend). Hm .. Ja Gott, ich muß sagen .. Mir würde beides nicht übermäßig .. Ihnen?

Alice. Ich halte Krankenpflegerin für'n ganz schönen Beruf.

Winter. Meinen Sie? Ja, ja. Na abgeseh'n davon .. Vorläufig ist es ja noch nicht so weit. Und dann .. Nein, Fräulein Alice, was Sie auch sein werden .. Hoffentlich nicht Klavierlehrerin! .. Aber alt kann ich Sie mir nicht vorstellen.

Alice (hat aufmerksam zugehört). Warum nicht, Herr Winter?

Winter. Sie bleiben immer jung! Sie können gar nicht alt ausseh'n! Sie haben so was, Fräulein Alice!

Alice. Ich weiß aber nicht. Ich fühl' mich jetzt schon sehr alt.

Winter. Gott, die Jahre werden bei Ihnen nicht spurlos vorüber geh'n, aber .. Ja, eben, weil Sie sich jetzt schon so alt fühlen .. Weil Sie innerlich alt sind ..

Alice. Sie meinen, ich bin jetzt schon 'ne alte Schachtel?

Winter (unwillig). Ach! Das hab' ich nicht gesagt! Aber Sie verzehren sich nicht. Solche Menschen conserviren sich. Sie werden sich doch nie verzehren, Fräulein Alice?

Alice (lächelnd). Nein, Herr Winter.

Winter (unwillkürlich mitlächelnd). Seh'n Sie, jetzt lachen Sie! (Lacht plötzlich laut auf).

Alice. Sie lachen ja viel mehr als ich.

Winter (noch immer lachend.) Na, das ist doch auch zu komisch! Sie, sich verzehren?! (Lacht von Neuem.)

Alice (lacht mit).

Franziska (sitzt mit gelangweiltem Lächeln dabei).

Alice. Lieben Sie, wenn Jemand sich verzehrt? Ich finde es unpraktisch.

Winter. Das sind nicht die Schlecht'sten, Fräulein Alice. Ich kann mir das sehr gut vorstellen. Es giebt solche Momente .. Aber dann muß man ein Ende machen. Es kann solche Momente geben .. Glauben Sie mir das, Fräulein Alice?

Alice. O, warum nicht?! Denken kann ich mir das sehr gut, daß jemand .. Ich könnt's blos nicht.

Winter. Daß jemand so dumm ist, was? Ja, jeder ist auch nicht so praktisch wie Sie, Fräulein Alice. Seh'n Sie, das sind die Menschen, die an ihrer Glut verbrennen! Jeder ist nicht so kühl, wie Sie.

Alice. Meinen Sie? Jedenfalls kommt man aber am weitesten damit.

Winter. Das bezweifl' ich noch. Ich kann mir z. B. denken, daß einer, der sich mehr vom Gefühl . Also .. Oder eine .. daß die z. B. viel weiter kommt. Wirklich im höchsten Sinne weiter. Die Gefahr ist ja da viel größer. Man setzt eben Alles ein. Sie werden nie Alles einsetzen. Seh'n Sie, das ist eben das, wovon ich vorher sprach. Das ist das Alte! Man muß das Leben auch mal an sich rankommen lassen! Nicht blos so von oben runter! Aber dazu sind Sie eben zu alt .. Innerlich. Es giebt viele solche Menschen, haben Sie das noch nie gefunden?

Alice. Ich weiß nicht, ich fühl' mich ganz wohl dabei.

Winter (nachdenklich, träumerisch). Ja, es giebt viele solche

Menschen. Aber bei Ihnen is das besonders stark. Wissen Sie, so was, wie ein kühler, heiterer Herbsttag! Der Sommer liegt schon so weit.. So über Mittag. Die Sonne scheint. Ja. Glanz, aber keine rechte Wärme! So was Melancholisches!.. Ja, ja, Fräulein Alice, Sie haben was Herbstliches!

Alice (seltsam). Es fiel ein Reif in der Frühlingsnacht! Ach so, in der Herbstnacht..

Winter (sieht erstaunt auf, blickt Alice voll ins Gesicht).

Schweigen.

Winter. Wissen Sie, Fräulein Alice, ich bedaure Ihren Mann..

Alice. Den ich nicht haben werde.

Winter (sieht sie an, ohne zu antworten).

Alice (humoristisch). Ja, ja, Sie brauchen mich nicht so anseh'n.

Winter (nachdenklich). Es ist vielleicht auch am besten für Sie. Ich glaub' wirklich, Sie können nicht lieben. Nein, in allem Ernst!.. Sie müssen mir das nicht übel nehmen!

Alice. Durchaus nicht, Herr Winter! Ich weiß das selbst ganz gut.

Winter. Ja, ich glaube, ich kenn' Sie jetzt. Früher hab' ich mal.. Na, jedenfalls, was Ihre geistige Bedeutung anbetrifft.. Ihren Verstand. Allen Respekt! Da trau' ich Ihnen das Höchste zu.. Aber lieben können Sie nicht, Fräulein Alice. Schade, daß Sie kein Mann geworden sind!

Alice. Ja, das hab' ich auch schon oft bedauert.

Winter. Sie haben Ihr Geschlecht verfehlt. Grad' auch, was z. B. Freundschaft anbetrifft. Das is ja so was Männliches. Ich glaub', zur Freundschaft eignen Sie sich. Was meinen Sie dazu?

Alice (zuckt die Achseln).

Winter. Ja wirklich, ich glaube das. (Plötzlich.) Was meinen Sie, Fräulein Alice, unsre Freundschaft wollen wir uns bewahren, nicht wahr?

Alice (schweigt).

Winter. Wirklich, Fräulein Alice, das können Sie! Zwei Menschen, wie wir! Nicht wahr, das können Sie mir versprechen? Wir bleiben gute Freunde, ja?.. Und wenn

wir uns mal wiederſehn .. Sie wiſſen ja, nach dreißig
Jahren. Was meinen Sie dazu?
Schweigen.

Winter (dringend). Fräulein Alice?!

Alice. Ja, Herr Winter, ich kann nichts verſprechen.
Ich weiß nicht, wie ich darüber noch denken werde.

Winter (ſchmerzlich). Aber warum nicht, Fräulein Alice?

Alice. Ich glaub', ich werd' noch ohne Alles auskommen.
Ich brauch' auch keine Freundſchaft. Ich glaub!, ich brauch'
Niemand ..

Langes Schweigen.

Alice. Entſchuldigen Sie, Herr Winter! 'n Augenblick,
ich will mal nachſeh'n, ob Mama ſchon auf iſt.

Winter (verbeugt ſich ſtumm).

Alice (ab).

Schweigen.

Franziska. Wiſſen Sie ſchon, daß die Palme ver=
welkt iſt?

Winter (einſilbig). Welche Palme?

Franziska. Wiſſen Sie nicht, die Sie uns zu Weih=
nachten gebracht haben?

Winter (ſchwermüthig). So ſo?

Franziska. Alice hat ſie nicht begoſſen, jetzt, wo Mama
weg war. Mama hat ſchon ſo geſcholten.

Winter. Ganz verwelkt? Nichts mehr zu machen?

Franziska. Ja, ganz verwelkt! Alice is das Alles zu
langweilig.

Kurze Pauſe.

Winter. Darf ich Ihnen einen Rath geben, Fräulein
Fränze? Gewiſſermaßen zum Abſchied.

Franziska (ſieht ihn an).

Winter. Werden Sie nicht ſo, wie Alice! Für Sie
paßt das nicht! Sie ſind anders.

Franziska (achſelzuckend). Das kommt aber von ſelbſt,
Herr Winter.

Winter (tief Athem holend). Traurig!

Franziska (zuckt ſchweigend die Achſeln.)

Vorhang.

169

Fünfter Aufzug.

Winters Wohnung. Erkerzimmer. Folgender Tag, gegen Mittag. Erker-fenster wieder weit geöffnet. Der Frühling fluthet in vollen Wogen ins Zimmer hinein. Ueber den Grabresten und Grabgittern gegenüber wölben sich die Kronen der alten Bäume zu einem dichten Laubdache. Mittags-sonnenglanz.

Luise (steht an einem Tischchen, wendet Winter den Rücken zu, senkt den Kopf).

Winter (hinter ihr, weich). Willst Du mir nicht antworten, Luise? Was soll das? (Deutet auf einen halb gepackten Koffer, der am Tischchen steht.)

Luise (sehr leise). Nichts. Ich pack . . .

Winter (dumpf.) Für wen? Für uns? Für uns're Reise?

Luise (schüttelt den Kopf.)

Winter. Kind?!

Luise (leise, gepreßt). Ich will geh'n.

Winter. Geh'n? Aber mit mir zusammen!

Luise (schüttelt in tiefem Sinnen den Kopf).

Winter (schwer). Also, Du willst wirklich geh'n? Allein geh'n? Wirklich?

Luise (nickt).

Winter. Und ich?

Luise (zuckt die Achseln).

Winter (schwermüthig). Ich soll auch allein geh'n! .. Jeder für sich! Und dann thun wir, als ob nichts gewesen sei.

Luise (senkt den Kopf tiefer).

Winter (düster vor sich hinsprechend). Als ob nichts ge-wesen sei .. Vielleicht war auch nichts. Dann freilich ..

110

Luise (zittert leise).

Winter. Kannst Du mir das anthun, Kind?

Luise (schweigt).

Winter. Luise, ich hab' ja Alles and're .. Soll ich ganz allein ..

Luise (schweigt.)

Winter (weich.) Luise, komm mit, ja? (Legt den Arm leicht um ihre Taille.)

Luise (schweigt).

Winter (erregt). Ich kann mir das nicht denken! .. Ich kann mir das nicht denken!! (Geht auf und ab, bleibt dann hinter Luise stehen.) Ich kann ja nicht ohne Dich .. (Erwartet eine Antwort. Da sie schweigt, plötzlich scheinbar ruhig.) Du hast mich gar nicht mehr lieb? .. Gar nicht mehr?!

Langes Schweigen.

Winter (sehr schwer). Dann freilich .. Dann müssen wir wohl ..

Luise (preßt krampfhaft den Kopf auf den Tisch.)

Winter. Dann ja ..

Luise (setzt sich auf den Stuhl, der vor dem Tischchen steht und legt schluchzend den Kopf auf das Tischchen).

Winter (steht einen Augenblick wie in verlornem Sinnen da, plötz= lich in ausbrechender Verzweiflung sich zu Luise stürzend). Kind .. kannst Du denn nicht .. (Bricht mit ersticktem Schluchzen neben ihr zusammen.)

Luise (erschrocken sich über ihn beugend, mit inniger Liebe). Ach Ernst! .. Ernst!! (Umschlingt ihn mit leidenschaftlichen Liebkosungen.)

Langes Schweigen.

Winter (sich bezwingend, etwas ruhiger, sehr weich). Kind??! (bricht ab, sieht sie voll an.)

Luise (noch einmal aufschluchzend). Lieber Ernst!! .. Ich will ja ..

Winter (wieder ruhiger, zieht sich einen Stuhl heran.) Aber..?

Luise (ebenfalls ruhiger, leise). Ach, Du willst mich ja nicht..

Winter (hat sich neben sie gesetzt, vorwurfsvoll, weich). Ich will Dich nicht?!

Luise. Du wollt'st doch ohne mich reisen. Lüg' nicht!

Winter. Ach Kind, ich wußte überhaupt nicht, was ich wollte Das mußt Du schon nicht .. Das ist jetzt vorbei! .. Das liegt jetzt hinter mir.

Luise. Und dann ist es ja auch zu Deinem Besten.

111

Winter. Zu meinem Besten?!

Luise. Ja Ernst, ich glaub' wirklich, Du mußt allein geh'n.

Winter. Aber ich nicht! Ich glaub' das nicht! Wir beide müssen zusammen geh'n. Was willst Du denn hier allein anfangen?

Luise (gepreßt). Ich werd' schon durchkommen.

Winter (wieder erleichtert). Ach, Du Eselchen! Also, Du wirst schon durchkommen? Ohne mich, ja? (Legt den Arm um sie.)

Luise (leicht an ihn gelehnt, leise). Du hast Schuld.

Winter (zärtlich). Was?

Luise (leichter). Siehst Du, jetzt brauch' ich Dich nicht mehr. Warum hast Du immer gesagt, ich soll lernen! Jetzt hast Du's.

Winter. Ja ja, jetzt hab' ich's! Uebrigens gebraucht hast Du mich doch eigentlich nie.

Luise. Du hast mich doch genug geplagt, ich soll lernen. Du Wütherich, Du! Siehst Du, jetzt komm ich auch zur Strafe nicht mit.

Winter. Na, wenn ich aber sehr bitte.. Dann läßt Du Dich erweichen, ja?

Luise (wieder ernster). Ernst, hast Du das auch Alles bedacht?

Winter. Ja Kind, da is gar nichts mehr zu bedenken. Das steht fest.

Luise (lehnt sich an ihn und sieht ihm voll in die Augen).

Kurzes Schweigen.

Winter. Also, es bleibt dabei?

Luise. Warum willst Du mich eigentlich mithaben? Was hast Du an mir?

Winter. Alles, Kind! Ich hab' alles an Dir. Wir beide gehören zusammen.

Luise. Bin ich Dir auch nicht zu dumm?

Winter (scherzend unwillig). Ja! Wenn Du so dumm fragst.

Luise (sucht sich von ihm loszumachen). Nein, dann komm' ich überhaupt nicht mit.

Winter. Na ja, is doch wahr! Wenn Du so dumm fragst.

Luise. Nein, das mußt Du mir sagen. Sonst komm ich nicht mit. Da drüben kann man blos Kluge brauchen.

Winter (drückt sie an sich). Meinst Du? Na ja!

Luise (in seinen Armen, vorwurfsvoll). Du hast doch gemeint, ich bin dumm?

Winter (ernst). Nein, Kind, das hab' ich nie gemeint.

Luise (ihn ansehend). Na, Du?!

Winter. Nein, Kind, aber ich hab' mich oft geärgert, daß Du in manchen Dingen so .. Aber das is ja ganz klar. Jeder hat eben sein Gebiet, wo er .. Mir geht's ja schließlich auch so. Siehst Du, und das weiß ich jetzt. Das ist der Unterschied. Früher wußt' ich das nicht. Merkwürdig eigentlich! Eigentlich is das doch selbstverständlich. Aber so geht das! Man muß das Alles erst durchmachen. Du kannst mir glauben, ich werd' Dich jetzt nicht mehr so plagen. Jetzt beginnen wir eine neue Epoche. Weißt Du, wie die heißt?

Luise (sieht ihn an).

Winter (ernst). Die heißt Gleichberechtigung. Jeder auf seinem Gebiet!

Luise (zärtlich). Mein lieber Ernst! (Plötzlich traurig.) Du, Ernst?

Winter. Ja, Kind?

Luise (traurig). Hab' ich wirklich kein Interesse für Litteratur? Und auch nicht für Kunst? Für Malerei?

Winter. Ja Kind, eben dafür hast Du Interesse. Und das genügt ja in diesem Falle. (Humoristisch.) Meine Werke!

Luise. Die les' ich Alle!

Winter. Wenn sie geschrieben sind! Na, das is Recht von Dir, Kind! Doch wenigstens einer! Also .. Ja, aber für manche and're Dinge hast Du weniger Interesse. Na, rath' mal z. B.!

Luise. Geographie?

Winter (strafend). Ja, Geographie!

Luise. Ach, die dumme Geographie!

Winter (plötzlich). Na, die werden wir nu aus eig'ner Anschauung kennen lernen. Die Geographie! .. Also, hörst Du, Kind, wir reisen?

Luise (leise) Ja, Ernst.

8
Digitized by

Winter. Zusammen?!

Luise (legt schweigend ihre Arme um seinen Hals).

Schweigen.

Winter (fest.) Also zusammen!

Luise. Ernst, weißt Du was?

Winter. Na?

Luise. Ich freu' mich so, daß ich in die Welt raus= komm'. Ach, ich bin so froh!

Winter. Das kannst Du auch, Kind! Das können wir auch! Siehst Du, jetzt kommen die Wanderjahre! Was meinst Du, wir wollen's der Welt zeigen! Angst haben wir nicht!

Luise. Wo wird mein Ernst Angst haben!

Winter. Rum werfen wollen wir uns lassen! Das soll ein Spaß werden! Und wo wir hinfallen .. Ganz egal wo! Durchbeißen werden wir beide uns schon! Soviel können wir schon, was meinst Du?!

Luise. Du weißt ja, was ich kann!

Winter. Na, siehst Du! Na, und ich? Irgend was wird man schon zu Stande bringen .. So oder so!

Luise. Du kannst Alles, Ernst!

Schweigen.

Winter (plötzlich nachdenklich). Das liegt jetzt hinter uns! Tief (aufathmend). Das haben wir hinter uns ..

Luise. Was, Ernst?

Winter. Was? Das! Etwas! Etwas haben wir hinter uns! ..

Luise. Du, ich weiß schon.

Winter (trübe). Weißt Du schon?

Luise. Hast Du schon Adieu gesagt?

Winter (tief aufathmend). Ja!

Schweigen.

Winter (sehr nachdenklich). Siehst Du, Du hast mich ver= standen. Oder eigentlich mehr gefühlt. Das ist es! Das muß man können ..

Luise (leise). Denkst Du noch an den Juniabend?

Winter. Ja, Kind, an den dacht' ich eben. Seitdem ist viel passirt.

Schweigen.

Winter. Ja, die Sache ist erledigt! .. Wir haben hier eigentlich kaum noch was .. Blos eins!

Luise (sieht ihn fragend an).

114

Winter (ehr ernst). Ich hab' an meine Mutter geschrieben. Ich denk', sie muß heute kommen.

Luise (erschreckt). Ernst!

Winter (achselzuckend). Ja, 's muß sein! Ich kann nicht so weg geh'n. Na, im Uebrigen sind wir ja fertig. Die nöthigsten Sachen packst Du, nicht wahr, Kind? Und jetzt für uns beide, ja?

Luise (ihn umschlingend). Mein Liebster!

Schweigen.

Winter (zärtlich). War das wirklich Dein Ernst? Wollt'st Du mich wirklich allein lassen?

Luise. Das glaubst Du mir wohl nicht?

Winter. Weißt Du, ich glaub' das, ja! Ich trau' Dir das zu.

Luise. Aber glaub' mir, ich hätt' keinen mehr genommen.

Winter. Wirklich nicht?

Luise. Nein! Nach Dir hätt' ich keinen Andern mehr vertragen.

Schweigende Umarmung. Es schellt draußen.

Winter (sich losmachend). Siehst Du nach, Kind? Oder wart', ich werd'.. Wenn das nur erst vorbei is!

Luise (ängstlich). Ich möcht doch lieber ..

Winter (im Gehen). Was?

Luise. Wenn Deine Mutter kommt .. Soll ich nicht ..?

Winter. Dazu ist immer noch Zeit. Du meinst doch, ins Nebenzimmer geh'n?

Luise (nickt).

Winter. Wenn sie's wirklich ist, kannst Du ja .. (Es schellt draußen zum zweiten Male) Ja, ja, ich komm schon. (Ab.)

Luise (unruhig an der Thür zum Nebenzimmer, deren Griff sie in der Hand hält).

Lutz (tritt ein, macht stumme Verbeugung vor Luise).

Luise (erwiedert dieselbe, im Begriff, zu gehen).

Winter (ist hinter Lutz eingetreten). Aber Kind, bleib' doch!

Lutz. Bitte sich meinetwegen nicht zu geniren!

Luise (eilfertig). Ach, ich danke, ich muß noch .. (Ab ins Nebenzimmer.)

Lutz (im Zimmer stehend). Ich komm' Dir also Adieu sagen

115

Winter. Na nu, so eilig? Setz' Dich doch wenigstens!

Lutz. Danke! Keine Zeit! Muß noch packen. Ich höre, Du willst auch weg. Sehr überrascht!

Winter (vor Lutz). Nicht wahr? Ja, 's is nothwendig.

Lutz. So so? Na man druff!, Immer druff!

Winter. Fällt Dir der Abschied von Berlin schwer?

Lutz. Du gehst ja auch. Fällt er Dir schwer?

Schweigen.

Winter. Warst Du schon bei Hagens?

Lutz. Ja gestern.

Winter. Gehst Du noch mal hin?

Lutz. Nein. Du?

Winter. Nein.

Schweigen. — Beide sehen sich an.

Winter. Wann fährst Du?

Lutz. Heut' Abend um Sieben.

Winter. Ist Dir's Recht, wenn ich noch zum Bahnhof komm'?

Lutz. Thu, was Du nicht lassen kannst.

Winter. Gut, ich komm' also.

Lutz. Aber Du thust mir 'n größern Gefallen, wenn Du nicht kommst.

Winter. Warum?

Lutz. Ich will allein sein.

Winter. Du willst allein sein . .

Schweigen.

Winter. Weißt Du, daß Luise mit mir geht?

Lutz. Nein, aber ich kann mir's denken.

Winter. Und Du gehst allein?

Lutz. Ja. Lebwohl! Reich' mir Deine biedere Rechte!

Winter (seine Hand schüttelnd, herzlich). Leb'wohl, Mann! Vielleicht seh'n wir uns mal.

Lutz. Vielleicht! . . Amerika ist zwar groß . .

Winter (freudig). Ach Du, wir treffen uns sicher. So mittendrin! Paß' auf! . . Na, dann hoffentlich als and're Menschen. Was meinst Du?

Lutz. Hoffen wir's! Lebwohl!

Winter. Lebwohl!

Lutz. Und grüß Deine Geliebte!

116

Winter (herzlich). Ich danke Dir.

(Beide schütteln sich die Hände und schauen sich voll an.)

Lutz (wendet sich zur Thür mit gesenktem Kopf).

Winter (begleitet ihn).

Lutz (ab).

Winter (hat ihn bis zur Corridorthür gebracht, kehrt zurück, geht nachdenklich im Zimmer auf und ab, summt leise vor sich hin.

      Haben diesen Klang, diesen holden Klang

      Besser wie vordem verstanden.

(Bleibt an der Thür des Nebenzimmers stehen, im Begriff sie zu öffnen, als es draußen schellt. Geht eilig zur Corridorthür, öffnet sie, ab auf den Corridor. Draußen gedämpfte Stimmen. Nach einem Augenblick)

Frau Winter (sich flüchtig umsehend, hinter ihr)

Winter. Komm hierher, Muttchen, ja? (Weist auf einen der Sessel).

Frau Winter (sich setzend). Ein schönes Zimmer!

Winter. Nicht wahr? Hübsch eingerichtet? Ja, siehst Du! Du warst schon lang' nicht bei mir.

Frau Winter. Deinen Brief bekam ich gestern morgen, Ernst.

Winter. Na ja, ich dachte mir. Vorgestern schickt' ich ihn ab. Ich hatt' Dich auch heut erwartet, Mama.

Frau Winter (sehr ernst, wie während des ganzen Gespräches). Willst Du nicht bleiben, Ernst?

Winter. Muttchen, ich hab' Dir doch Alles .. Du mußt das doch selbst einseh'n.

Frau Winter. Ernst, mir zu Liebe, bleib'!

Winter (weich). Muttchen, mach mir das Herz nicht noch schwerer! 's wird mir schon so schwer genug!

Frau Winter. Ernst, ich bleib' allein! (Beißt die Zähne zusammen und wendet ihr Gesicht ab.)

Winter. Liebe Mutter, Du mußt nicht .. (Stöhnt auf.) O Gott! (Plötzlich.) Du hast ja noch Lina.

          Schweigen.

Frau Winter (fester). Kannst Du nicht anders? Gar nicht anders?

Winter (ebenfalls fester). Nein, Mutter, ich muß! Ich muß!

Frau Winter. Das hat man von seinen Kindern!

Winter (gepreßt). Du hast ja noch Lina.

Frau Winter. Lina ist 'n Kind. Aber von Dir hatt' ich mehr gehofft. Man muß nichts von seinen Kindern hoffen

Winter. Ich denk', Du sollst Dich nicht getäuscht haben. Eben darum!

Frau Winter. Ernst, Du weißt, was ich für 'n Leben gehabt hab'.

Winter (düster). Ja, das weiß ich! Das ist auch so etwas. Siehst Du, Ihr Beide . .

Frau Winter. Kannst Du mir das jetzt anthun?

Winter (verzweifelt). Du bringst mich . . Thu mir den Gefallen! Ich kann nicht anders! Ich kann nicht anders! (Ruhiger.) Wenn ich mal was leisten will, muß ich jetzt weg. Eben darum!

Frau Winter (steht auf und geht an's Fenster).

Winter (steht auf und geht zu ihr, gerührt). Wein' nicht, Muttchen! Wir seh'n uns wieder.

Frau Winter (leise). Nein, Ernst, wir seh'n uns nicht wieder.

Winter (zuversichtlich). Ja gewiß seh'n wir uns wieder. Ich weiß das ganz genau. Ja, Muttchen, komm! Setz' Dich wieder, ja? (Führt sie wieder zum Sessel, leichter.) Siehst Du, das ist doch schließlich 'ne ganz nothwend'ge Sache . . daß die Jungen ausfliegen. Das gehört eben zur Jugend.

Frau Winter. Das ist es ja auch nicht. Das seh' ich ja ein, aber . .

Winter. Was, Mamachen?

Frau Winter (plötzlich). Weißt Du, Ernst, die heut'ge Jugend hat so 'ne ganz and're Moral.

Winter (achselzuckend). Ja . .

Frau Winter. Ich war doch auch mal jung. Aber zu meiner Zeit war das ganz anders. Gewiß ist man mal jung. (Traurig). Aber, weißt Du, Ernst, ihr habt so gar keine Moral.

Winter (achselzuckend). Jedenfalls 'ne andre.

Frau Winter. Nein, nein, das ist das Furchtbare . .

Schweigen.

Winter (stockend). Willst Du . . Willst Du sie seh'n? (Deutet auf's Nebenzimmer).

Frau Winter (schüttelt schweigend den Kopf).

Stummes Spiel.

Winter (plötzlich). Liebe Mutter, willst Du sie nicht doch seh'n?

Frau Winter (ruhig). Nein, Ernst, verlang' das nicht!

Winter (ausbrechend). Mutter! Luise ist mein Alles!

Schweigen.

Frau Winter (mit ihrer Bewegung kämpfend, nach einer Weile). Ernst, heirathe sie, mach sie zu Deiner Frau! Ich will Alles vergessen! Blos nicht dieses unmoralische Verhältniß!

Winter (in schwerem Kampf). Mutter, ich kann doch nicht!

Frau Winter (fortfahrend, eindringlich). Daß 'n junger Mann kein Engel ist, das weiß ich. Aber dann muß man das auch gut machen.

Winter. Mutter, kannst Du nicht begreifen, warum wir frei bleiben wollen? (Mit Bedeutung.) Du solltest das doch begreifen.

Frau Winter (senkt schweigend den Kopf.)

Winter. Weißt Du, woher ich meine Ansichten habe?

Schweigen.

Winter. Ich hab' das als Kind geseh'n. Siehst Du, ich weiß, was das bedeutet .. Wenn zwei Menschen gebunden sind. Ich hab' das an Euch geseh'n. Daher weiß ich das. (Schweigt, dann plötzlich entschlossen.) Und darum kann ich nicht anders.

Frau Winter (erschüttert). Hast Du gar keine andern Lehren mitgenommen .. Aus Deinem Vaterhaus? (Dumpfes Schweigen.)

Frau Winter (gefaßt). Ja, ich kann Dich nicht halten.

Winter. Mutter, willst Du sie nicht seh'n? Wirk= lich nicht?

Frau Winter. Ich kann nicht, Ernst! Ich kann auch nicht! (Erhebt sich.)

Winter (sich ebenfalls erhebend). Mutter, soll ich Dir auch nicht schreiben?

Frau Winter (schwer). Ja, schreib, mein Sohn! (Plötz= lich ausbrechend.) Gott segne Dich!

Winter (umarmt schluchzend seine Mutter.

Frau Winter (im Begriff zu gehen). Ernst, ich hab' auch Lina mit.

Winter (weich). Ja, Mutter, ich komm noch. Wir seh'n uns noch. Ich komm heut Abend noch. (Begleitet sie zur Thür.)

Frau Winter (sich noch einmal umwendend). Vergiß Deine Eltern nicht ganz, Ernst! (Letzte Umarmung.)

Winter (begleitet sie hinaus, man hört draußen ihre gedämpften Stimmen, dann wird die Thür geschlossen).

Winter (kommt wieder hinein, setzt sich auf einen Sessel, preßt den Kopf in die Hand).

Luise (kommt aus dem Nebenzimmer, sieht sich erregt um, geht zu Winter, legt ihren Arm um seinen Hals. Ernst?!

Winter (fährt zusammen, drückt krampfhaft ihre Hand, stöhnt tief auf).

Binder (ist hinter Luise eingetreten, sehr ernst). War Deine Mutter da?

Winter (sieht auf, erhebt sich, reicht Binder die Hand, tief auf=athmend). Ja, sie war da. Und jetzt ist sie weg! .. Jetzt steh'n wir auf uns. (Zieht Luise zu sich.)

Binder. Ich hab' mir heut' Nachmittag frei gemacht. Wir wollen zusammen sein, wenn's Dir recht ist?

Winter (herzlich). Ja, Mann, das wollen wir! Zum letzten Mal!

Binder (düster, betrachtet Winter und Luise). Ihr steht jetzt zusammen. Und Ihr bleibt auch zusammen. Das is nu mal Euer Schicksal.

Winter (leichter). So, Mann, jetzt wollen wir Dir also feierlich unsere Wohnung übergeben. Bis morgen läßt Du uns aber noch drin, ja?

Luise (traurig.) Unser schönes Zimmer! (Verbirgt den Kopf an Winters Brust.)

Winter. Ja, es war schön hier. Trotz allem! Sieh nur dieses Meer von Licht da im Erker! Das ist die Zukunft.

Binder. Deine!

Winter (freudig). Deine, denk' ich! Du wirst doch hier sein. Du wirst hier sein arbeiten können, Mann! Und vielleicht, wer weiß .. (Droht ihm mit dem Finger.)

Binder. Nein, darauf hab' ich verzichtet. Eins oder das Andre! Ich hab' das Andre genommen.

Winter. Und das ist?

Binder. Wenn's was ist, dann ist es die Kunst. Du hast Beides.

Winter. Du, wenn's da drüben in den Bäumen rauscht .. In den alten .. So wie jetzt. Dann denk an uns.

Binder. Ja, an die letzten Menschen, die mir .. äh auch .. (Es schellt draußen.. Luise fährt zusammen, eilt hinaus, läßt die Thür offen. Man hört eine dröhnende Stimme: Wohnt hier der Schrift= steller Ernst Winter?)

Luise (kommt angstvoll hinein). Du, Ernst, da ist 'n Schutzmann!

Winter (freudig). So? Wirklich?! Nur immer rein! (Geht zur Thür.)

Der Schutzmann (tritt ein, mit dröhnender Stimme zu Winter) Sind Sie der Schriftsteller Ernst Winter?

Winter. Ja, zu dienen. Was wünschen Sie?

Luise (angstvoll zu ihm). Ernst!

Winter. Hab' keine Angst, Kind!

Der Schutzmann (hat in seiner Uniform nach seiner Brieftasche gesucht, zieht daraus ein Amtsschreiben vor). Ich hab' ein Schreiben für Sie, Herr Winter. (Uebergiebt es.)

Winter (erbricht es ruhig, durchliest es, belustigt). Du, Kind, die Polizei fragt an, in was für 'ner Stellung Du bei mir bist? Ob als Haushälterin oder wie? Oder ob wir so zu= sammen leben?

Luise (senkt den Kopf)

Binder. Also doch!

Der Schutzmann. Wollen Sie selbst auf's Revier kommen, Herr Winter? Oder soll ich die Antwort bringen?

Winter (freudig). Ja, ja, sagen Sie nur, wir r e i s e n schon! Wir r e i s e n schon! Morgen um diese Zeit sind wir schon weg!

Vorhang.

———— ✦ ——

Druckfehlerberichtigung.

Seite 64, 18te Zeile von oben soll es statt Socialdemokratine Socialdemokratin heißen.

Digitized by G

Von
demselben Verfasser
erschien im Verlage von

HINRICUS FISCHER Nachfolger

NORDEN·1889

Ein Emporkömmling.

SOCIALES DRAMA.

Lightning Source UK Ltd.
Milton Keynes UK
UKHW010005120119
335297UK00010B/1097/P